**Privateigentum
Hans Fischer**

Martin Hartmann
Hans Weber

Die Römer im Aargau

Verlag Sauerländer
Aarau · Frankfurt am Main · Salzburg

In memoriam Dr. REINHOLD BOSCH
(8.5.1887–24.12.1973)
erster Kantonsarchäologe des Kantons Aargau

Martin Hartmann (Text)
Hans Weber (Fotos)
Die Römer im Aargau

Copyright © 1985 Text, Illustrationen und Ausstattung
by Verlag Sauerländer, Aarau und Frankfurt am Main

Printed in Switzerland

ISBN 3-7941-2539-8
Bestellnummer 01 02539

CIP-Kurztitelaufnahme der Deutschen Bibliothek

Hartmann, Martin:
Die Römer im Aargau/Martin Hartmann; Hans Weber. –
Aarau; Frankfurt am Main; Salzburg: Sauerländer, 1985.
 ISBN 3-7941-2539-8
NE: Weber, Hans:

Inhaltsverzeichnis

Vorwort   4

Einleitung   5

Forschungsgeschichte   7

Die römische Herrschaft (historischer Abriß)   10

Das Militär   23

Die Besiedlung des Landes   30

Handwerk und Handel   37

Religion und Jenseitsglaube   42

Bildteil   47

Katalog   161

Literaturverzeichnis   219

Index   221

Vorwort

Der Boden unseres Kantons ist reich an Zeugnissen aus der Vergangenheit. Denkmäler einer südlichen Kultur erregen als Freilichttheater unser Staunen, Mauer- und Häuserreste sind nach jahrhundertealtem Schlaf ans Tageslicht gefördert worden, Kunstgegenstände und Silberschätze. Aber auch leise unscheinbare Spuren, die Kunde geben vom Tun und Lassen der Menschen in fernen Zeiten, fordern unsere Aufmerksamkeit.

Rom hat Helvetien während Jahrhunderten beherrscht und damit den Kanton Aargau länger als die Alten Eidgenossen und mehr als doppelt so lang, wie der moderne Kanton Bestand hat. Dieser Geschichtsabschnitt ist durch Wissenschaft und Forschung weitgehend aufgehellt worden, oft wissen unsere Archäologen bis in verwunderliche Einzelheiten Bescheid.

Das vorliegende Werk erschließt uns diese historische Welt und macht sie für uns zugänglich. Es zeigt, wie Völker ihre Schicksale haben, wie Gedeihen und Not abwechseln. Die eingehende Beschäftigung mit der römischen Epoche, die hier fesselnd und mustergültig vorgestellt ist, mag uns zeigen, wie auch in früheren Zeiten Denken, Planen und vernünftig Handeln in hohem Maße vorhanden waren, wenn auch unter anderen inneren und äußern Voraussetzungen.

Der Verfasser, als aargauischer Kantonsarchäologe, ist Fachmann. Er leitet seit Jahren die Bemühungen des Kantons, in wissenschaftlicher Genauigkeit zu erkennen, was früher war, die Funde zu bewahren und die Sprache zu verstehen zu lernen, die stumme und geheimnisvolle Relikte uns übermitteln.

11. Juli 1985

Dr. Arthur Schmid
Erziehungsdirektor des
Kantons Aargau

Einleitung

Die mehr als vierhundert Jahre während Zugehörigkeit der Schweiz zum römischen Weltreich hat mannigfache Spuren hinterlassen. Am augenscheinlichsten zeigt sich dies in den materiellen Resten. Römische Städte, Dörfer und Gutshöfe, imposante Zeugen militärischer Befestigungen von Kastellen und Wachttürmen, im besonderen aber unzählige Objekte des täglichen Lebens konfrontieren uns noch heute mit der Kultur und Geschichte dieser Zeit.

Zweimal im Verlauf der wechselvollen römischen Geschichte bildete der Rhein während längerer Zeit die Nordgrenze des römischen Reiches. Deshalb und dank einer Vielzahl fruchtbarer und verkehrsgünstiger Flußtäler ist der Aargau ganz besonders reich an Fundstätten jener Epoche.

Das Legionslager von Vindonissa, die spätrömischen Kastelle von Kaiseraugst und Zurzach und die Wachttürme am Rhein sind Zeugen militärischer Präsenz, während die Siedlungen von Lenzburg und Baden und die über hundert Gutshöfe Hinweise auf die intensive siedlerische Durchdringung der Landschaft geben.

Vor über fünfzig Jahren hat R. Laur-Belart in der Reihe der Aargauischen Heimatgeschichte zum letzten Mal einen generellen Überblick über die römische Geschichte unseres Kantons gegeben. In der Zwischenzeit hat die archäologische Forschung eine Vielzahl neuer Erkenntnisse gewonnen. Es kamen neue, zum Teil ganz erstaunliche Funde zum Vorschein.

All dies hat den Autor und den Fotografen dazu veranlaßt, das vorliegende Buch zu verfassen. Es ist in drei Teile gegliedert. Der erste Teil ist einem kurzen Überblick über die römische Geschichte und Kultur unserer Gegend gewidmet. Es folgt ein umfangreicher Bildteil, in dem alle wichtigen Aspekte der römischen Kultur optisch zur Geltung kommen sollen.

Abschließend werden in Katalogform sämtliche Fundstellen des Kantonsgebietes vorgestellt, bei denen auf Grund von Befunden eine Aussage über deren Bedeutung gemacht werden kann.

Dieses Werk hätte nicht entstehen können ohne die vielfältige Hilfe zahlreicher Personen und Institutionen. Wir danken den Leitern folgender Museen: Römermuseum Augst (A. Furger), Heimatmuseum Rheinfelden (A. Heiz), Messemuseum Zurzach (M. Kalt), Historisches Museum Baden (H. Doppler), Museum Burghalde Lenzburg (A. Huber), Schweiz. Landesmuseum Zürich (H. U. Geiger und R. Degen), Bernisches Historisches Museum (K. Zimmermann und B. Kapossy), der Leitung der Ausgrabungen Kaiseraugst (U. Müller und M. Schaub) und den Mitarbeitern der aargauischen Kantonsarchäologie und des Vindonissa-Museums für die mannigfache Hilfeleistung, hier besonders Chr. und Cl. Holliger, F. Maier, R. Hänggi und Th. Hartmann. Ein besonderer Dank gilt Frau H. Müller, die sich unverdrossen um die Manuskriptabschrift bemühte. H. Ledergerber danken wir für die Reinzeichnung einzelner Planvorlagen.

Dem verantwortlichen Leiter des Verlages, H. C. Sauerländer, danken wir für die Aufnahme unseres Werkes. Seinen Mitarbeitern, Frau G. van der Veen und F. Gebhard, sind wir für die stets verständnisvolle redaktionelle und technische Betreuung und ihre Geduld besonders dankbar.

Dem Regierungsrat des Kantons Aargau danken wir ganz besonders für die Gewährung eines namhaften Druckbeitrages, ohne den das Buch nicht hätte erscheinen können.

Zum Schluß danken wir unseren Familien, die mit viel Verständnis die Monate der Entstehung miterlebt haben und in manchen Fällen zurückstehen mußten.

Wir hoffen, daß dieses Buch in einer breiten Öffentlichkeit das Interesse für eine Zeitepoche weckt, die für die geistige und kulturelle Entwicklung Europas von entscheidender Bedeutung gewesen ist.

Baden und Lenzburg, Mai 1985   Martin Hartmann
Hans Weber

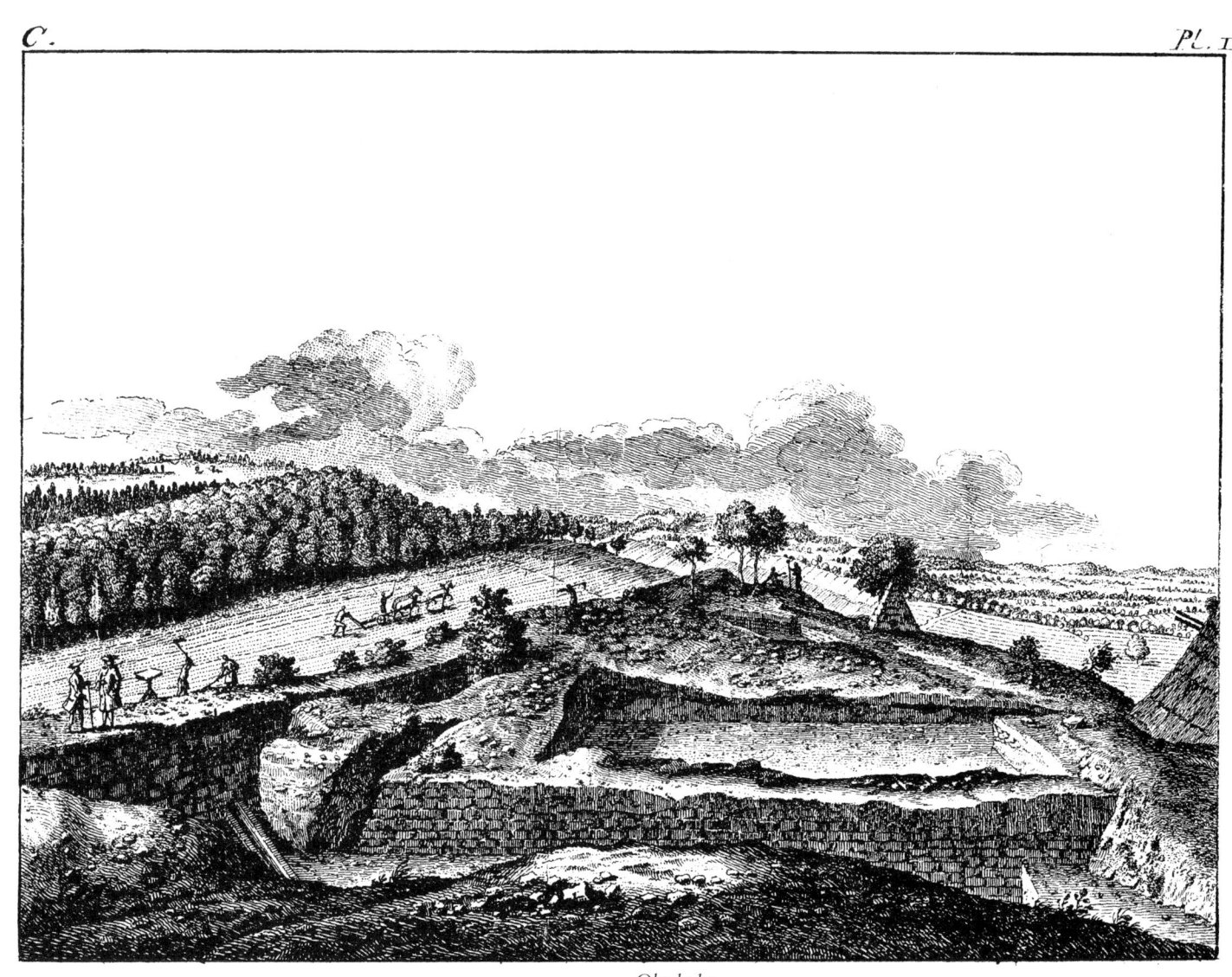

*Oberkulm
Radierung der Ausgrabung
von 1756*

Forschungsgeschichte

Eine intensive Auseinandersetzung mit der römischen Geschichte unserer Gegend beginnt eigentlich erst im Verlauf des 19. Jahrhunderts. Doch gibt es auch aus früheren Jahrhunderten immer wieder Hinweise darauf, daß sich verschiedene Chronisten mit dieser Zeitepoche auseinandersetzten; sei es, ein aufsehenerregender Fund beschäftigte die Öffentlichkeit (Silberschatz in Wettingen), sei es, wichtige Neuigkeiten (Inschriften) fanden Eingang in historische Abhandlungen der Zeit.

Im Chronicon Königsfeldense des Jahres 1442 finden wir die früheste Nachricht über römische Funde aus Vindonissa: Münzen, ein Mosaikboden und die römische Wasserleitung werden im Zuge der Klostererbauung entdeckt. Kurze Zeit später schildert Felix Hemerli (1452) die Restaurierung der Thermalquelle von Baden, bei der antikes Gemäuer, Münzen und Figuren alter Götter zum Vorschein kommen.

Sehr einläßlich beschäftigt sich Sigmund Fry in seiner Brugger Chronik von 1530 mit der Geschichte von Vindonissa. Er stützt sich offensichtlich auf alte Quellen, die teilweise falsch interpretiert werden, und berichtet nichts von irgendwelchen Funden.

Der erste Antiquitätensammler und Altertumskenner der Schweiz ist der Glarner Aegidius Tschudi, in der Zeit nach 1530 Landvogt in Baden. Er sammelt vornehmlich Inschriften und berichtet über den Vegnatius-Stein aus Altenburg, die Bischofsinschrift von Windisch und den Meilenstein von Unterwyl (Turgi), den er selbst nach Baden bringen läßt.

Sein Zeitgenosse Johannes Stumpf übernimmt diese Angaben in seinem Werk «Gemeiner löblicher Eydgenossenschaft Stetten, Landen und Völkern chronickwirdiger thaaten beschreybung» (1548), schildert aber auch römische Überreste in Zurzach (Kastell Kirchlibuck) und Augst. Offensichtlich erregt 1633 die Entdeckung des Silberschatzes von Wettingen einiges Aufsehen. Dieser Silberschatz wird von den Badener Tagsatzungsmitgliedern behändigt und eingeschmolzen, vorher aber noch zeichnerisch festgehalten. Matthäus Merian bildet die Gefäße dann in seiner Topographia Helvetica (1643) auch ab.

Es erstaunt nicht, daß auch in den folgenden Jahrzehnten besonders die größeren Römerorte wie Baden, Windisch, Zurzach und Kaiseraugst immer wieder genannt und beschrieben werden. Eher überrascht ist man, die Abhandlung von Seigneur de Schmidt über die Ausgrabung des Herrenhauses der Villa von Oberkulm zu lesen, die er im Auftrag der Bernischen Regierung im Jahre 1756 gemacht hat. Dies dürfte wohl die erste systematisch durchgeführte und sehr gut dokumentierte archäologische Untersuchung im Gebiet des Kantons Aargau gewesen sein.

Ein erstes umfassendes Werk über die römische Zeit verdanken wir Franz Ludwig Haller von Königsfelden. In seinem zweibändigen Werk «Helvetien unter den Römern» (1811) beschreibt er alle ihm damals bekannten Fundorte römischer Objekte. Daß dabei Vindonissa eine zentrale Rolle spielt, läßt sich leicht erklären, ist er doch mehrere Jahre bernischer Hofmeister in Königsfelden gewesen. Im Gegensatz zu früheren Autoren interessiert er sich für Kleinfunde, legt eine Sammlung an und unternimmt auch verschiedene Ausgrabungen. Zweifellos halten nicht alle seine Fundmeldungen und Interpretationen einer kritischen Beurteilung stand, denn offensichtlich ist seine Phantasie häufig mit ihm durchgebrannt. Auf der andern Seite enthalten seine Darstellungen eine Fülle von Informationen, die für die spätere Forschung wichtig waren und sind.

Das Interesse an der römischen Geschichte und den aus dieser Zeit auffindbaren Altertümern nimmt im beginnenden 19. Jahrhundert stark zu. In Zofingen gräbt S. R. Sutermeister 1828 den Gutshof mit seinen Mosaiken aus, die im Anschluß am Ort konserviert und von tempelähnlichen Gebäuden geschützt werden. Regierungsrat U. Schaufelbühl setzt sich mit den Kastellbauten von Zurzach auseinander. 1843 entdeckt W. Vischer in Frick ein römisches Gebäude und Oberst F. Hünerwadel gräbt erstmals im vicus von Lenzburg.

J.J. Schmid führt während Jahren in Augst und Kaiseraugst systematisch Grabungen durch und legt eine bedeutende Sammlung an, die 1857 vom Historischen Museum Basel angekauft wird. 1854 entdeckt man in Gränichen die Reste eines Gutshofes, der daraufhin von Ing. F. Rothpletz im Auftrag des Aargauischen Regierungsrates untersucht wird.

So mehren sich die Kenntnisse, und Ferdinand Keller, der eigentliche Begründer der Schweizerischen Archäologie, versucht 1860/64 in seinem Werk «die römischen Ansiedlungen in der Ostschweiz» einen Stand der Forschung zu geben, auf den auch heute noch zurückgegriffen werden kann.

Viele der damals im ganzen Kanton zum Vorschein gekommenen Funde werden der Antiquarischen Gesellschaft Zürich geschenkt oder verkauft, obwohl schon 1839 eine kantonale Altertumssammlung gegründet und in Königsfelden eingerichtet worden ist. 1860 wird sie unter die besondere Aufsicht der Erziehungsdirektion gestellt und 1867–70 nach Aarau überführt, wo sie vorerst im ehemaligen Salzmagazin, später in der Gewerbeschule untergebracht wird.

Auch gegen Ende des 19. Jahrhunderts nehmen die Aktivitäten nicht ab. Die Lehrer S. Meier und B. Küng untersuchen den Gutshof von Oberlunkhofen, während J. Hunziker in Unterlunkhofen einen Badetrakt freilegt, der zwei guterhaltene Mosaiken enthält, die gehoben werden können und heute im Landvogteischloß in Baden zu sehen sind. In Baden, Zurzach und Windisch wird weitergegraben. Jakob Heierli, der zweite Altmeister der Schweizer Archäologie, entwickelt besonders auch im Kanton Aargau außergewöhnliche Tatkraft. Er gräbt in Baden, Windisch und Zurzach, erforscht die spätrömischen Befestigungen am Rhein und verfaßt im Auftrag der Historischen Gesellschaft des Kantons Aargau «die archäologische Karte des Kantons Aargau, nebst Erläuterungen und Fundregister» (1898), die auch heute noch eine unerschöpfliche Quelle von Informationen bietet.

Von den zwanziger Jahren unseres Jahrhunderts an ändert sich einiges. Neben Einzelpersonen sind es vor allem regionale oder lokale historische Vereinigungen, die sich der weiteren Forschung annehmen. Geprägt werden aber auch diese von Persönlichkeiten, denen die römische Geschichte besonders am Herzen liegt. Im Seetal ist es R. Bosch und im Freiamt E. Suter, die sich um die Archäologie kümmern. Im Bezirk Baden sind P. Haberbosch, A. Matter und O. Mittler die treibenden Kräfte, während in Zurzach vor allem W. Basler allen Fundmeldungen nachgeht und neue Untersuchungen anregt. Aber auch im Fricktal ist das Interesse groß und wird von Leuten wie Pfarrer H. R. Burkart gefördert.

Ständige Forschungszentren sind und bleiben aber Windisch und Kaiseraugst, wo die Gesellschaft Pro Vindonissa, beziehungsweise die Stiftung Pro Augusta Raurica mit finanzieller Unterstützung von Kanton und Bund jährlich große Grabungen durchführen. Namen wie L. Berger, W. Drack, E. Ettlinger, R. Fellmann, V. von Gonzenbach, R. Moosbrugger, Chr. Simonett und H. R. Wiedemer sind mit dem Fortschritt in der Erforschung römischer Kultur unserer Gegend in den letzten fünfzig Jahren engstens verbunden.

Zwei Persönlichkeiten sind aber zum Schluß ganz besonders zu erwähnen, haben sie doch die archäologische Tätigkeit im Kanton in entscheidendem Maße

*Jakob Heierli
(1853–1912)*

Rudolf Laur-Belart (1898–1972)

geprägt: Rudolf Laur-Belart und Reinhold Bosch. Während beinahe fünfzig Jahren ist R. Laur sowohl in Vindonissa als auch in Augst die treibende Kraft. Auch im übrigen Kanton hat er Spuren seiner wertvollen Forschertätigkeit hinterlassen, wie z. B. Zurzach, Oberentfelden oder Bözbergstraße, um nur einige Orte seines Wirkens zu nennen. Er hat der Römerforschung im Aargau Impulse verliehen, die noch lange nachwirken werden.

R. Bosch ist der Vater der aargauischen Kantonsarchäologie. Sein Bemühen um die Ur- und Frühgeschichte des Kantons ist immens. Vorerst als Hobby neben seinem Beruf als Bezirkslehrer betrieben, wird die Auseinandersetzung mit der Geschichte für ihn zur Berufung. 1943 wird er zum nebenamtlichen und 1947 zum hauptamtlichen Kantonsarchäologen gewählt. Unschätzbar sind die von ihm erarbeiteten Archive und Notizen zu den Fundstellen jeder Gemeinde. Er leitet mit seiner Arbeit eine neue Zeit archäologischer Forschung im Kanton Aargau ein, die ihren Niederschlag in der Schaffung einer vollamtlichen Kantonsarchäologenstelle findet. Die seither entstandene ständige Ausgrabungsequipe ist heute in der Lage, versehen mit den notwendigen finanziellen Mitteln, die durch die enorme Bautätigkeit der letzten zwanzig Jahre erforderlich gewordenen Ausgrabungen und Untersuchungen durchzuführen.

Reinhold Bosch (1887–1973) in seiner Steinzeitwerkstatt

Die römische Herrschaft

Die Eroberung des Alpenraumes

Die Einrichtung der Provincia Narbonensis im Jahre 121 v. Chr. bezog mit Genf, das vom keltischen Stamm der Allobrogern besiedelt war, erstmals einen kleinen Teil des schweizerischen Mittellandes ins Römische Reich mit ein.

Der kurz darauf erfolgte Zug der Kimbern und Teutonen nach Süden, dem sich auch die helvetischen Tiguriner unter der Führung des jungen Divico anschlossen, brachte einen ersten Kontakt des römischen Heeres mit den Germanen. In mehreren Schlachten, zuletzt bei Arausio (Orange) im Jahre 103 v. Chr., erlitt das römische Heer empfindliche Niederlagen. Erst dem Feldherr C. Marius gelang es, in der Provence und in Oberitalien diesem Zug Einhalt zu gebieten.

In der Folge dürften sich die Tiguriner, die wie andere helvetische Stämme im 2. Jahrhundert das Gebiet zwischen Schwarzwald, Main und Rhein bewohnten, in der Westschweiz niedergelassen haben, wo sie sich mit weiteren Stämmen zur helvetischen «Civitas» zusammenschlossen.

Wenige Jahrzehnte später entschlossen sich die Helvetier unter der Leitung des Orgetorix ein weiteres Mal, in südliche Gebiete auszuwandern. Es ist möglich, daß dieser Entschluß teilweise durch Übergriffe der Räter und germanischer Gruppen unter ihrem Führer Ariovist provoziert wurde. Die Auswanderer verhandelten mit den Nachbarvölkern über eine ungehinderte Passage und über deren möglichen Anschluß. So zogen wohl gegen 150000 Personen Richtung Südwesten in der Absicht, sich nach dem Marsch durch die Provinz Narbonensis und das Gebiet der Arverner in der Gegend der unteren Garonne niederzulassen.

Diesem Ansinnen stellte sich der damalige römische Provinzstatthalter und Feldherr C. Julius Caesar entgegen. Als Antwort auf einen Hilferuf der südlich und westlich von Genf siedelnden Allobroger und Häduer untersagte Caesar den Helvetiern den Durchzug. In der Schlacht bei Bibracte (Mt. Beuvray) im Jahre 58 v. Chr. besiegten die römischen Legionen das Gros des auszugswilligen Volkes. Nach der Kapitulation forderte Caesar die Helvetier und ihre Verbündeten (Rauriker, Latobriger und Tulinger) auf, in ihre Heimat zurückzukehren und ihre Siedlungen wieder aufzubauen. Gleichzeitig schloß er mit ihnen ein Bündnis (foedus). Diese Haltung des Siegers zu Gunsten seiner Unterlegenen muß mit Blick auf das durch den Helvetierauszug leerstehende Mittelland verstanden werden. Ihre Rückkehr sollte eine Expansion der rätischen Alpenvölker oder der Germanen unter Ariovist, welche den Eroberungsplänen Caesars in Gallien widersprach, verhindern helfen.

Mit dem folgenden Feldzug gegen Ariovist und der Niederschlagung eines letzten Aufstandes ostgallischer Völker unter Vercingetorix bei Alesia (52 v. Chr.), an welchem auch Helvetier und Rauriker beteiligt waren, war das nordalpine Gallien vollständig zur römischen Provinz geworden.

In den vierziger Jahren wurden in Nyon und Augst zwei römische Kolonien gegründet, die den offensichtlichen Zweck hatten, wichtige Verkehrswege nach dem Inneren Galliens gegen das Helvetiergebiet hin zu sperren. Der Tod Caesars und die Wirren der folgenden Bürgerkriege verhinderten die praktische Ausführung dieser Gründungen, die dann erst in der Regierungszeit des Augustus vollzogen wurden. Gleichwohl erschloß in dieser Zeit M. Agrippa (Statthalter in Gallien 39–37 v. Chr.) durch den Ausbau des Straßennetzes bis zum Rhein das Innere Galliens und schuf damit die notwendige Kontrolle der Provinz. In der Zeit nach der Rückkehr der Helvetier entstand eine ganze Anzahl befestigter Siedlungen. Auf dem Bois de Châtel bei Avenches, der Engehalbinsel bei Bern, dem Jensberg bei Studen, auf dem Sporn von Windisch und auf dem Münsterhügel in Basel entwickelten sich Siedlungen, deren Fundmaterial deutlich macht, daß der Handel mit dem Römischen Reich wieder blühte und dennoch die helvetische Eigenständigkeit bewahrt werden konnte.

*Keltische Stämme
in Europa
(1. Hälfte des
1. Jahrhunderts v. Chr.)*

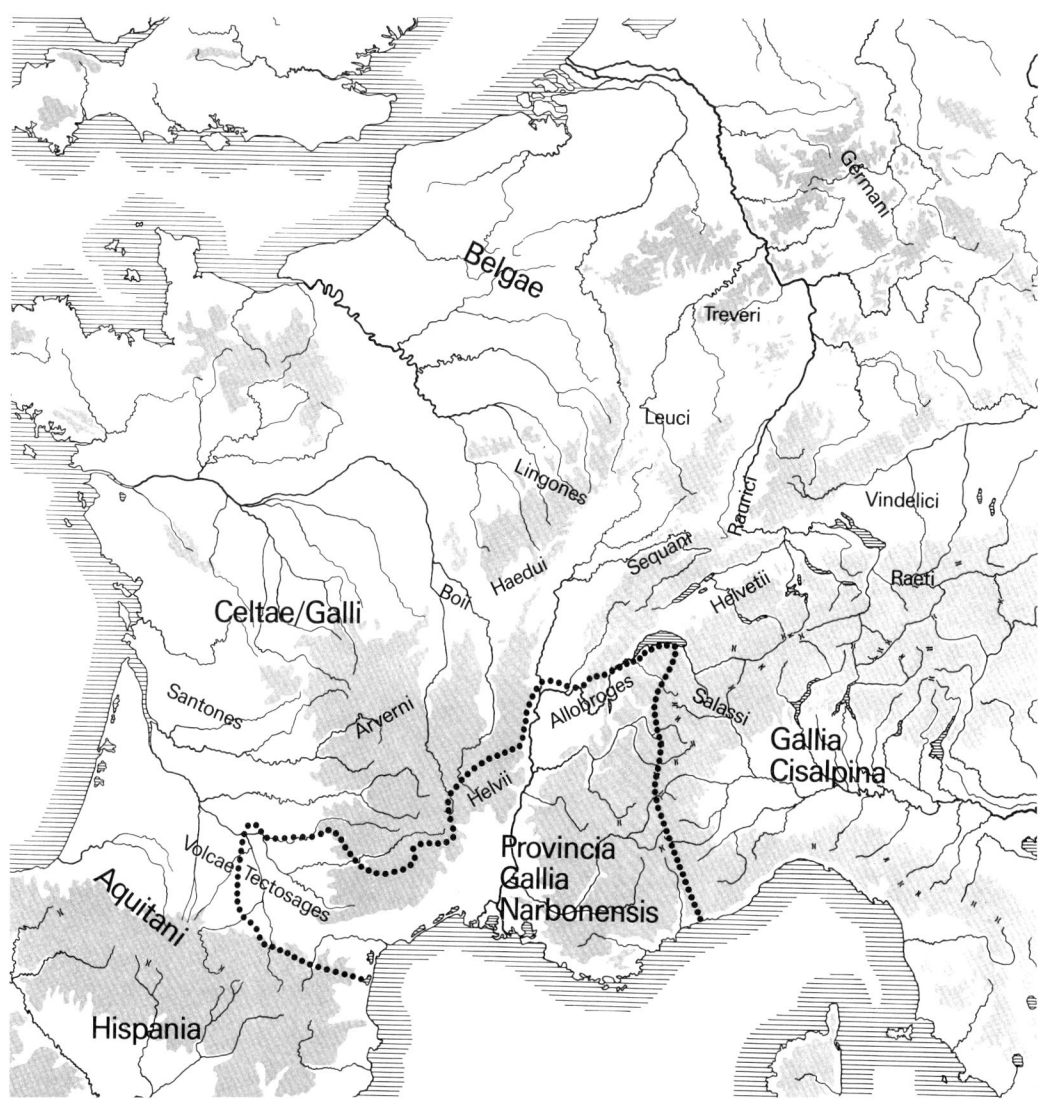

Die folgende Regierungszeit des Augustus (27 v.–14 n. Chr.) sollte für das Gebiet des Mittellandes von entscheidender Bedeutung werden. Für die neueroberten Gebiete Galliens westlich des Rheins bildeten die rechtsrheinisch siedelnden Germanen eine ständige Gefahr. Gleiches galt für den Südalpenrand, der immer wieder von den rätischen Alpenvölkern bedroht war. Diese Situation sollte in mehreren Etappen geklärt werden. Vorerst wurde mit der Unterwerfung der im Aostatal lebenden Salasser und der folgenden Koloniegründung von Augusta Praetoria (Aosta) die Straße über den Großen St. Bernhard geöffnet. Nach mehreren Einfällen der Sugambrer am Niederrhein (19–16 v. Chr.) begab sich Augustus persönlich in das gefährdete Gebiet. Gleichzeitig operierte P. Silius Nerva in Oberitalien gegen alpine Stämme.

Die beiden Adoptivsöhne des Augustus, Tiberius und Drusus, führten dann im Jahre 15 v. Chr. den entscheidenden Feldzug gegen die Alpenvölker. Drusus marschierte mit einer Heeresgruppe etschtalaufwärts über Brenner- oder Reschenpaß ins Inntal und weiter ins Gebiet der Vindeliker. Eine zweite Abteilung stieß über den Julier oder Septimer ins Rheintal und zum Bodensee vor. Gleichzeitig kam Tiberius mit einem zweiten Heer von Westen her zum Bodensee. Vorbereitet wurde dieser Teil der Operation durch die Errichtung von kleinen Militärkastellen in Basel, Windisch, Zürich und Oberwinterthur sowie durch Straßenposten entlang des Walensees. Damit waren Räter und Vindeliker unterworfen und das ganze Alpengebiet mit seinen wichtigen Pässen in römischer Hand.

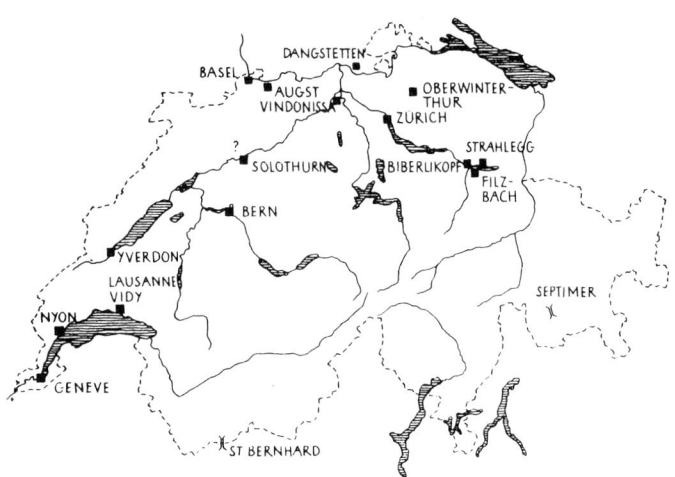

Frühaugusteische Militärposten und Siedlungen in der Schweiz

Diese neue Situation erlaubte es nun, zum zweiten Teil der Pläne des Augustus zu schreiten: die Eroberung Germaniens. Vorerst wurden sechs Legionen an den Rhein verlegt. In offensiver Stellung errichtete die 19. Legion bei Dangstetten nördlich von Zurzach ein Lager. Unter der Leitung des Statthalters von Gallien, Drusus, begannen die militärischen Operationen gegen die Germanen (12–9 v. Chr.). Sie führten in die Gebiete von Main, Lahn und Weser bis zur Elbe. Nach dem Tod von Drusus übernahm Tiberius das Kommando. Auch seine Feldzüge waren erfolgreich. Trotzdem kann heute nicht mit Sicherheit gesagt werden, ob dieses germanische Gebiet damals schon gänzlich unterworfen wurde oder ob es noch als frei gelten konnte. Erst im Jahre 5 n. Chr. konnte Tiberius den Widerstand der Germanen vollständig brechen, und es entstand die Provinz Germania mit der Hauptstadt Köln (Oppidum Ubiorum).

Die Pläne des Tiberius aber gingen weiter. Seine Absicht bestand darin, die Elbegrenze mit derjenigen an der Donau in Pannonien zu verbinden. Die Eroberung des in Böhmen und Mähren liegenden Markomannenreiches des Marbod begann mit einem Zangenangriff von Westen (Mainz) unter C. Sentius Saturninus und von Osten (Carnuntum) unter Tiberius.

Die Nachricht von einem großen Aufstand in Pannonien zwang zum Abbruch dieses Unternehmens. Ein weiterer Schlag gegen die Germanenpolitik des Augustus erfolgte nur drei Jahre später (9 v. Chr.). Der Cheruskerfürst Arminius mit seiner germanischen Allianz lockte den Legaten P. Quinctilius Varus mit seinen drei Legionen (17., 18. und 19. Legion) und einer Reihe Hilfseinheiten im Teutoburger Wald in einen Hinterhalt. Dort wurde das ganze römische Heer aufgerieben. Damit war die Herrschaft auf der rechten Seite des Rheines zu Ende. Im Auftrag des Kaisers begab sich Tiberius an den Rhein, um die Verteidigung der Front neu zu organisieren. Er verstärkte das Heer von bisher sechs auf acht Legionen und unterteilte es in zwei Militärkommandos. Das obere Kommando war in Mainz, das untere vorerst in Vetera bei Xanten, später in Köln stationiert. Den linksrheinischen Rest der ehemaligen Provinz Germania vereinigte er mit der Provinz Belgica. Zur Einschüchterung der Germanen führte Tiberius sodann seine Truppen zweimal über den Rhein, bevor er nach Rom zurückkehrte.

An seiner Stelle übernahm Germanicus, der Sohn des Drusus, den Oberbefehl über die Rheinarmee. Die Nachricht vom Tode des Augustus und die Ausrufung des Tiberius zum neuen Kaiser, führten zu Unruhen und Meutereien innerhalb der Legionen des unteren Distrikts. Germanicus, der loyal zu Tiberius hielt, überwand diese Schwierigkeiten und führte Teile seiner Truppen mehrmals über den Rhein gegen die Germanen. Diese Feldzüge blieben aber unergiebig und verlustreich. Der hervorragende Kenner der germanischen Verhältnisse, der neue Kaiser Tiberius, veranlaßte das Ende der Feldzüge und die Abberufung des Germanicus. Er drängte auf eine rasche Konsolidierung der Verhältnisse. Damit war ein dreißig Jahre dauernder Krieg zu Ende, dessen eigentliches Ziel – die Elbe als Reichsgrenze – aber nicht erreicht wurde.

Die Sicherung der Rheingrenze

Im Zuge der geplanten Konsolidierung der Lage am Rhein ließ Tiberius das Legionslager von Augsburg/Oberhausen aufheben. Dem oberen Distrikt der Rheinarmee waren vier Legionen zugeteilt. Zwei standen in Mainz, eine in Straßburg und eine im neu gegründeten Lager von Vindonissa (Windisch). Diese in defensiver Lage angelegte Militärbasis übernahm eine Vielzahl von Aufgaben. Vorerst war eine Sicherung der Verbindungsstraße notwendig. Welche Stellung der Platz Vindonissa dabei einnahm, zeigt die Vielzahl wichtiger Destinationen, die von hier aus erreichbar waren: Germanien (über Augst–Straßburg), Gallien (über Kembs–Burgunder Pforte), Provence (über Avenches–Genf), Italien (über Zürich–Julier), Obere Donau (über Zurzach–Hüfingen) und Noricum (über Winterthur–Bregenz–Salzburg).

Im weiteren unterstanden die in den Militärposten der Provinz Raetien stationierten Hilfstruppen (auxilia) dem Oberbefehlshaber der Windischer Legion, da seit der Aufgabe des Lagers von Augsburg in dieser Provinz keine regulären Truppen mehr standen. Daneben waren wichtige Straßenposten wie Zurzach, Baden, Zürich, Lenzburg oder Solothurn zu unterhalten.

All diese Aufgaben mußte die im Jahre 17 n. Chr. nach Vindonissa versetzte 13. Legion übernehmen. Unter Kaiser Claudius wurde die 13. Legion (gemina) nach Pannonien versetzt und von der 21. Legion (rapax) abgelöst. In diese Zeit fällt der Bau einiger Kastelle an der oberen Donau, die eine durchgehende Verteidigungslinie von der Lechmündung bis nach Hüfingen und Zurzach bildeten. Insbesondere war die 21. Legion am Bau des letztgenannten Kastells in Hüfingen beteiligt. Außerdem scheint eine weitere Straße von Hüfingen durch den Schwarzwald nach Riegel und Sasbach im Oberrheintal gebaut worden zu sein, da dort unlängst Reste von militärischen Anlagen entdeckt wurden.

Überhaupt wurde dem Ausbau der Infrastruktur in claudischer Zeit größte Bedeutung beigemessen. Das Straßennetz wurde ausgebaut, das Durchdringen des Hinterlandes durch Anlage neuer Gutshöfe intensiviert. In den bestehenden Siedlungen begann man wichtige Gebäude in Stein zu errichten.

In diese Zeit der Entwicklung und der Prosperität fällt der Tod Kaiser Neros, der für das obergermanische Gebiet verheerende Folgen hatte.

Die Katastrophe des Vierkaiserjahres

Erstes Oppositionszeichen gegen die Mißwirtschaft unter Kaiser Nero war die Erhebung des Legaten C. Julius Vindex im Frühjahr des Jahres 68 n. Chr., dem sich die Statthalter der spanischen Provinzen, M. Salvius Otho und Ser. Sulpicius Galba anschlossen. Diese Rebellion führte zur Ächtung Kaiser Neros durch den Senat. Nero beging darauf Selbstmord, und Galba wurde zum neuen Kaiser ausgerufen. Zu Beginn des folgenden Jahres verweigerten die sieben rheinischen Legionen den kaiserlichen Treueeid an Kaiser Galba. Sie riefen den Legaten des unteren Heeres, Aulus Vitellius, zum Gegenkaiser

Baden, der Brandhorizont des Jahres 69 n. Chr.

aus. Um seinen Machtanspruch in Rom geltend zu machen, entsandte Vitellius den Legaten Fabius Valens mit 40 000 Mann des unteren Heeres quer durch Gallien nach Italien. Ein zweites Heer, bestehend aus Teilen der Mainzer Legionen, zog unter Führung von A. Caecina Alienus rheinaufwärts nach Vindonissa, wo sich die 21. Legion seinen Truppen anschließen sollte, um gemeinsam über den Großen St. Bernhard ebenfalls nach Oberitalien zu gelangen.

Doch sein Vormarsch wurde verzögert. Folgendes war geschehen und wird vom großen römischen Historiker Tacitus in allen Details geschildert: Ein Geldtransport von Aventicum, der Soldzahlungen für die helvetische Miliz mitführte, wurde von Angehörigen der 21. Legion überfallen. Diese Miliz war in einem Grenzkastell (möglicherweise in Zurzach) stationiert. Daraufhin nahmen die Helvetier eine Kurierabteilung gefangen, die von Vitellius zu den Donaulegionen entsandt war, um diese für seine Sache zu gewinnen. Auf diese Ereignisse reagierte Caecina, der inzwischen das Legionslager von Vindonissa erreicht hatte, mit Gewalt. Er beauftragte die Soldaten der 21. Legion, Gutshöfe und Siedlungen im weiten Umkreis von Vindonissa zu verwüsten und zu plündern. Besonders der blühende vicus von Baden (Aquae Helveticae) ging in Flammen auf. Die helvetische Miliz versuchte Widerstand zu leisten. Sie erhielt dabei Unterstützung aus Aventicum. Doch hatten sie gegen die gut geschulten Legionäre keine Chance. Von diesen sowie von aus Nordosten herbeigerufenen rätischen Auxiliartruppen wurden die schlecht ausgerüsteten Helvetier vollständig aufgerieben.

Nach dem Zerschlagen der Milizen zog Caecina mit seinen Truppen gegen Aventicum, um hier an der Hauptstadt der Civitas Helvetiorum ein letztes Exempel zu statuieren und damit den Widerstand endgültig zu brechen. Eine Gesandtschaft angesehener Bürger begab sich unter Führung des Claudius Cossus nach Lyon, um beim dort weilenden Vitellius Fürbitte für ihre Stadt einzulegen. Dank einer überzeugenden Rede des Cossus gelang dieses Unternehmen, und Aventicum entging der Zerstörung. Caecina aber führte seine Truppen bei Schnee und Eis über den großen St. Bernhard nach Oberitalien.

In der Zwischenzeit war in Rom Kaiser Galba von seinem ehemaligen Mitstreiter Otho, der sich zurückgesetzt fühlte, und der Prätorianergarde gestürzt worden. Die Armee des Otho zog von Rom Richtung Oberitalien, um sich den Truppen des Vitellius entgegenzustellen. Aus der folgenden Schlacht gingen die rheinischen Legionen des Vitellius siegreich hervor, und dieser konnte sich in Rom als Kaiser huldigen lassen. Doch die Ereignisse sollten sich noch einmal zuspitzen. Im Osten des Reiches wurde der Feldherr T. Flavius Vespasianus von seinen Truppen zum Kaiser ausgerufen. Die an der Donau stationierten Legionen schlossen sich dem gegen Italien marschierenden Vespasianus an. In der Schlacht bei Cremona wurde Vitellius besiegt, und der Senat anerkannte Vespasianus als neuen Kaiser.

In der Provinz Belgica gärte es weiter. Unter der Führung von C. Julius Civilis erhoben sich im Rheingebiet die Bataver, denen sich bald auch die Treverer und Lingonen anschlossen. Gemeinsam riefen sie ein unabhängiges «Gallisches Reich» aus. Die am Rhein verblie-

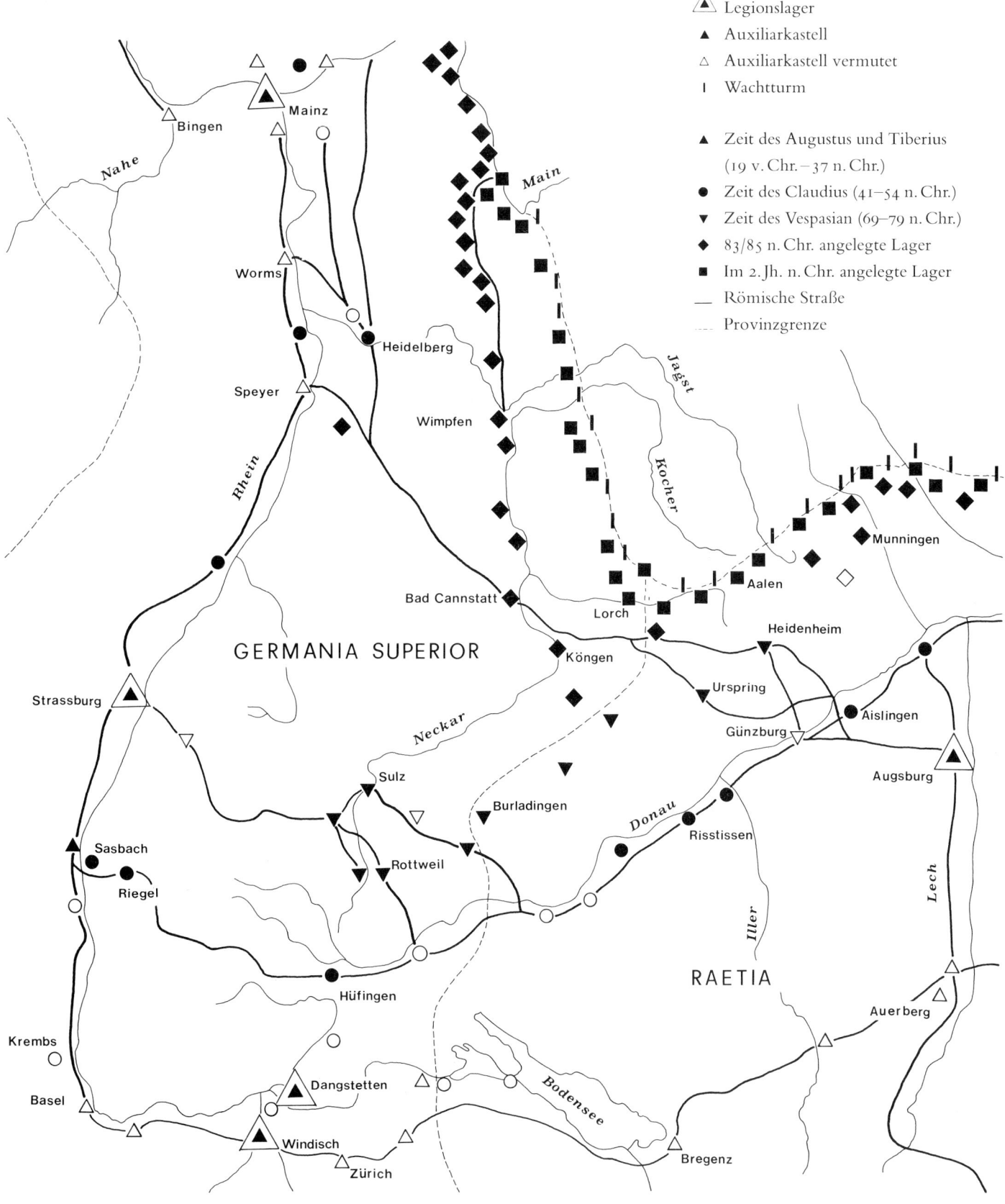

Römische Kastelle in der Nordschweiz und Südwestdeutschland

benen Legionen schlossen sich den Aufständischen an und zogen nach Trier. Die Situation war für den neuen Kaiser Vespasianus bedrohlich. Er beauftragte seinen Legaten Q. Petilius Cerialis, den Aufstand niederzuschlagen. Aus Rätien kam ihm Sextilius Felix mit seinen norischen Auxiliarkohorten zu Hilfe. Gemeinsam mit der unverwüstlichen 21. Legion rapax erkämpfte Cerialis bei Trier den Sieg gegen die Aufständischen.

Darauf gelang es Vespasien, die alte Ordnung an Rhein und Donau wiederherzustellen. Wiederum standen im oberen Militärdistrikt vier Legionen: die 1. und die 14. Legion in Mainz, die 8. Legion in Straßburg und die 11. Legion in Vindonissa. Der Ersatz der 21. Legion durch die 11. Legion in Vindonissa war eine Friedensgeste des Vespasians an die schwergeprüften Helvetier. Ebenso wichtig für ihr Selbstgefühl war die Erhebung von Aventicum zur Kolonie.

Der Ausbau der nördlichen Grenze

Nachdem die Lage sich an der Rheingrenze wieder beruhigt hatte, veranlaßte Vespasian, der die Verhältnisse am Oberrhein aus der Zeit als Legionslegat in Straßburg bestens kannte, daß einige wichtige strategische Veränderungen vorgenommen wurden. Er beauftragte den Befehlshaber der oberrheinischen Armee, Cn. Pinarius Cornelius Clemens, einen Vorstoß von Straßburg nach der oberen Donau vorzubereiten. Zu diesem Vorhaben wurden verschiedene Truppenkörper zugezogen. Sicher war die neu in Vindonissa stationierte 11. Legion mitbeteiligt. Das Fragment einer Inschrift zeigt uns, daß zu dieser Zeit auch eine Vexillation (gemischte Einheit) der 1. Legion adiutrix und der 7. Legion gemina in Augst stationiert war. Es ist möglich, daß diese die Brücke über die Insel Gwert ans rechte Rheinufer baute und dann an dem geplanten Vorstoß teilnahm. Jedenfalls zeigt uns ein Meilenstein aus Offenburg, daß im Jahre 74 parallel mit dem militärischen Vorstoß eine Straße gebaut wurde, die von Straßburg durch das Kinzigtal nach Rottweil und weiter nach Tuttlingen an die obere Donau führte. Das von der Windischer und Straßburger Legion besetzte Gebiet wurde durch Kastelle in Offenburg, Waldmössingen und Rottweil gesichert. Besonders die Funde aus Rottweil zeigen, daß dieses Kastell von abkommandierten Detachementen der 11. Legion erbaut und besetzt gehalten wurde.

Mit diesem Feldzug, der offensichtlich nicht auf große Widerstände stieß, war eine direktere und sicherere Verbindung zwischen dem rheinischen Heer und den gallischen Provinzen einerseits und den Donauprovinzen Rätien und Noricum andererseits hergestellt.

Der Feldzug im Schwarzwald war aber nur der Beginn weiterer Offensiven im rechtsrheinischen Gebiet. Kaiser Domitian zog im Jahre 83 sämtliche Truppen der Rheinarmee zusammen und begann einen Krieg gegen die Chatten. In der Folge ließ er am Main, im Odenwald und am mittleren Neckar neue Grenzsicherungsanlagen errichten. Diese Grenze – der Obergermanische Limes – sollte, mit einigen Korrekturen, bis in die Mitte des 3. Jahrhunderts Bestand haben. Die Reichsvergrößerung hatte auch eine Änderung in der Verwaltung zur Folge. Aus den bisher zur Provinz Belgica gehörenden Militärbezirken wurden zwei neue Provinzen geschaffen. Das schweizerische Mittelland war nun von der Grenze zu Rätien, die vom unteren Bodensee über Pfyn (Ad Fines) zum oberen Zürichsee und weiter Richtung Gotthard verlief, Teil der neuen Provinz Germania Superior, der auch die neu eroberten Gebiete zugeteilt wurden. Hauptstadt war Mainz (Mogontiacum).

Der Aufstand der Mainzer Legionen (89 n. Chr.) unter ihrem Legaten L. Antonius Saturninus, der sich mit den germanischen Chatten verbündete, gefährdete noch einmal das eben neu eroberte Gebiet. Doch Kaiser Domitian, der in Vindonissa ein Heer, bestehend aus der 7. Legion aus Spanien, rätischen Auxiliartruppen und der hier stehenden 11. Legion, formierte, blieb nach seinem Marsch nach Mainz Herr der Lage. Die von den Chatten zerstörten Limeskastelle wurden wieder errichtet, und eine neue, wesentlich direktere Straße wurde von Mainz über Cannstatt, Faimingen nach Augsburg gebaut.

Ein Teil der für die Eroberung und Sicherung dieses Gebietes eingesetzten Auxiliareinheiten wurden nun als Besatzung auf die verschiedenen Limeskastelle verteilt. Die übrigen gab man an die Kommandos in Britannien, Rätien und Pannonien ab.

Die Ereignisse dieser Jahre blieben nicht ohne Folgen für das Mittelland und im speziellen für die Stellung des Legionslagers von Vindonissa. Der südlichste Punkt der neuen Grenze lag rund 150 km von Vindonissa entfernt. Das Lager konnte somit nur noch als Etappenort und Materialbasis dienen. Die Veränderung der Aufgaben lassen sich an verschiedenen Um- und Neubauten im Lagerinnern erkennen (große Magazinbauten und Werkstätten etc.).

Wenige Jahre später (101 n. Chr.) wurde das Lager aber doch aufgegeben und die 11. Legion an die untere Donau verlegt.

Die notwendigen Überwachungsaufgaben, besonders an den Straßen- und Brückenposten, wurden von Angehörigen der in Straßburg stationierten 8. Legion übernommen. Vereinzelt, besonders in der Westschweiz, traten auch Beneficiarier (Postenchefs) der 22. Legion aus Mainz in Erscheinung.

Die militärlose Zeit bis zum Fall des Limes

Für das nicht mehr im Grenzgebiet liegende Mittelland begann nun eine Zeit der Prosperität und des Wohlstandes. Wohl war ein wichtiger Teil der «Konsumenten», nämlich die regelmäßig über klingende Münze verfügenden Soldaten, nicht mehr vorhanden. Dennoch zeigen uns die zum Teil reich ausgestatteten Siedlungen und Gutshöfe, daß die Bevölkerung unter keinerlei Mangel litt.

Doch bald schon kündigten sich neue Schwierigkeiten im Grenzbereich an. Größere Völkerbewegungen im Norden Deutschlands übertrugen sich auf die weiter südlich wohnenden Germanenstämme. Betroffen war in erster Linie die Donaugrenze in Noricum und Pannonien. Die sich erhebenden und in einem großen Raubzug bis nach Italien einfallenden Markomannen banden große Truppenverbände während mehrerer Jahre.

Kaiser Marc Aurel gelang es, das umkämpfte Gebiet an der Donau wieder fest in römische Hand zu nehmen (179 n. Chr.). Auch in Rätien weisen einige Münzschatzfunde auf die Verheerungen hin. Wie weit unsere Gegend von diesen jahrelang andauernden Kämpfen betroffen war, steht heute noch nicht fest. Allerdings wird ein Zerstörungshorizont im vicus von Baden mit diesen Ereignissen des späteren 2. Jahrhunderts in Zusammenhang gebracht.

Offensichtlich kamen nun die germanischen Stämme nicht mehr zur Ruhe. In den Jahren 212 und 213 tauchten erstmals alemannische Reitergeschwader am Limes auf. Die Invasionsgefahr stieg. Als Machtdemonstration zog Kaiser Caracalla mit einem großen Heer nach Rätien und überschritt in der Gegend von Aalen den rätischen Limes. In der Folge berichten viele Inschriften von Instandstellungsarbeiten an Kastellen und Straßen der Grenzzone. Doch war die Bedrohung durch die Germanen nicht aufzuhalten.

Um im Osten des Reiches dem Druck der Sassaniden entgegentreten zu können, benötigte Kaiser Severus Alexander einen großen Teil der Rheinarmee. Die Abwesenheit dieser Grenztruppen bewog die Alemannen, die reiche römische Provinz zu überfallen (233 n. Chr.). Betroffen waren vor allem das westliche Rätien bis zum Alpenrand, aber auch Teile des schweizerischen Mittellandes. Auf Druck seiner obergermanischen Truppen gab Severus Alexander den Feldzug im Osten auf und zog in Gewaltsmärschen an die gefährdete Nordgrenze. Seine Unschlüssigkeit über die zu treffenden Maßnahmen führte in Mainz zu einer Militärrevolte, bei welcher er ermordet und Maximinus Thrax, ein beliebter Truppenführer, zu seinem Nachfolger erhoben wurde. Damit begann die unselige Zeit der Soldatenkaiser, die sich in kurzer Folge ablösten, sich zum Teil bekämpften und damit zur Instabilität der Lage wesentlich beitrugen. Zwar gelang es noch einmal, das Limesgebiet zu befreien, die zerstörten Kastelle wieder aufzubauen und auch das Straßennetz zu sanieren. Dennoch war die weitere Entwicklung vorgezeichnet. In kurzer Folge sah sich die zivile Bevölkerung immer wieder mit gezielten Raubzügen der Alemannen konfrontiert. Das Vergraben des Silberschatzes in Wettingen sowie eines großen Bronzedepots in Kaiseraugst ist mit einem solchen Raubzug im Jahre 253 n.Chr. in Verbindung zu bringen. Da sich die Gefahren an den Reichsgrenzen nicht nur auf den obergermanisch-rätischen Limes beschränkten, sondern auch im Osten immer wieder Unruhen ausbrachen, beauftragte Kaiser Valerian seinen Sohn Gallienus mit der Verteidigung des Westens. Obwohl dieser mehrmals gegen die Germanen siegreich blieb, führte die Usurpation des Ingenuus in Pannonien und die Ausrufung eines «Gallischen Sonderreiches» durch Posthumus zu einer Zersplitterung der Kräfte und damit unausweichlich zur Katastrophe der Jahre 259 und 260. Franken und Alemannen überrannten den Grenzschutz am Limes, der vollständig zusammenbrach. Auf ihrem Zug nach Süden plünderten und zerstörten die Alemannen Gutshöfe und Siedlungen in weiten Teilen des Mittellandes. Auch die großen Städte Aventicum und Augusta Rauracorum blieben nicht verschont. Erst in der Gegend von Mailand gelang es Kaiser Gallienus, die Alemannen zu besiegen.

In aller Eile wurden die zerfallenen Befestigungsanlagen von Vindonissa wieder aufgebaut, um den verbliebenen Truppen im Hinterland des Rheines Schutz zu gewähren (Abb. 21). Die zivile Bevölkerung zog sich zum Teil auf schwer erreichbare Höhen im Jura zurück, die sie mit den notwendigen Verteidigungsanlagen versahen. So entstand auf dem Wittnauer Horn eine große Fluchtburg (refugium), die den Bewohnern der umliegenden Gutshöfe Schutz bot.

Das rechtsrheinische Dekumatland aber blieb verlo-

Das Wittnauer Horn

ren. Erstes Ziel mußte es nun sein, den Rhein wieder als Grenze zu sichern. Der ständige Kampf um den Kaiserthron erschwerte die Durchführung dieser notwendigen Maßnahmen. Erst Kaiser Probus gelang es im Jahre 277 n.Chr. und in den folgenden Jahren, die Franken und Alemannen aus Gallien zu vertreiben. Die letzteren verfolgte er bis über den Neckar hinaus. In einem zweiten Feldzug säuberte er Rätien von den hier eingedrungenen Burgundern, Goten und Vandalen und begann anschließend mit der Sicherung der Nordgrenze an Rhein, Bodensee und Iller.

Die Neuordnung des Reiches unter Diokletian und die Entwicklung im 4. Jahrhundert

Mit Kaiser Diokletian (284–305 n.Chr.) kam endlich wieder eine starke Persönlichkeit an die Macht. Ihm wurde klar, daß das Reich nicht mehr in der herkömmlichen Art zu regieren war. Als erstes trennte er die zivile und militärische Verwaltung, die aber beide weiterhin direkt dem Kaiser unterstanden. Daraufhin gliederte er das Reich in zwei Teile. Die Leitung der östlichen

Reichshälfte übernahm er selbst. Das westliche Reich übergab er seinem Gefährten Maximian, der vorerst die Bauernaufstände (Bagauden) in Gallien niederzuwerfen hatte. In den folgenden Jahren führte Diokletian seine Neuorganisation weiter. Er unterteilte das West- und das Ostreich ein weiteres Mal, so daß schließlich vier Verwaltungsbezirke entstanden, denen die beiden Kaiser (augusti), resp. zwei Caesaren vorstanden.

Weitere Maßnahmen zur Sanierung des Reiches folgten. Ein Preisedikt schrieb zur Dämpfung der Inflation die Höchstpreise vor. Mit einer Münzreform wurde versucht, das Währungssystem wieder zu ordnen. Weitere Gesetze schränkten die Bewegungsfreiheit der Bevölkerung ganz wesentlich ein.

Die neugeschaffene Provinz Maxima Sequanorum, die auch das gesamte schweizerische Mittelland bis an die Grenze Rätiens umfaßte, wurde dem westlichen Teil des Westreiches zugewiesen. Diesem stand als Caesar Constantius Chlorus vor, der Vater des späteren Kaisers Constantinus des Großen. Als Amtssitz wählte er Trier, das als Kaiserresidenz im 4. Jahrhundert zu großer Blüte kam.

Um seine Macht zu demonstrieren und die Alemannen einzuschüchtern, zog Constantius Chlorus von Mainz auf der alten Heeresstraße an die Donau. Die über den Hochrhein bis ins Wallis vordringenden Alemannen schlug er in einer historisch überlieferten Schlacht bei Vindonissa.

Nun wurde mit der systematischen Sicherung der Rheingrenze begonnen. Bauinschriften in den Kastellen von Stein am Rhein und Oberwinterthur belegen die Erbauung dieser Festungen im Jahre 294 n. Chr. Es folg-

Kaiseraugst, Rekonstruktion des spätrömischen Castrum Rauracense

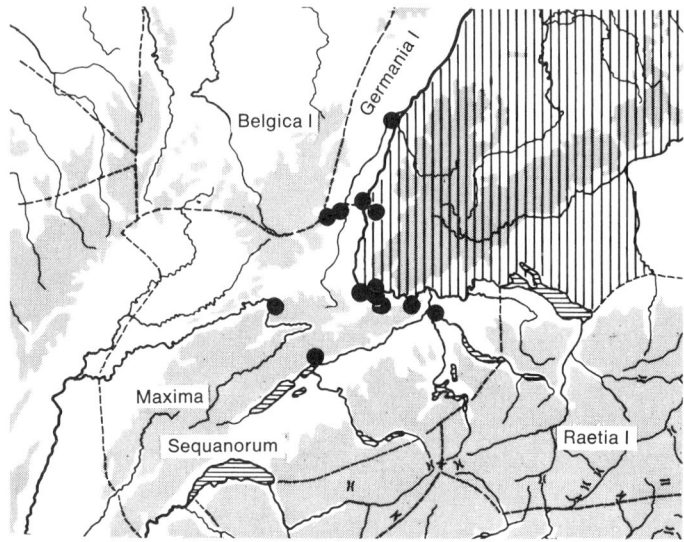

Verbreitung der Ziegelstempel der Legio I Martia

ten wenige Jahre später das Kastell von Zurzach, das auf dem Windischer Sporn angelegte Castrum Vindonissense sowie weitere Anlagen in der oberrheinischen Tiefebene. Unter seinem Sohn Constantinus I, der sich im Jahre 312 zum Alleinherrscher erhob, wurde das für das ganze 4. Jahrhundert überaus wichtige Castrum Rauracense (Kaiseraugst) errichtet, das als Basis für die neugeschaffene legio I Martia dienen sollte.

Den staatlichen Reformen des Diokletian folgte unter Constantinus I eine ganz wesentliche Heeresreform. Das Heer wurde in zwei Teile gegliedert. Die Garnisonstruppen (limitanei) hatten für den ständigen Grenzschutz zu sorgen und durften nicht aus den zugeteilten Provinzen abgezogen werden. Daneben entstand ein Feldheer (comitatenses) als mobile Einsatztruppe, meist im ständigen Gefolge des Kaisers. Sowohl für die Fußtruppen als auch für die berittenen Einheiten bestand je ein unabhängiges Oberkommando. Diese neue Regelung gestattete es, rasch an einem weit entfernt liegenden Krisenort einzugreifen, ohne ein anderes Grenzgebiet von den dort liegenden Wachttruppen entblößen zu müssen. Die durch die verschiedenen Maßnahmen eingetretene Beruhigung erlaubte es auch der zivilen Bevölkerung, wieder aufzuatmen. Funde des 4. Jahrhunderts in verschiedenen nach dem Alemannensturm verlassenen Gutshöfen, als Beispiel seien Oberkulm, Oberentfelden, Birmenstorf und Neuenhof genannt, zeigen, daß man sich wieder aufs offene Land wagen konnte. Doch ist davon auszugehen, daß der größte Teil der gegenüber den vorigen Jahrhunderten stark dezimierten Bevölkerung es vorzog, in den von starken Mauern gesicherten Kastellen zu wohnen.

Im großen und ganzen darf man annehmen, daß während der 1. Hälfte des 4. Jahrhunderts weitgehend Ruhe herrschte. Nach dem Tod des Constantius I (337) wurde das Reich wieder zweigeteilt. Die beiden Söhne Constans und Constantius II übernahmen den West- resp. den Ostteil mit Residenz in Trier und Konstantinopel. Doch wiederum, wie schon so oft, war es ein innenpolitisches Ereignis, das zum Ende dieser ruhigen Jahre führte. Im Jahre 350 ließ der Magister militum des westlichen Heeres, Magnentius, Kaiser Constans ermorden, erhob sich selbst zum Kaiser und führte ein starkes Heer gegen Constantius II. Dieser veranlaßte die Alemannen, einen Angriff über den Rhein zu unternehmen, um damit Magnentius in den Rücken zu fallen. Dieser vordergründig kluge Schachzug sollte sich als fataler Fehler erweisen. Zwar besiegte Constantius II seinen Widersacher, doch gleichzeitig fielen Franken und Alemannen plündernd in die Pfalz, das Elsaß und die Nordschweiz ein. Was bis jetzt an offenen Siedlungen noch Bestand gehabt hatte, wie z. B. der in der 2. Hälfte des 3. Jahrhunderts errichtete Gutshof Görbelhof bei Rheinfelden, ging nun endgültig in Flammen auf. Zahlreiche Münzschätze dieser Zeit (z. B. Unterkulm) geben Hinweise auf das Ausmaß der Katastrophe. Das Kastell Kaiseraugst war hart umkämpft. Zu diesem Zeitpunkt muß der große Silberschatz im Innern des Kastells nahe der südlichen Mauer in der Erde verborgen worden sein (Abb. 158–183). Er war offensichtlich im Besitz eines hohen Heerführers des Magnentius, der möglicherweise in der Schlacht gegen Constantius II fiel und somit keine Gelegenheit mehr hatte, das wertvolle Tafelgeschirr wieder zu heben.

Constantius II zog nun gegen die Alemannen. Trotz mehrerer Feldzüge in den Jahren 354 bis 356, die teilweise von Kaiseraugst aus geführt wurden, gelang es nicht, die Alemannen aus dem von ihnen besetzten Elsaß und der Pfalz zu vertreiben.

Sein von ihm eingesetzter Vetter Julian befreite dann eine ganze Reihe gallischer Städte, zog an den Niederrhein, wo er auf dem Verhandlungsweg mit den Franken die Stadt Köln zurückgewinnen konnte. Der Zusammenschluß alemannischer Gaufürsten, die offensichtlich an den Fähigkeiten Julians zweifelten, führte im Jahre 357 zur entscheidenden Schlacht bei Straßburg, in der Julian die Gegner vernichtend schlug. Mehrere Züge ins rechtsrheinische Alemannengebiet endeten mit weiteren Siegen und führten endlich zu einem Friedensschluß. Nach dem Tod des Constantius II wurde Julian, der schon vorher von seinen Truppen zum gleichberechtigten Augustus ausgerufen worden war, alleiniger Herrscher des Gesamtreiches.

Geldzahlungen und Abkommen mit einer ganzen Reihe von Germanenstämmen sicherten das rechtsrheinische Vorgelände der Reichsgrenze. Im Kampf gegen die Perser starb Kaiser Julian im Jahre 363.

Sein Nachfolger, Valentinianus I, sollte die letzte starke Persönlichkeit sein, die das spätrömische Reich hervorbrachte.

Valentinian I war vorerst nicht bereit, die Geldzahlungen an verbündete Germanenstämme weiter zu entrichten. Das führte zu erneuten Raubzügen nach Gallien und

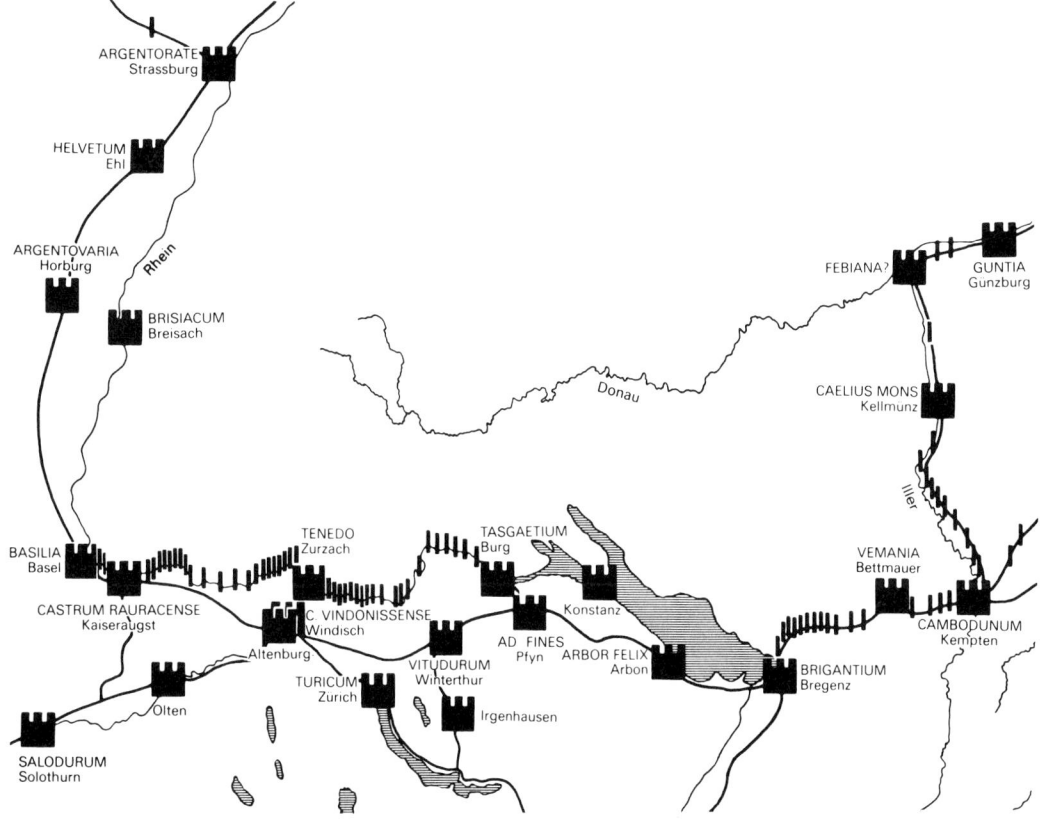

Der spätrömische Donau-Iller-Rheinlimes

zur Plünderung von Mainz. Mit harter Hand schlug der Kaiser zurück. Ein Feldzug ins Dekumatland bis in die Gegend von Rottenburg brachte die notwendige Ruhe. Nun begann Valentinian I die Nordgrenze erneut zu sichern. Zwischen Basel und dem Bodensee und von Bregenz bis zur Donau entstand ein dichtes Netz von Wachtposten (Abb. 152), deren Aufgabe es war, die zwischen den schon bestehenden Kastellen liegenden Abschnitte zu schützen. Zwei Inschriften aus Etzgen und Koblenz bezeugen, daß diese Bauarbeiten zum Teil im Jahre 371 n. Chr. ausgeführt wurden. Weitere Maßnahmen waren die Erstellung von Brückenköpfen in Basel (munimentum prope Basileam), Wyhlen (gegenüber Kaiseraugst) und Rheinheim (gegenüber Zurzach). In Kaiseraugst ließ er Teile der Befestigung, die in den Unruhen der Magnentius-Jahre beschädigt worden waren, neu errichten. Doch beließ es Valentinian I nicht bei der direkten Grenzbefestigung. Zusätzlich ließ er im Hinterland eine rückwärtige Auffanglinie ausbauen, die sich in den Kastellbauten von Solothurn, Olten, Altenburg, Baden und Zürich manifestiert.

Unruhen im Donaugebiet zwangen den Kaiser, seine Anwesenheit am Hochrhein zu beenden. Er übergab das Kommando seinem Sohn Gratian und zog im Jahre 374 nach Brigetio in Pannonien, wo er einem Schlaganfall erlag.

An der Rheinfront herrschte nun weitgehend Ruhe, abgesehen von vereinzelten Übergriffen der Alemannen. Auch der Nachfolger Theodosius I, wohl weil er das Christentum zur Staatsreligion erhob, der Große genannt, konnte trotz Thronstreitigkeiten und vereinzelten Germaneneinfällen die Lage an der Rheingrenze weitgehend stabil halten. Dazu beigetragen haben sicherlich der starke Einbezug germanischer Söldner ins Heer und der Einsatz von fähigen germanischen Führern als Heermeister.

Nach seinem Tod wurde das Reich erneut aufgeteilt; das Westreich fiel an seinen noch minderjährigen Sohn Honorius. Für ihn führte der Vandale Stilicho, der Heermeister des Westreiches (magister utriusque militiae), die Regentschaft. Zweimal bereiste er die Rheingrenze, um die Grenzverteidigung zu inspizieren und die verschiedenen Verträge mit den Germanen zu erneuern. Zum Schutze Italiens, das von Alarich und seinen Gotenstämmen bedroht war, zog Stilicho im Jahre 401 sämtliche verfügbaren Truppen des Bewegungsheeres von der Nordgrenze ab. Zurück blieben in den Kastellen und Wachttürmen an der Rheingrenze Teile der vorwiegend aus germanischen Föderaten bestehenden Limitantruppen. Das Westreich aber hatte noch weitere fünfzig Jahre Bestand. Wie sich das Leben im schweizerischen Mittelland weiter abspielte, wissen wir nur teilweise. Vereinzelte Grabfunde (Basel, Kaiseraugst und Windisch) zeigen, daß noch bis gegen die Mitte des 5. Jahrhunderts germanische Söldner als Grenzschutz eingesetzt waren. Nach dem Sieg über die Burgunder (435) siedelte der Heermeister Aëtius, der Nachfolger Stilichos, diese in der Sapaudia an (südlich und westlich des Genfersees). Mit der Absetzung des letzten Kaisers Romulus Augustus durch den kaiserlichen Offizier Odoaker (476 n. Chr.) endete das weströmische Kaiserreich. Die in den Kastellen wohnhaften Romanen blieben. Erst zu Beginn des 6. Jahrhunderts ist eine langsame Landnahme des Mittellandes durch die Alemannen erkennbar.

Das Militär

Das römische Heer der Kaiserzeit bestand im wesentlichen aus zwei Teilen. Den Kern bildeten die rund dreißig Legionen, jede etwa 6000 Mann stark. Die Angehörigen einer Legion, die sich beim Eintritt zu 20 Jahren Dienst verpflichten mußten, waren alle im Besitz des römischen Bürgerrechtes.

Anders sah es bei den Angehörigen des zweiten Heeresteils, den Hilfstruppen (Auxiliareinheiten), aus. Diese wurden nach Bedarf in den neueroberten Provinzen ausgehoben und später durch Bewohner ihrer jeweiligen Einsatzräume ergänzt. Bei der Entlassung aus dem Heer nach 20 Jahren erhielten auch sie das römische Bürgerrecht.

Die Legion hatte eine klare Gliederung. Sie bestand aus zehn Kohorten, die wiederum in Centurien (Hundertschaften) unterteilt waren. Die 1. Kohorte, der Elitekern der Legion, hatte zehn Centurien, während die übrigen neun Kohorten nur je sechs Centurien aufwiesen. Eine Reitereinheit mit 120 Reitern für Aufklärungsaufgaben gehörte ebenfalls zum Mannschaftsbestand. Weitere Angehörige der Legion zeigt die untenstehende Tabelle.

Kampftruppe in 64 Centurien zu je 80 Mann	5120 Mann
Legionsreiter	120 Mann
Handwerker und Magazinarbeiter	400 Mann
Lazarettangehörige und Veterinärpersonal	50 Mann
10 Kohortenstäbe	260 Mann
Zum Statthalter der eigenen oder anderer Provinzen abkommandiert	250 Mann
Militärische Straßen-, Zoll- und Steuerstationen	200 Mann
Total	6400 Mann

Der Führer einer Centurie (centurio) stammte aus dem Mannschaftsstand, während die Kohorten-Kommandanten (praefecti) und die übrigen Stabsoffiziere (tribuni) dem Ritter- oder dem Senatsadel angehörten. Auch

Der römische Legionär (Rekonstruktionsversuch)

der Legionskommandant (legatus) war Angehöriger des Senatsadels.

Bei den Auxiliartruppen unterscheiden wir Kavallerie und Infanterie. Ein Reiterregiment nannte man ala, ein Infanterieregiment cohors. Außerdem gab es Kohorten, die teilweise beritten waren (cohors equitata). Die Mannschaftsstärke konnte fünfhundert (quingenaria) oder tausend (milliaria) betragen. Entsprechend war die Zahl der Centurien (sechs oder zehn). Bei den Reitereinheiten (alae) war die Gliederung etwas anders. Ein 500 Mann starkes Reiterregiment (ala quingenaria) bestand aus 16 Reiterzügen (turmae) von je 32 Mann. Anführer einer Auxiliarkohorte oder einer ala war wiederum ein praefectus.

Während die Auxiliartruppen im 1. Jahrhundert n. Chr. den Legionen unterstellt und beigegeben waren – in der Zeit der 21. Legion standen in Vindonissa vorerst die 7. Rätierkohorte und die 26. Kohorte freiwilliger römischer Bürger, anschließend die 3. spanische und die 6. rätische Kohorte –, wurden sie mit dem fortschreitenden Ausbau des Limes als eigentliche Grenzschutztruppen eingesetzt.

Die Bewaffnung der Soldaten bestand aus Schutz- und Angriffswaffen. Zu den Schutzwaffen gehörten Helm (cassis), Panzer (lorica) und Schild (scutum) (Abb. 2 + 3). Die Form der Panzer veränderte sich im Verlaufe der Zeit. Der ursprüngliche Kettenpanzer wurde gegen Ende des 1. Jahrhunderts vom Schuppen- und vom Schienenpanzer abgelöst. Der aus Holz hergestellte und mit Leder überzogene Schild war viereckig oder oval.

Für den Angriff war der Legionär mit einem Kurzschwert (gladius), einem Wurfspeer (pilum) und einem Dolch (pugio) ausgerüstet (Abb. 4–8). Die Ausrüstung der Hilfstruppen konnte sehr unterschiedlich sein. Die meisten waren wohl gleich bewaffnet wie die Legionskohorten. Daneben gab es aber Spezialeinheiten wie Bogenschützen, Lanzenträger, oder bei der Reiterei die schwergepanzerten Reiterverbände, bei denen auch die Pferde eine Panzerung trugen.

Doch die Armee und ihre Angehörigen führten nicht nur Kriege und schützten die Reichsgrenzen. Eine ganz wesentliche Aufgabe bestand in der Anlage und im Bau ihrer eigenen Unterkünfte. Form und Aufbau von Legionslagern sind uns durch antike Autoren überliefert. So beschrieb schon der Historiker Polybios im 2. Jahrhundert v. Chr., wie ein Lager auszusehen hatte. Eine weitere Lagerbeschreibung ist von Hygin aus dem 3. Jahrhundert n. Chr. bekannt, die in den hauptsächlichsten Angaben mit denjenigen des Polybios übereinstimmen. Das Grundschema wurde meist eingehalten, doch gibt es je nach topografischer Lage des Platzes und Zusammensetzung der Truppenarten zum Teil beträchtliche Unterschiede in der Anlage der Innenbauten. Gerade der bis heute bekannte Grundriß des Legionslagers von Vindonissa in seiner Steinbauperiode der 2. Hälfte des 1. Jahrhunderts weist einige Unregelmäßigkeiten gegenüber dem Idealschema auf. Doch darf man davon ausgehen, daß die für ein Lager notwendigen Bauten alle vorhanden waren.

Für den Bau eines Lagers benötigte man eine Fläche von 18 bis 25 ha. Waren einmal das Lagerzentrum, das Ausmaß der Umwehrung sowie der Verlauf des Straßennetzes von den Vermessungstruppen festgelegt, so konnte mit dem Bau begonnen werden. Die Lagerbefestigung bestand aus einem ca. 10 m breiten und 2,5 m tiefen Graben und einem meist mit einer Holzerdemauer versehenen Wall. Zwischen dem Wall und der ersten, sogenannten Lagerstraße (via sagularis) befand sich ein ca. 30 m breiter Zwischenraum (intervallum), welcher einen direkten Feuerangriff mittels Brandpfeilen auf die ersten Lagerbauten verhindern sollte. Erschlossen wurde das Lagerinnere durch die beiden senkrecht aufeinander treffenden Hauptstraßen via principalis und via praetoria (im rückwärtigen Lagerteil via decumana genannt), die die jeweiligen Lagertore miteinander verbanden. Eine Vielzahl kleinerer Straßen oder Gassen gewährleisteten den Zugang zu den einzelnen Gebäuden und Kasernen.

Im Zentrum standen die Stabsgebäude (principia). Ein Mittelhof mit gedecktem Umgang war umgeben von Büroräumen und Waffenkammern. Das gegenüber dem Eingang liegende Hofende wurde von einer Querhalle (basilica) abgeschlossen, die als Versammlungsort und Gerichtssaal verwendet wurde. Dahinter befanden sich weitere Räume, u. a. in der Mitte das Fahnenheiligtum (sacellum), in welchem das Kaiserbildnis und die Feldzeichen aufbewahrt wurden. In einem Keller unter dem sacellum war die Truppenkasse untergebracht. In unmittelbarer Nähe der principia erhob sich der Palast des Legionskommandanten (praetorium).

Idealplan eines Legionslagers (nach Neuss-Novaesium, Köngenlager)

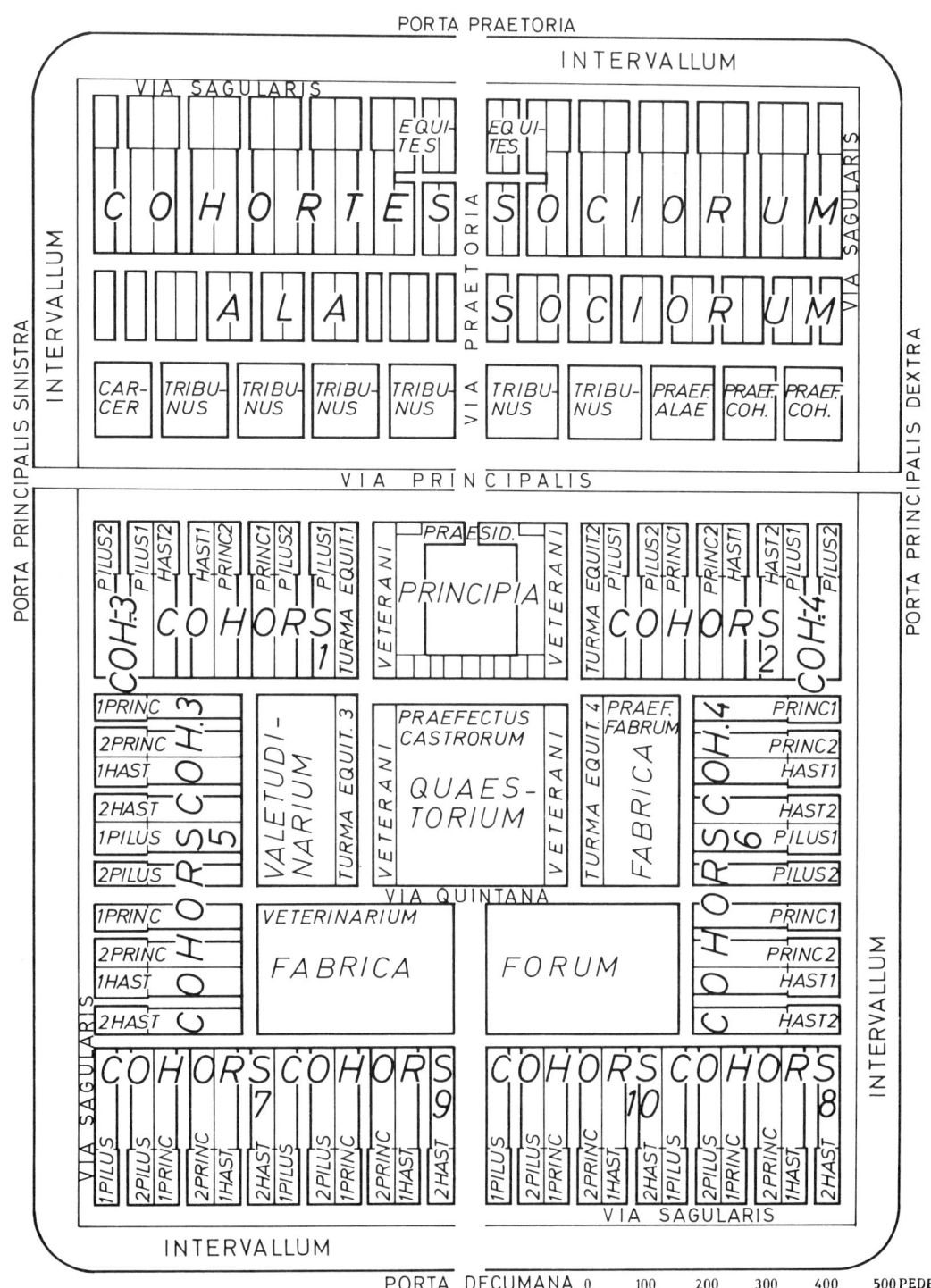

Im vorderen Lagerteil (praetentura) standen direkt an der via principalis die Wohnhäuser der höheren Offiziere (Tribunen und Praefekten), die in ihrem Bauschema auf Atriumhäuser zurückgehen. Zu den weiteren zentralen Bauten gehörten das Lazarett (valetudinarium), die Werkstätten der Handwerker (fabricae) und die Speicherbauten (horrea). In vereinzelten Lagern, wie z. B. in Vindonissa, wurden auch die Thermen und ein kleines Heiligtum in der Lagermitte errichtet, die sonst meist außerhalb der Befestigung angelegt waren. Um diese Führungs- und Versorgungsbauten schlossen sich wie ein Ring die Kasernen der Legions- und Auxiliarkohorten. Diese Mannschaftsbaracken waren 70 bis 90 m lang. Sie enthielten zehn Unterkunftsräume (contubernia) mit kleinem Vorraum, der als Abstellraum für Kleider und Ausrüstung diente. Die Contubernien faßten je acht Mann, die hier an einem einfachen Herd gemeinsam ihr Essen bereiteten und wohl in einer Art von Kajütenbetten schliefen. Vor dem Trakt der Contubernien zog sich ein gedeckter Laubengang (porticus) entlang. An einem Ende der Kasernen war ein größerer Anbau angebracht, der häufig in seiner Inneneinrichtung reicher ausgestattet war. Hier war der centurio untergebracht.

Auf Grund von Ausgrabungen wissen wir heute, daß auch kleinere Truppenlager, z. B. die Auxiliarkastelle an der Grenze, einem ähnlichen Aufbauschema folgten. Allerdings sind bis heute auf aargauischem Boden erst die Reste eines solchen Kastells in Zurzach bekannt geworden. Neben Teilen der Befestigung sind auch Spuren von

Windisch, Stirnziegel mit Legionsadler

Innenbauten freigelegt worden. Die bisher bekannten Funde legen eine Datierung ins mittlere 1. Jahrh. n. Chr. nahe.

Umgeben war das Legionslager von einer Lagervorstadt (canabae legionis) und einem Lagerdorf (vicus). In diesen Siedlungen, die der Kontrolle des Militärs unterstanden, lagen die Handwerksbetriebe (Töpfer, Schmiede, Gerber usw.), deren Aufgabe die Versorgung der Truppe war. Hier wohnten Händler, Krämer und Wirte mit ihren Familien. Häufig waren die Werkstätten mit militäreigenem Material ausgerüstet, das in regelmäßigen Abständen von dem zuständigen Offizier kontrolliert wurde. Anzeichen für eine recht ausgedehnte Sied-

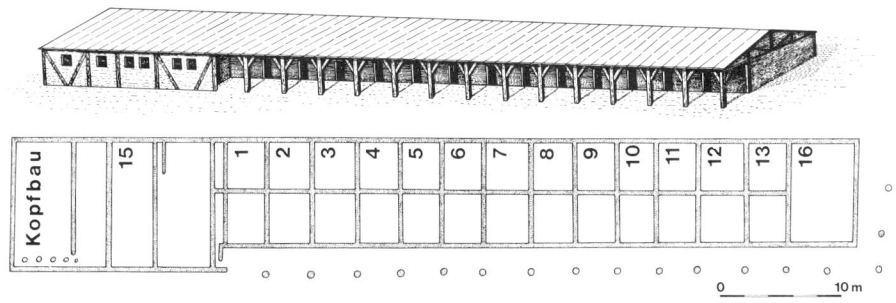

Links: Rekonstruktion einer Centurienkaserne

Rechts: Ziegelstempel der in Vindonissa stationierten Truppen (11. + 21. Legion; 3. spanische, 6. + 7. rätische und 26. freiwillige Bürger-Kohorte)

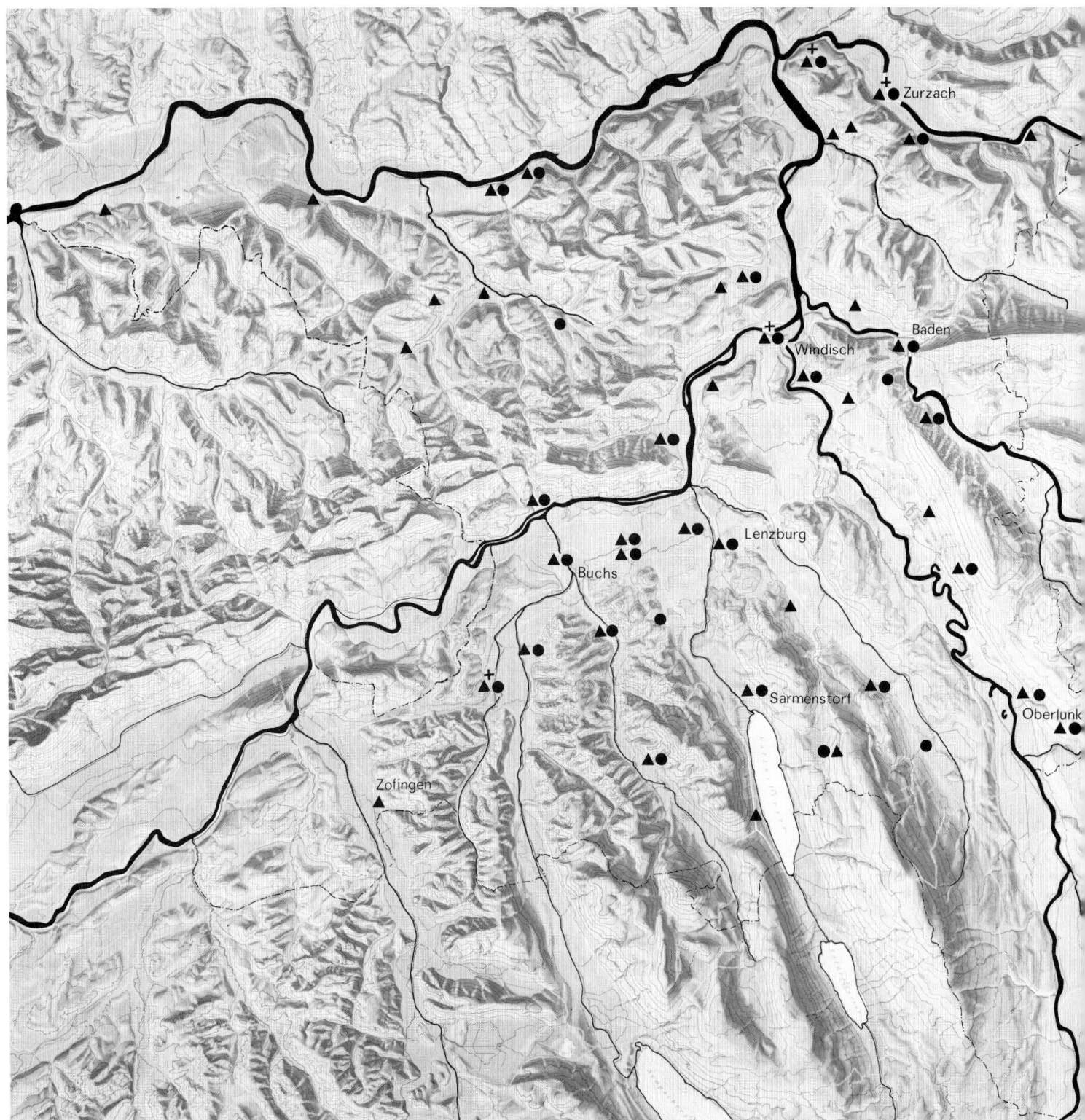

Verbreitung der Ziegelstempel im Kanton Aargau

▲ 21. Legion
● 11. Legion
+ Kohortenstempel

lung außerhalb des Lagers sind auch in Vindonissa vorhanden. Ein großer Marktplatz im Südwesten des Lagers sowie einfache Bauten an der vom Südtor ausgehenden Straße und Villen am Reußufer weisen in diese Richtung. Aber auch das Amphitheater (Abb. 36), ein Rasthaus (mansio) (Abb. 40 + 41) sowie Reste kleiner Tempelanlagen liegen innerhalb des vom Militär kontrollierten Gebietes. Mehrere Inschriften berichten von den vicani vindonissenses (den Bewohnern der zivilen Siedlung), die dadurch schon in der 2. Hälfte des 1. Jahrhunderts n. Chr. belegt sind (Abb. 38).

Eine außerordentlich wichtige Aufgabe des Militärs bestand in Bau, Unterhalt und Überwachung des Straßennetzes. Zur Überwachung wurden in regelmäßigen Abständen Straßenposten errichtet, die von einer kleinen Truppeneinheit unter einem Beneficiarier besetzt waren. Besonders an Straßenkreuzungen (z. B. vicus von Lenzburg) und Brückenübergängen (Zurzach) waren solche Posten anzutreffen. Häufig standen damit auch Pferdewechselstellen und Rasthäuser in Verbindung (Münchwilen).

Das Militär war weitgehend auf Selbstversorgung angewiesen. Sicher wurden in einem gewissen Umkreis des Lagers die Bewohner dazu angehalten, die Legion mit landwirtschaftlichen Produkten zu versorgen. Daneben besaß die Legion aber auch eigene Landgüter, die diese Aufgabe zu erfüllen hatten.

Wie groß das betreffende Gebiet war, ist heute noch unklar. Die Argumente, in der Verbreitung der gestempelten Ziegel der 21. Legion und der 11. Legion sei das von Vindonissa aus genutzte Territorium zu sehen, sind

Windisch, Asclepiades-Inschrift mit Erwähnung der Vicani vindonissenses

nicht unbestritten. Ob die Ziegel aus den heute bekannten Legionsziegeleien von Hunzenschwil, Rupperswil und Kölliken wirklich nur an legionseigene Landgüter geliefert wurden, muß offenbleiben. Sollten die Ziegel auch an Private verkauft worden sein, so würde dies immerhin zeigen, daß damit Handel getrieben wurde.

In jedem Fall zeigt die Verbreitung der Legionsziegel von Vindonissa, welches Gebiet im Einflußbereich der Legion stand und für welche Straßenstationen die Besatzung zu stellen war.

Die Besiedlung des Landes

Bei der römischen Besiedlung eines neueroberten Gebietes können drei verschiedene Siedlungsarten unterschieden werden:

1. Städte, die entweder als Colonie oder als Civitas-Vorort gegründet wurden.
2. Marktorte (vici), die meist an verkehrsgeographisch wichtigen Stellen errichtet wurden.
3. eine außerordentlich große Zahl von Gutshöfen (villae rusticae), die ganz maßgeblich das Siedlungsbild des Mittellandes geprägt haben.

Städte

Im Gebiet der Schweiz kennen wir heute vier Städte, die als Hauptstädte eines jeweiligen Stammesgebietes (civitas) bezeichnet werden können: Nyon, Augst, Avenches und Martigny. Nyon, eine Gründung Caesars, Augst, eine solche des Augustus und Avenches, das erst unter Vespasian erhoben wurde, waren echte Bürgerkolonien und erhielten deshalb auch den Namen Colonia. Martigny hingegen wurde unter Kaiser Claudius Civitas – Vorort der Walliser Stämme und hieß Forum Claudii Vallensium.

Die Städte bildeten das Zentrum der entsprechenden Volksstämme. Hier war der Sitz der Verwaltung mit Rathaus, Gericht, Straßenposten usw. Marktplätze und -hallen, Gebäude der Berufskorporation und große Gewerbebetriebe zeigen die Bedeutung der Städte als wirtschaftlichen Mittelpunkt. Weitere städtische Einrichtungen, die für die Stadtbewohner, aber auch für die Landbevölkerung von Bedeutung waren, sind einerseits Theater, Amphitheater und große Thermenanlagen, die zum Amusement und zum allgemeinen Wohlbefinden beitrugen, andererseits die Tempelanlagen, in denen die hohen und offiziellen religiösen Feste vor großem Publikum gefeiert wurden. Die Stadtverwaltung entsprach weitgehend dem Vorbild der Stadt Rom. An der Spitze standen zwei Bürgermeister (duoviri), die zusammen mit zwei Aedilen, welche u.a. für das Polizeiwesen zuständig waren, die oberste Behörde von Stadt und zugehörigem Umland bildeten. Diese vier wichtigsten Magistraten wurden vom hundertköpfigen Stadtrat jährlich neu gewählt; das Recht, im Stadtrat Einsitz zu nehmen, war weitgehend abhängig vom Vermögen. Gewählt wurde ein Stadtrat auf Lebenszeit. Die Mitglieder dieser Behörden gehörten fast ausschließlich den einflußreichen einheimischen Familien an, womit eine gewisse Selbstverwaltung der civitas gewährleistet war. Als oberste Instanz aber waltete der Provinzstatthalter.

Die unserem Gebiet am nächsten liegende Stadt war Augusta Rauracorum. Ihr Zentrum mit Hauptforum, Theater und Tempel sowie die diese Zentralbauten symmetrisch umgebenden Wohn- und Gewerbequartiere (insulae) waren auf dem Hochplateau über dem Zusammenfluß von Fielenbach und Ergolz angelegt. Am südlichen Stadtrand befand sich das Amphitheater mit einer daneben liegenden Tempelanlage. Ein weiterer Tempelbezirk mit angrenzendem Rasthaus (mansio) konnte unmittelbar nach dem Eintritt der vom Hauenstein kommenden Straße durch das Westtor freigelegt werden. Nördlich des Fielenbachs Richtung Rhein erstreckte sich das Handwerkerquartier und befand sich wohl auch die für den Handel so wichtige Hafenanlage mit zugehörigen Lagerhäusern.

Siedlungen

Unter einem vicus hat man sich eine geschlossene Siedlung vorzustellen, unabhängig davon, ob sie dorf- oder kleinstädtischen Charakter hatte. Im Rahmen und unter der Aufsicht der civitas besaßen die vici ein beschränktes Selbstverwaltungsrecht. Die Gemeindeversammlung wählte jährlich zwei Gemeindevorsteher (curatores oder magistri vici), denen unter anderem die niedere Gerichtsbarkeit oder das Polizeiwesen zustanden. Das Gemeinwesen besaß auch ein eigenes Vermögen, durfte Geschenke annehmen oder beispielsweise den Platz für

Gesamtplan von Augusta Rauricorum

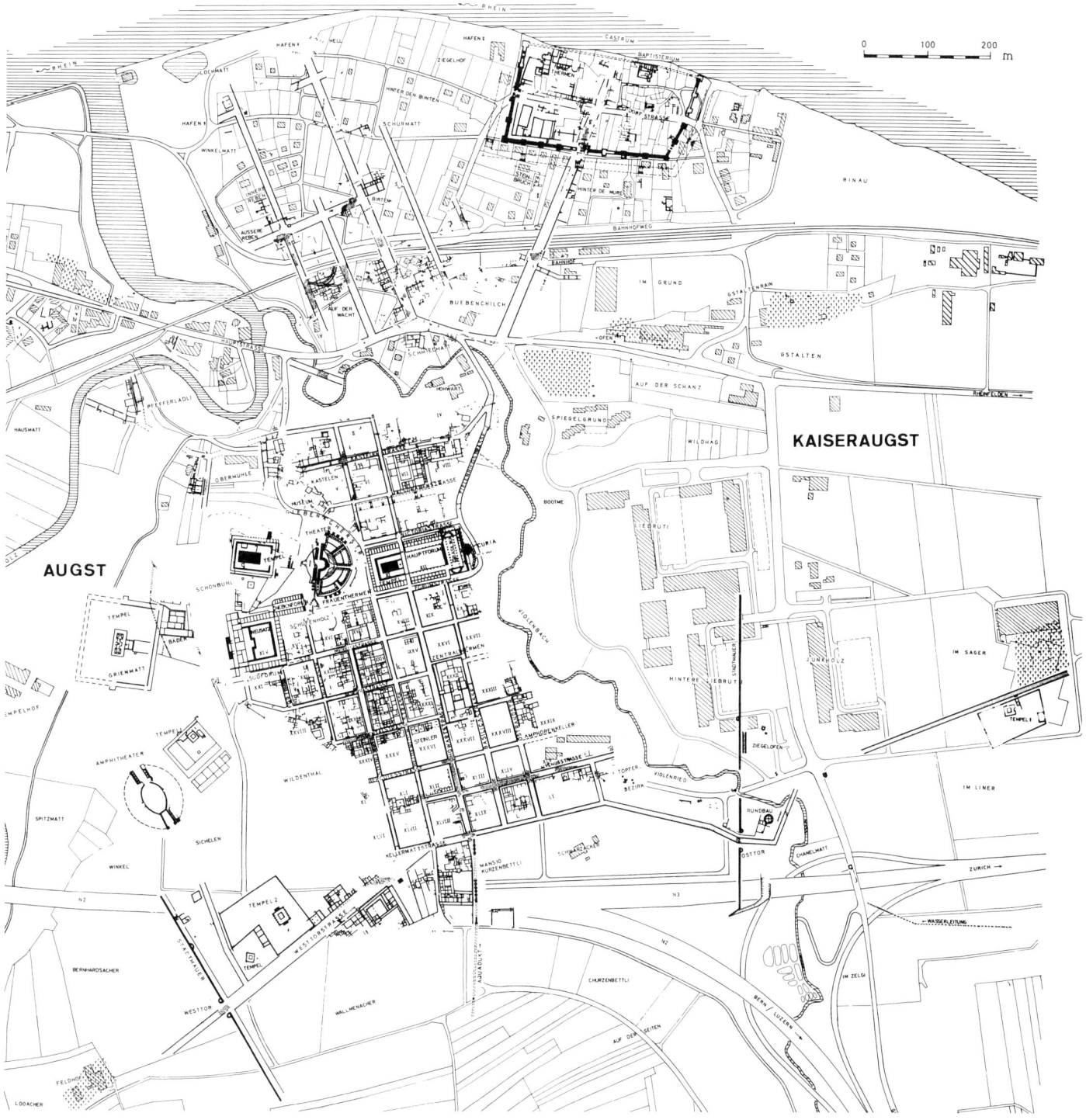

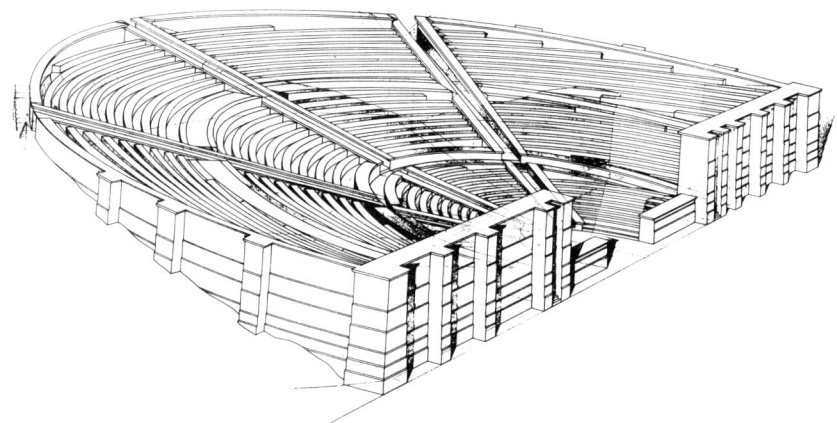

*Lenzburg
Römisches Theater (Rekonstruktionsversuch)*

geschenkte Denkmäler zuweisen, wie es uns auf der Isisinschrift von Baden berichtet wird (Abb. 39):

Deae Isidi templum a solo |
L(ucius) Annusius Magianus |
de suo posuit vik(anis) Aquensib(us) |
ad cuius templi ornamenta |
Alpinia Alpinula coniux |
et Peregrina fil(ia) ★ C dede |
runt l(ocus) d(atus) d(ecreto) vicanorum

«Der Göttin Isis hat Lucius Annusius Magianus diesen Tempel von Grund auf aus eigenen Mitteln für die Dorfbewohner von Aquae errichtet. Für die Ausschmückung dieses Tempels haben Alpinia Alpinula, seine Gattin und Peregrina, ihre Tochter, hundert Denare gegeben. Der Platz (für den Tempel) wurde durch Beschluß der Dorfbewohner gegeben.»

Form und Größe dieser vici konnten sehr unterschiedlich sein. Auch der Anlaß zum Bau war nicht immer derselbe. Betrachtet man die vier bis heute auf aargauischem Boden bekannt gewordenen vici, so unterscheiden sich diese in ganz wesentlichen Punkten. Der vicus von Lenzburg hatte vorerst Bedeutung als Straßendorf, das an einer wichtigen Straßenkreuzung lag (West-Ost-Verbindung von Oberentfelden kommend nach Baden oder Vindonissa und die nach Süden führende Straße in Richtung Brünig–Grimsel). Hinzu kam dann im Verlauf des 1. Jahrhunderts ein Kultzentrum mit Theater und Tempelanlage und weiteren Gebäuden, die im Zusammenhang mit religiösen Feierlichkeiten standen (Abb. 37).

Anders ist der vicus von Aquae Helveticae (Baden) zu beurteilen. Wohl lag auch er an verkehrsgünstiger Lage, indem von hier einerseits eine Straße über die Limmat Richtung Furttal–Winterthur–Bodensee führte, andererseits eine weitere Straße auf der linken Limmatseite über Zürich–Walensee zu den Bündnerpässen zog. Der Hauptgrund zur Anlage dieser Siedlung dürfte aber in den schon damals bekannten Heilquellen gelegen haben. So entwickelten sich unabhängig voneinander der eigentliche vicus auf dem Haselfeld in Form einer Straßensiedlung und das Thermalquartier mit teilweise monumentalen Bauten am Limmatufer.

Die beiden anderen vici stehen in unmittelbarem Zusammenhang mit militärischen Anlagen. Es handelt sich um den Lagervicus von Vindonissa (Windisch) und den Kastellvicus von Tenedo (Zurzach). Vom vicus von Vindonissa kennen wir neben einer Anzahl von Gebäuden (Marktplatz, Rasthaus, Villen und Tempel) auch Bauinschriften der vicani. Anders sieht es beim Kastellvicus von Zurzach aus. Von ihm sind neben militärischen Ausrüstungsbestandteilen erst wenige Bauten bekannt.

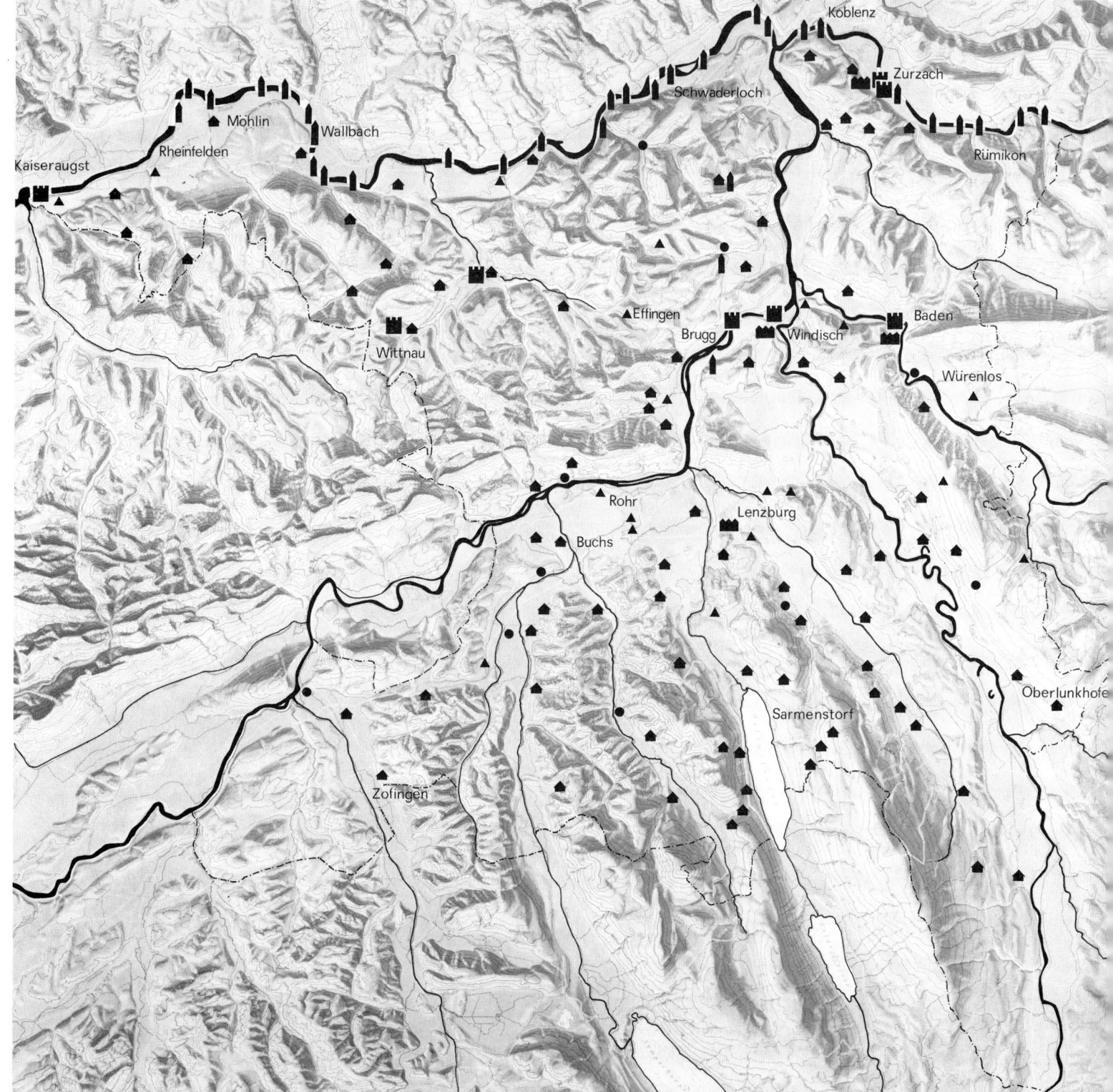

Verbreitung der römischen Fundstellen im Kanton Aargau

Immerhin läßt sich von beiden vici schon heute sagen, daß sie über die militärische Besetzungszeit hinaus besiedelt gewesen sind.

All diese vici hatten ihre Bedeutung als Niederlassung von Händlern. Daneben lassen sich aber auch Handwerkerquartiere (z. B. Töpfereien und Schmiedewerkstätten) nachweisen. So dürften sie ein Zentrum des Handels, des geselligen und kultischen Lebens für die in der Umgebung lebende Landbevölkerung gewesen sein.

Gutshöfe

Die häufigste Siedlungsform in römischer Zeit bildeten die Gutshöfe (villae rusticae). Allein im Kanton Aargau sind bis heute gegen hundert solche größere oder kleinere Bauerngüter bekannt. Meist lagen sie in unmittelbarer Nähe einer Straße an den Talhängen, wenn möglich in Süd- oder Südostlage. Wasser sollte in der Nähe sein. Die Größe dieser Güter war unterschiedlich. Sie dürfte von 10 ha bis über 100 ha betragen haben. Die Bewohner der Gutshöfe waren einerseits Pächter, andererseits Kolonisten, denen Neuland zugeteilt wurde. Daneben kennen wir die Zuteilung von Land an ausgediente Soldaten (Veteranen). Ein großer Teil des Landes blieb aber im Besitz der wohlhabenden Einheimischen, die sich die Betriebsformen und Lebensgewohnheiten der Römer zu eigen machten.

Die Grundform der Höfe war sehr einheitlich. Innerhalb einer Hofmauer, deren Umfang unterschiedlich groß sein konnte, stand an aussichtsreicher Lage das Herrenhaus (pars urbana). Teilweise angebaut an die Hofmauer, teilweise freistehend standen die Gebäude des Wirtschaftshofes (pars rustica), bestehend aus Unterkünften für Sklaven und anderes Gesinde, Scheunen, Schuppen und Ställen. Eine der eindrücklichsten längsaxialen Anlagen ist der Gutshof von Oberentfelden, dessen Wirtschaftshof allein etwa 6 ha Fläche besitzt. Hinzu kommen noch die Ländereien außerhalb der Hofmauern.

Hauptaufgabe dieser Landwirtschaftsbetriebe war es, vorerst das Militär, dann aber auch die Bevölkerung der Städte und vici mit ihren Produkten zu versorgen. Neben Getreide, Obst und Gemüse waren dies auch Fleisch (frisches und geräuchertes), Milchprodukte und Eier.

Besonders die größeren Gutsbetriebe versuchten autark zu sein. Somit gehörten neben den in der eigentlichen Landwirtschaft tätigen Sklaven und leibeigenen Einheimischen auch gelernte Handwerker zu einem solchen Betrieb. Da waren wohl Töpfer, Baufachleute, Schmiede oder Gerber an der Arbeit.

Von den vielen Gutshöfen sind uns bis heute mit wenigen Ausnahmen nur die Herrenhäuser bekannt. Der bekannteste Bautyp bestand aus einem rechteckigen Kernbau, der die Wohn- und Schlafräume enthielt. Diesem vorgebaut war eine offene Säulenhalle (porticus). Abgeschlossen wurde der Bau links und rechts mit leicht vorspringenden turmähnlichen Anbauten (Eckrisalit), in denen häufig ein oder mehrere Räume beheizbar waren. Von diesem Standartgrundriß gab es eine ganze Vielfalt von Varianten, sei es, daß im Zentrum eine Halle stand, die von Wohnräumen und der porticus

Funktion einer Boden-Wandheizung (Hypokaust)

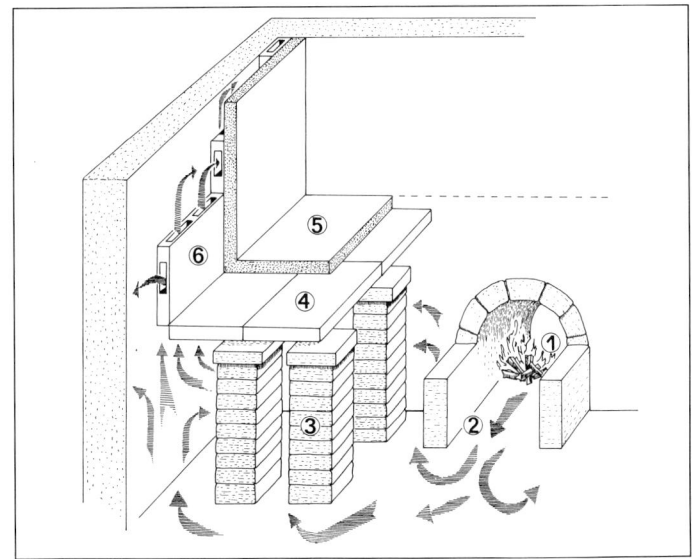

Oberentfelden, Zeichnung des Herrenhauses

umgeben war (wie Zurzach, Oberlunkhofen oder Bözen), sei es, daß auch die hintere Gebäudefront durch eine Säulenhalle abgeschlossen wurde (wie Möhlin, Oberentfelden oder Zofingen). Ein wichtiger Bestandteil des Herrenhauses war, besonders ab dem letzten Viertel des 1. Jahrhunderts n. Chr., die Badeanlage. Diese Badeanlagen wurden entweder in einen Seitenflügel des bestehenden Hauses ein- (Oberlunkhofen) oder als Annex angebaut (Zofingen, Oberentfelden). Vereinzelt wurden auch freistehende Badegebäude errichtet (Seeb). Die Badeanlagen waren zwar im Innern individuell gestaltet, doch immer nach einem Grundprinzip aufgebaut. So bestanden sie aus einem häufig leicht temperierten Auskleideraum (apodyterium), dem das Kaltbad (frigidarium) mit einem angebauten Wasserbecken folgte. Daran schloß sich ein Lauwarmbad (tepidarium) an, das zum heißen Bad (caldarium) überführte. Beheizt wurden die verschiedenen Räume von einem Heizraum (praefurnium) aus, in dem auch die notwendigen Holzvorräte eingelagert waren.

Während die in der 1. Hälfte des 1. Jahrhunderts errichteten Gutshöfe in Holz erbaut wurden, änderte sich dies im Verlauf des Jahrhunderts. Nun wurden die Steinbauten allgemein üblich, auch wenn für einfache Gebäude die Riegeltechnik weiterhin Bestand hatte. Die aufgehenden, mit Kalkmörtel gemauerten Wände waren durchgehend verputzt. Die Böden bestanden in einfacheren Bauten aus einem Lehmestrich oder aus Holzbrettern. In den reicher ausgestatteten Herrenhäusern waren es meist Mörtelböden, Böden aus Tonplatten oder dann als vornehmste Variante Mosaikböden (Unterlunkhofen oder Zofingen).

Für die kalten Winter war eine Heizmöglichkeit notwendig. Die einfachste Art zu heizen war das offene

Feuer, das auf einem aus Stein- oder Ziegelplatten gebauten Herd brannte. Die beliebteste Heizart war aber die Unterboden- und die damit verbundene Wandheizung. Hier wurde die Hitze in einem Heizraum erzeugt, von wo die heiße Luft durch den Hohlraum unter dem Fußboden (hypokaust) durchzog und durch die in die Wände eingelassenen Tonröhren (tubuli) ins Freie abzog. Neben den Baderäumen waren es die sogenannten Winterräume, die auf diese Weise beheizt wurden.

Die Wasserzufuhr zu den Gutshöfen spielte eine äußerst wichtige Rolle. Stand das Gehöft nicht direkt an einem fließenden Gewässer oder in der Nähe einer Quelle, von welcher das Wasser mittels Leitungen (meist Ton-, hie und da auch Bleiröhren) direkt zum Gebäude geführt werden konnte, so grub man Sodbrunnen bis auf den Grundwasserspiegel. Das Wasser benötigte man nicht nur für den täglichen Gebrauch, das Badewesen oder zum Tränken der Tiere, sondern auch häufig zur Bewässerung der meist direkt unterhalb der Hauptfassade des Herrenhauses liegenden Gartenanlagen. Das gebrauchte Wasser wurde durch einfache Wanddurchlässe in die außerhalb des Hauses befindlichen Abwasserleitungen geleitet, die wiederum in vielen Fällen zu Reinigungszwecken den Latrinen zugeführt wurden (Oberentfelden). Die Ausstattungen und technischen Errungenschaften der Gutshöfe legen Zeugnis ab für den hohen Standart römischer Lebensweise.

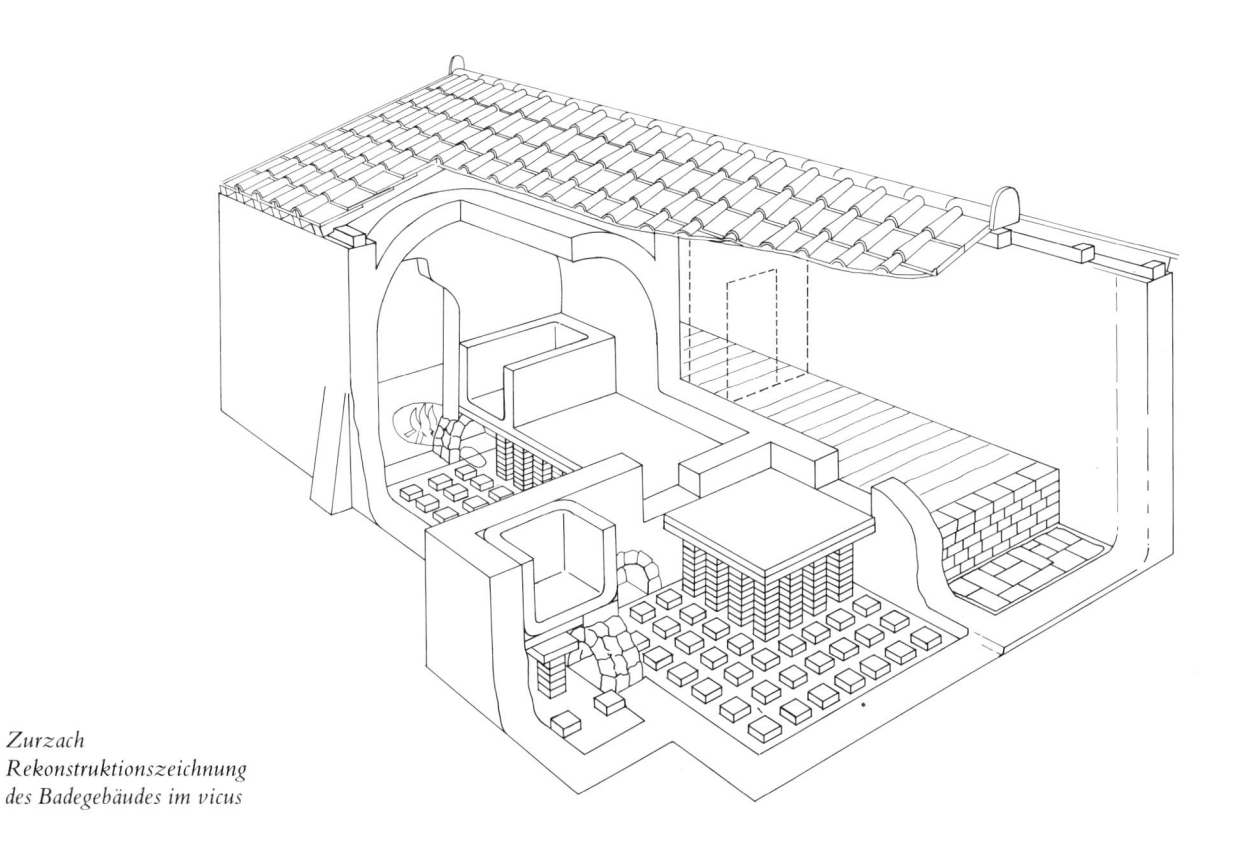

Zurzach
Rekonstruktionszeichnung
des Badegebäudes im vicus

Handwerk und Handel

Vielfältig war das Handwerk, dem wir in allen Siedlungen begegnen. Basierend auf einer hochstehenden Handwerkstradition, konnten sich die römischen Spezialformen der Produktion rasch ausbreiten. Am ausgeprägtesten ist dies bei der Töpferei erkennbar. Die ursprüngliche einheimische Produktion beschränkte sich in ihrer Belieferung auf einen relativ kleinen geographischen Raum. Anders bei den Römern. Im Vordergrund steht hier das feine Tafelgeschirr, Terra Sigillata genannt. Diese vorerst in Mittelitalien produzierte Keramik fand im Gefolge der militärischen Durchdringung unseres Gebietes auch Eingang in den Haushalt der Einheimischen und wurde bald zu einem äußerst begehrten Artikel. Die gesteigerte Nachfrage führte zu einer Verlagerung der Produktionsbetriebe nach Südgallien, später nach Mittel- und Ostgallien (Abb. 52–55). Einheimische Töpfer versuchten schon bald, diese Keramik nachzuahmen. So kennen wir beispielsweise aus der 1. Hälfte des 1. Jahrhunderts einen Töpfer mit Namen Villo, der im Bereich des Legionslagers Vindonissa seine Werkstätte führte. Weitere Töpfer haben sich ihm angeschlossen. Wohl war die Qualität der Gefäße nicht dieselbe wie die der Originale, doch scheint die Nachfrage nach diesen Formen derart groß gewesen zu sein, daß das Geschäft blühte. Im 2. Jahrhundert waren es dann die Sigillata-Töpfereien aus Baden, von deren Töpfer wir namentlich einen Reginus kennen, die die Tradition der Sigillata-Produktion in unserem Gebiet weiterführten und ihre Produkte auch in der ganzen Nordschweiz verkauften. Aber nicht nur dieses Luxusgeschirr wurde in großem Stil hergestellt. Auch Reibschüsseln, die als Mörser für die Mehlherstellung verwendet wurden, entstanden in größeren Töpfereien, wie wir sie aus Baden und Lenzburg kennen, und wurden in einem größeren Gebiet zum Kaufe angeboten. Daneben wurde an vielen Orten, auch in den Gutshöfen, das Geschirr für den täglichen Gebrauch (Krüge, Kochtöpfe, Teller, Trinkgefäße etc.) hergestellt (Abb. 56, 57, 60). Bis heute sind uns Töpfereien aus Baden, Windisch, Lenzburg, Rupperswil und Kaiseraugst bekannt.

Windisch, Töpferstempel auf italischer Terra Sigillata

Baden, Fehlbrand von Tellern aus der Töpferei des Reginus

Windisch, Tonkrüge verschiedener Formen

Ziegelstempel aus Privatziegeleien

Mit dem gleichen Grundmaterial, dem Ton, arbeiteten die Ziegeleien. Hier war es jedoch von Vorteil, wenn die Produktionsstätten in der Nähe von guten Tonvorkommen angelegt wurden. Im 1. Jahrhundert waren es in erster Linie die Militärziegeleien, die den notwendigen Bedarf deckten. Wir kennen solche Anlagen in Kölliken, Hunzenschwil und Rupperswil. Ein weiterer Ziegelofen ist aus Kaisten bekannt, doch steht bis heute noch nicht fest, ob es sich um einen militärischen oder einen privaten Betrieb handelte. Schon in der 2. Hälfte des 1. Jahrhunderts haben nämlich auch Private in diesem Gewerbezweig Fuß gefaßt, die dann nach Abzug des Militärs das gesamte Absatzgebiet übernehmen konnten. Eine große Zahl von privaten Ziegelstempeln bezeugt die Existenz dieser Betriebe. So gab es offensichtlich im unteren Fricktal ein Amasonius (Funde in Augst und Rheinfel-

den) oder im Suhrental ein Produzent mit den Initialen LSCSCR, um nur zwei Beispiele zu nennen. Diesem, zum Bauwesen gehörenden Handwerk, sind weitere Handwerkszweige zuzurechnen. In größeren Steinbrüchen (Würenlos und Mägenwil) wurde der zum Hausbau notwendige Kalkstein gebrochen, Zimmerleute verarbeiteten Holz aus den umliegenden Wäldern, Maler und Mosaikleger zogen von Gutshof zu Gutshof, um diese mit den gewünschten Innenausstattungen zu versehen (Abb. 41–48).

An manchen Orten sind Bronzeschmiede nachgewiesen. Man hat zum Teil ihre Werkstätten gefunden (Schmelzöfen und Tiegel sowie Gußformen in Windisch [Abb. 111]), oder man kennt ihre Produkte, wie die berühmten Bronzebeschläge des Gemellianus aus Baden. Dieser versah seine Erzeugnisse mit seinem Namen und verkaufte sie in einem größeren geografischen Raum. Aus dem frühen 4. Jahrhundert kennen wir gar das Halbfabrikat einer Fibel (Brosche) aus Windisch, das darauf hinweist, daß hier solche Schmuckstücke hergestellt wurden. Aber auch die in großen Mengen gefundenen Bronzeblechabfälle, besonders im Legionslager Vindonissa, zeigen, daß der Bronzeschmied einer verbreiteten Handwerksgattung angehörte.

Auch Eisen wurde verarbeitet. Eisenbarren aus Kaiseraugst, ein Alteisendepotfund aus Zurzach, eine große Zahl von Eisenschlacken, die bei vielen Grabungen in römischen Siedlungen (Baden, Neuenhof, Vindonissa) zum Vorschein kommen, sowie verschiedene Werk-

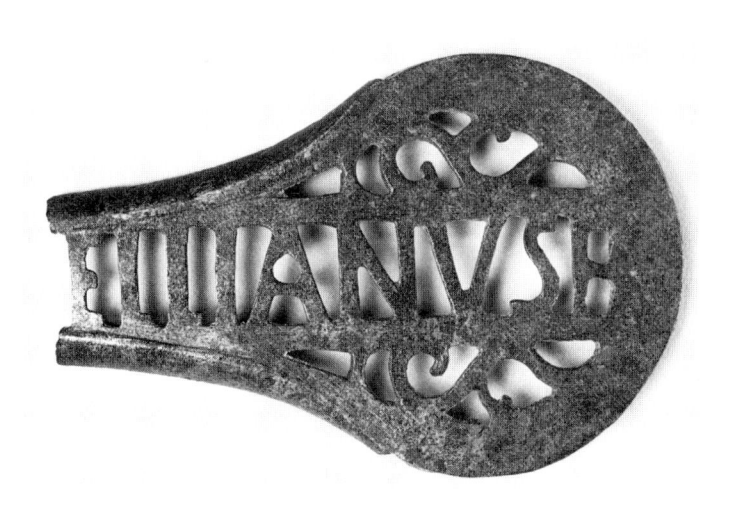

Baden, Bronzebeschläg des Gemellianus

Zurzach, Teil eines Alteisendepots

zeuge, die der Eisenbearbeitung dienten (Ambosse, Hämmer und Zangen), belegen die Wichtigkeit dieses Handwerkszweiges (Abb. 110). Ob das Eisen auch an diesen Orten verhüttet wurde, ist noch nicht abschließend geklärt, doch zeigen metallurgische Untersuchungen die Möglichkeit auf, daß das im Raume Herznach anstehende Bohnerz gefördert und eventuell in der unmittelbaren Umgebung des Legionslagers verhüttet wurde.

Die große Zahl von Lederfunden aus dem «Schutthügel» (Abfalldeponie) von Vindonissa zeigt, daß auch die Gerberei und die Lederverarbeitung einen wichtigen Gewerbezweig darstellte. Reste von Schuhwerk (Abb. 28–30), Kleidung, Sattel- und Schildüberzügen, sowie Zeltplanen deuten das Spektrum der hergestellten Produkte an.

Die besprochenen Handwerke zeigen uns einen hohen Grad an Selbstversorgung an. Daneben blühte aber auch der Handel mit anderen Provinzen. Sicher mußten verschiedene Rohstoffe (Edelmetalle, Kupfer, Marmor etc.) importiert werden, um gewisse Handwerksbetriebe mit den Grundmaterialien zu versehen. Daneben sind manche Luxusgüter (vorzügliche Kunstobjekte, Statuetten und Schmuck, wie auch Glas- und Bronzegefäße) aus Italien oder andern Provinzen eingeführt worden (Abb. 1, 66, 139–141).

Besonders im Bereich der Eßwaren gab es etliche Produkte, die importiert werden mußten. So kamen Olivenöl, Wein und Fischsaucen in Amphoren verpackt auf die einheimischen Märkte (Abb. 61–63), aber auch südländische Früchte wie Feigen und Datteln bereicherten das Angebot. Auf der andern Seite exportierte man neben den schon erwähnten Bronzebeschlägen aus Baden landwirtschaftliche Produkte wie geräuchertes Fleisch, Käse und Honig und sämtliche möglichen Getreideüberschüsse vorwiegend nach Italien.

Damit dieser rege Handel aber gewährleistet werden konnte, waren einige Randbedingungen unabdingbar. In erster Linie mußte man sich auf ein gut ausgebautes Verkehrsnetz abstützen können. Die von den Römern erschlossenen Verkehrswege zu Land und zu Wasser erlaubten die für Wirtschaft und Verwaltung notwendige Kommunikation vom Atlantik bis zum Euphrat und von der Nordsee bis nach Afrika. Wie wir schon gesehen haben, waren es insbesondere die Genieabteilungen der Legionen, die die Straßen bauten (Abb. 31). Daneben aber hatten auch Grundbesitzer und Gemeinwesen mit wesentlichen Kostenbeiträgen für deren Bau

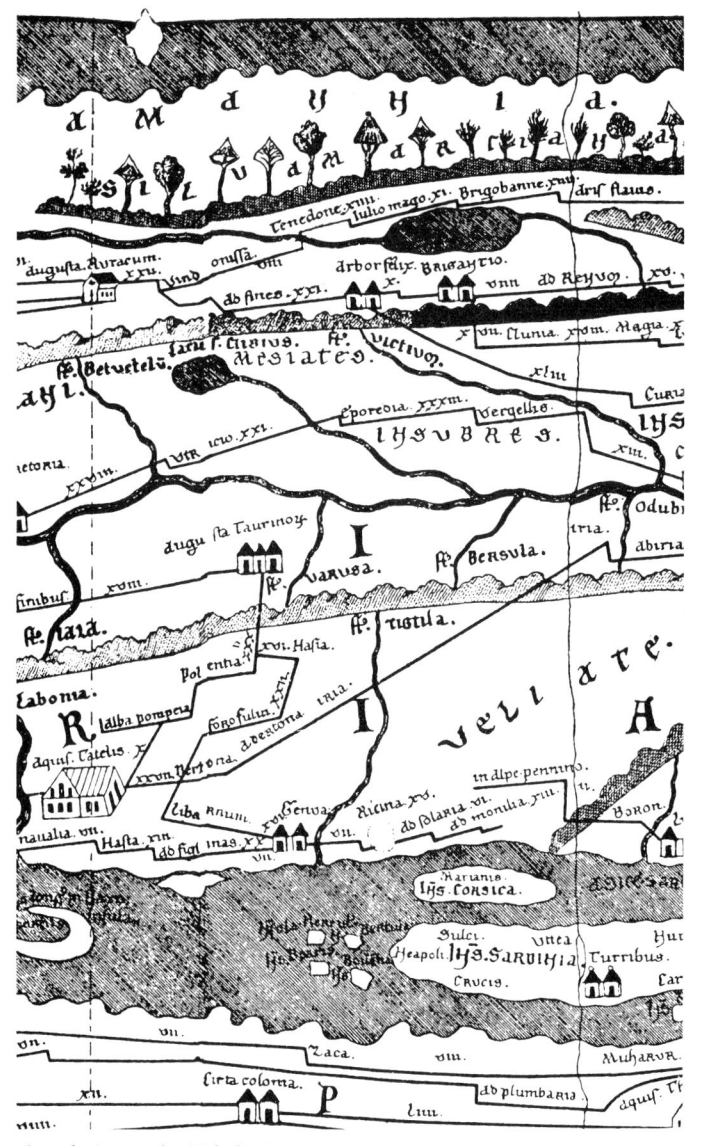

Ausschnitt aus der Tabula Peutingeriana

aufzukommen. Auch der Straßenunterhalt wurde in ähnlicher Weise aufgeteilt. Den Verlauf der Fernverkehrsachsen kennen wir aus der Tabula Peutingeriana, der mittelalterlichen Kopie einer römischen Straßenkarte, die im 2. Jahrhundert entstand und in der Folgezeit korrigiert und ergänzt wurde. Sie zeigt die wichtigsten Straßen mit den zugehörigen Stationen und den in gallischen Leuggen angegebenen Distanzen (1 Leugge = 2,2 km). So sind zum Beispiel von Vindonissa nach Augusta Rauracorum 22 Leuggen (= 48,4 km) und nach Tenedo 8 Leuggen (= 17,6 km) angegeben.

Außerdem gibt uns das Itinerarium Antonini, ein Reisehandbuch aus der Zeit Kaiser Caracallas, eine Zusammenstellung der Stationen an den Reichsstraßen sowie die jeweiligen Distanzen an. Ergänzend sind die Meilensteine zu erwähnen, die an diesen Straßen standen und auf denen die Distanz zur nächsten wichtigen Station zu lesen war. Solche Meilensteine kennen wir heute aus Mumpf, Turgi und Baden (Abb. 32).

Dieses Hauptstraßennetz wurde ergänzt durch Nebenstraßen, welche einzelne Siedlungen untereinander verbanden und die verschiedenen Täler des Alpenvorlandes und des Juras erschlossen. Damit war auch eine direkte Verbindung von den Gutshöfen zum Hauptstraßennetz gewährleistet. Ungefähr im Abstand einer Tagesreise oder bei wichtigen Straßenkreuzungen standen Unterkünfte (mansiones) mit Stallungen und Badeanlagen (Münchwilen). Neben dem Straßennetz wurden auch die Wasserwege stark benutzt. Besonders für den Warenverkehr boten die Flüsse und Seen des Mittellandes ideale Voraussetzungen. Auf dem Wasser konnten Großgüter wie Baumaterial, Amphoren mit Öl oder Wein sowie Getreide nicht nur in größeren Mengen, sondern auch schneller befördert werden. Der Transport zu Wasser war auch sechsmal billiger als derjenige auf der Straße, wie man aus dem Preisedikt des Kaisers Diokletian errechnen kann.

Bald nahm der Handel einen solchen Aufschwung, daß sich Handels- und Transportunternehmen dieser Aufgaben annahmen. Eine Inschrift aus Avenches berichtet von einem Handelsherrn Quintus Otacilius Pollinus, der Schutzherr der cisalpini-transalpini war, einer Vereinigung von Kaufleuten, die den Handel und Transport über die Alpen betrieben.

Von diesen Handelsgeschäften profitierte auch die

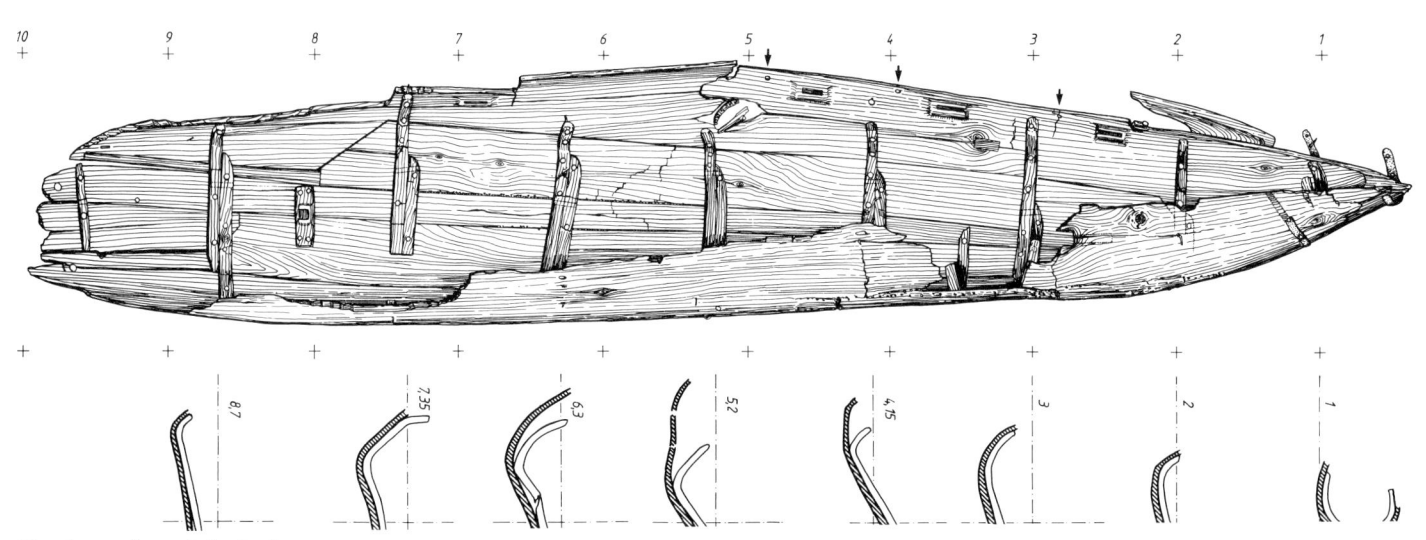

Yverdon, gallorömische Barke

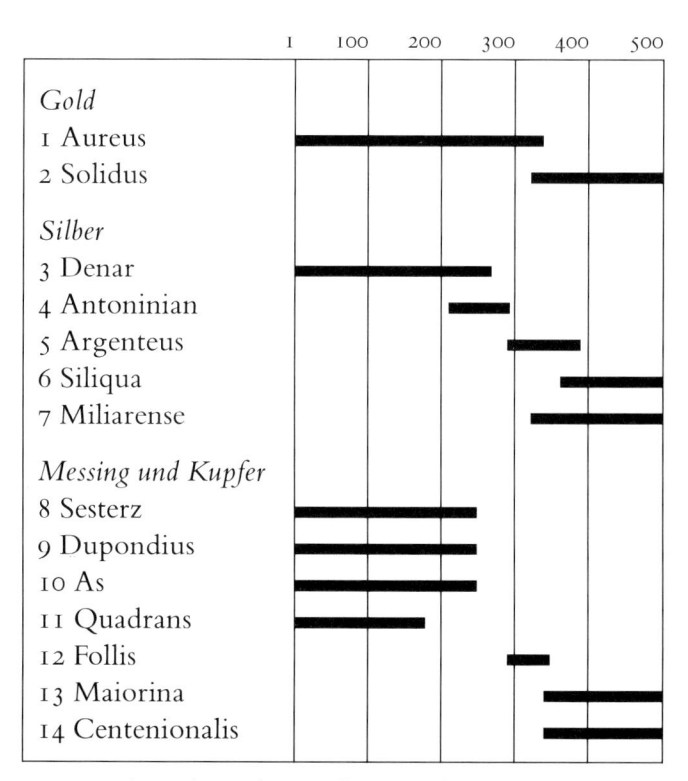

	1	100	200	300	400	500
Gold						
1 Aureus		██████████████				
2 Solidus					████████	
Silber						
3 Denar		█████████				
4 Antoninian			█████			
5 Argenteus				█		
6 Siliqua					████████	
7 Miliarense					████████	
Messing und Kupfer						
8 Sesterz		████████████				
9 Dupondius		████████████				
10 As		████████████				
11 Quadrans		██████				
12 Follis				███		
13 Maiorina					███	
14 Centenionalis					███	

Die Prägedauer der wichtigsten kaiserzeitlichen Nominale, nach R. Göbl 1960, S. 58.

Provinz- und Civitasverwaltung, mußten doch an verschiedenen Orten Brücken- und Wegzölle entrichtet werden. Solche Zollstationen dürfen wir in Baden und Zurzach vermuten.

In engem Zusammenhang mit dem Handel steht das Geldwesen. Die Prägung von Münzen unterstand direkt dem Kaiser. Augustus hatte ein Währungssystem eingerichtet, das für die folgenden zweihundert Jahre für das ganze Reich Gültigkeit hatte (Abb. 115–118). Demzufolge war es auch möglich, überall mit den gleichen Münzen Waren zu kaufen. Die zur Verfügung stehende Geldmenge war allerdings nicht immer gleich. So flossen während des ganzen 1. Jahrhunderts n. Chr. jährlich über zwei Millionen Denare als Soldzahlung nach Vindonissa. Davon profitierten natürlich auch die Händler und Handwerker. Nach Abzug der Soldaten verfügten nur noch Kaufleute und reiche Gutsbesitzer über größere Geldmittel. Die einfache Bevölkerung mußte zwar ihre Steuern mit Geld bezahlen, für den Eigenbedarf dürfte man wieder stark zum Naturalhandel zurückgekehrt sein. Die Reichskrise des 3. Jahrhunderts führte zu Inflation und zur Erschütterung des Währungssystems. Erst Kaiser Diokletian gelang es, wieder Ordnung ins Währungssystem zu bringen.

Religion und Jenseitsglaube

Bei der Eroberung der keltischen Gebiete trafen die Römer auf eine vielfältige und sehr stark verwurzelte Religion. Dieser bestehenden Götterwelt stand der Römer grundsätzlich tolerant gegenüber. Man gab zwar mancher keltischen Gottheit den ihrem Wirken entsprechenden römischen Namen, der keltische wurde aber doch häufig als zweiter Name beibehalten, wie zum Beispiel Mars caturix. Der zweite Name konnte sich aber auch auf eine genauere Bezeichnung seiner Funktion beziehen, wie beispielsweise bei dem auf einem Weihaltar aus Baden genannten Mercurius Matutinus = Gott des frühen Morgenlichtes. Unabdingbar war aber die Verehrung des kaiserlichen Genius. Damit war die Verbindung des Herrschers mit allen Teilen des Reiches hergestellt. Es ist deshalb nicht erstaunlich, wenn viele Weiheinschriften mit der Formel «In honorem Domus Divinae» = «zu Ehren des göttlichen Kaiserhauses» beginnen, wie wir es am Beispiel der Asclepiades-Inschrift von Vindonissa kennen. Daneben gab es ebenfalls direkte Weihungen an den Kaiser. Sehr oft bestand eine Verbindung zwischen der Götterverehrung und dem Kaiserkult, was sich in Wortkombinationen wie Apollo Augustus, Mars Augustus oder Mercurius Augustus zeigt.

Ebenso wichtig war die Verehrung der kapitolinischen Trias, der römischen Hauptgötter Jupiter, Juno und Minerva (Abb. 35, 135). Diesen waren in den größeren Städten, in Anlehnung an Rom, die Haupttempel geweiht.

Betrachtet man die Menge der Inschriften, Reliefs und Statuetten des Gottes Merkur, so ist unschwer festzustellen, daß dieser Gott sich in unseren Gegenden größter Beliebtheit erfreute (Abb. 34, 136). Dies erstaunt nicht, wenn man alle Sparten kennt, für die er schon bei der einheimischen Bevölkerung zuständig war. Cäsar schilderte sie in seinem Werk über den gallischen Krieg so: «Als Gott verehrten sie besonders Merkur. Er hat die meisten Bildnisse, ihn halten sie für den Erfinder aller Künste, ihn für den Führer auf Wegen und Wanderungen, ihm sprachen sie den größten Einfluß auf Gelderwerb und Handel zu.» So war dann sein Bildnis, meist als kleine Bronzestatuette, in fast jedem Hausheiligtum (lararium) zu finden. Auch die übrigen römischen Götter wie Mars, Neptun, Victoria oder Apoll – häufig im Zusammenhang mit Nymphen – hatten ihren Platz in der hiesigen Götterverehrung. Daneben hatten zahlreiche keltische Kulte weiter Bestand. Dazu gehörte etwa derjenige der Pferdegöttin Epona (Göttin der Reiter und Fuhrleute), welcher Restio, Soldat der 22. Legion und Postenchef im vicus von Solothurn, einen Stein weihte,

Baden, Weihealtar für Mercurius Matutinus

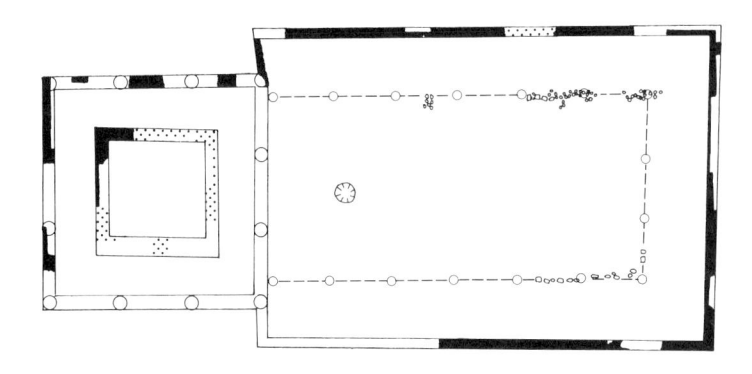

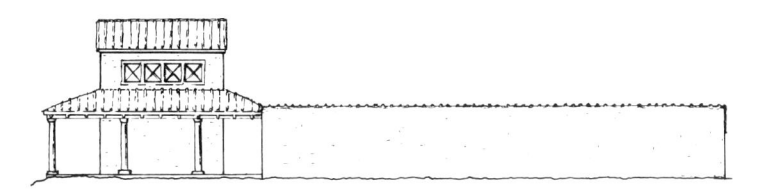

Kaiseraugst, gallorömischer Tempel auf der Flühweghalde

oder des Sucellus, eine im östlichen Gallien hoch verehrte Gottheit als Beschützer des Weinbaues und des Gerstentrankes. Auch die Erd- und Fruchtbarkeitsgöttinnen Matres oder Matronae spielten in der keltischen Glaubenswelt eine wichtige Rolle. Möglicherweise wurden sie im Tempel auf der Flühweghalde ob Kaiseraugst verehrt.

Jedes Haus besaß einen eigenen Schutzgott, den Lar (Abb. 142); jeder Mensch, aber auch personifizierte Begriffe oder Örtlichkeiten hatten einen persönlichen Schutzgott, den genius. Über die Toten wachten die Manen, häufig auf Grabsteinen erwähnt (z. B. Dis Manibus Marci Nervini Saturnini = Den Manen des Marcus Nervinus Saturninus [auf einer Grabplatte aus Windisch]).

Mit den römischen Göttern tauchten auch orientalische Kulte auf. Verbreitung fanden diese durch Sklaven und Händler aus dem Orient, vor allen Dingen aber durch die Angehörigen des Heeres. So ist der Kult der Isis durch die Badener Inschrift und eine Statuette aus Augst belegt. Die kleinasiatischen Gottheiten Kybele und Sabazius kennen wir von Funden aus der Westschweiz und aus Dangstetten. Ein stark mit dem Militär verbundener Kult war der des persischen Sonnengottes Mithras. Die heute verschollene Inschrift aus Baden (deo invicto = dem unbesieglichen Gotte) zeugt von der Ausübung dieses Kultes auch in unserer Gegend.

Verehrt wurden alle diese Gottheiten in den verschiedenen Tempeln größerer Siedlungen. Hier standen die Tempel für einzelne Götter, was die Regel war; doch kam es auch vor, daß ein Heiligtum der Verehrung mehrerer Gottheiten diente. Das beste Beispiel hierfür ist das Legionsheiligtum im Lager von Vindonissa, wo auf Grund der Votivgaben ersichtlich wird, daß hier alle wichtigen Gottheiten der römischen Staatsreligion verehrt wurden (Abb. 20 + 22). Andere Tempel standen in einem heiligen Bezirk außerhalb der Siedlung, hatten also direkten Bezug zur umgebenden Natur, so zum Beispiel der Jupitertempel auf dem Großen St. Bernhard–Paßhöhe (Jupiter Poeninus). Einfache Weihungen konnten aber auch an ganz bestimmten Orten (z. B. an Straßenkreuzungen) stehen, wie ein Altar für die Gottheiten der Kreuzwege (quadruviae) aus Windisch zeigt. Die Münzfunde aus der heißen Quelle von Baden sind

Kaiseraugst, Bronzestatuetten eines Larariums in Fundlage

*Baden
Münzen und Schöpfkellen
aus dem Quellschacht
«Heißer Stein»*

ebenso als direkte Weihungen an den Quellgott zu sehen.

Für das tägliche Anrufen der Götter stand das hauseigene Heiligtum (lararium) zur Verfügung. In dieses wurde je nach persönlicher Wertschätzung einzelner Götter deren Statuetten hineingestellt.

Im späteren 2. und 3. Jahrhundert begann auch das Christentum in Gallien Fuß zu fassen, wenn auch vorerst zögernd. Denn durch ihre Weigerung, der kapitolinischen Trias und dem Kaiser zu huldigen und Opfer darzubringen, standen die Christen in einem ständigen Konflikt mit dem römischen Staat. Erst die Ausrufung des Christentums zur anerkannten Religion durch Kaiser Constantin den Großen, der im Zeichen des Kreuzes in der Schlacht bei der Milvischen Brücke (312) Sieger über seinen Widersacher Maxentius wurde (Hoc Signo Victor Eris = in diesem Zeichen wirst Du Sieger werden), erlaubte ein öffentliches Bekenntnis zu dieser Religion.

Allmählich kam das Christentum dann zu einer Vormachtstellung, die im Jahre 391 unter Kaiser Theodosius I zum vollständigen Verbot aller nichtchristlichen Religionen führte und das Christentum zur Staatsreligion erhob. Doch manche der «heidnischen» Riten hielten sich und blieben mit christlichem Anstrich im Brauchtum erhalten (Fasnachtsbräuche, Ostereier etc.).

Die frühesten Zeugnisse christlichen Glaubens in unserer Gegend stammen erst aus dem 4. Jahrhundert n. Chr. So finden wir das Christogrammzeichen ☧ auf einem silbernen Zahnstocher aus dem Kaiseraugster Silberschatz, auf Münzen aus constantinischer Zeit oder auf Zwiebelknopffibeln, welche hohen Beamten als Auszeichnung verliehen wurden. Der Grabstein der Eusstata aus Kaiseraugst trägt in seinem Giebelfeld ein weiteres christliches Symbol, den Anker (Abb. 184). Die eindrücklichsten Zeugnisse stellen aber die frühchristli-

Kaiseraugst
Silbermedaillon des Constans mit Christogramm auf der Standarte

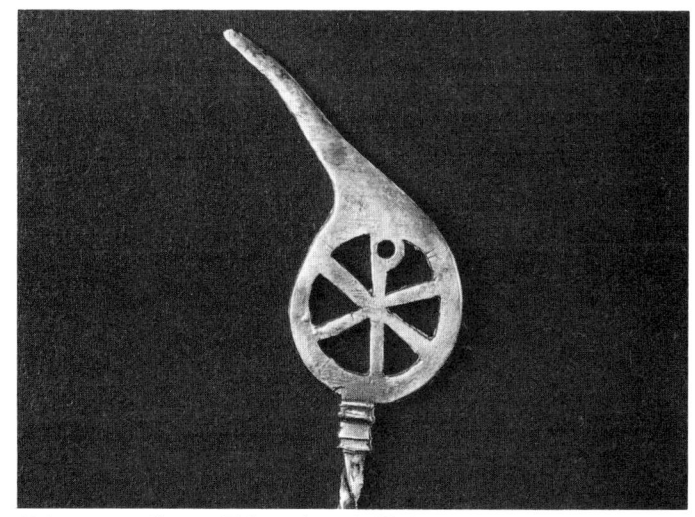

Kaiseraugst, silberner Zahnstocher mit Christogramm

chen Kirchenbauten der Kastelle von Kaiseraugst und Zurzach dar (Abb. 154), deren Erbauung wohl in den Beginn des 5. Jahrhunderts zu datieren ist. Dem hallenförmigen Kirchenbau mit eingezogener Apsis ist ein Baptisterium angegliedert, in dem die neu bekehrten Christen nach einem Reinigungsbad die Taufe empfingen. Basierend auf der römischen Reichsordnung entstand im späten 4. Jahrhundert n. Chr. eine kirchliche Verwaltung. Einzelnen Gebieten standen Bischöfe vor, wie zum Beispiel in Kaiseraugst und Windisch. Diese Zentren des christlichen Glaubens hielten sich bis weit ins Frühmittelalter.

In engem Zusammenhang mit den religiösen Vorstellungen der Römer steht der Totenbrauch. Zu jeder Siedlung gehörten Friedhöfe, die entlang der Straßen, außerhalb der Siedlungen oder bei Gutshöfen in der Nähe der Hofmauern angelegt waren. Auf diese Weise war der direkte Kontakt vom Lebenden zum Verstorbenen gewährleistet. Jeder Reisende sah sich mit den Ahnen konfrontiert. Jährlich wiederkehrende Totenfeiern ließen die Erinnerung an die Dahingegangenen gegenwärtig bleiben. Die Ausstattung der Gräber entsprach dem sozialen Status. Vornehme Familien besaßen

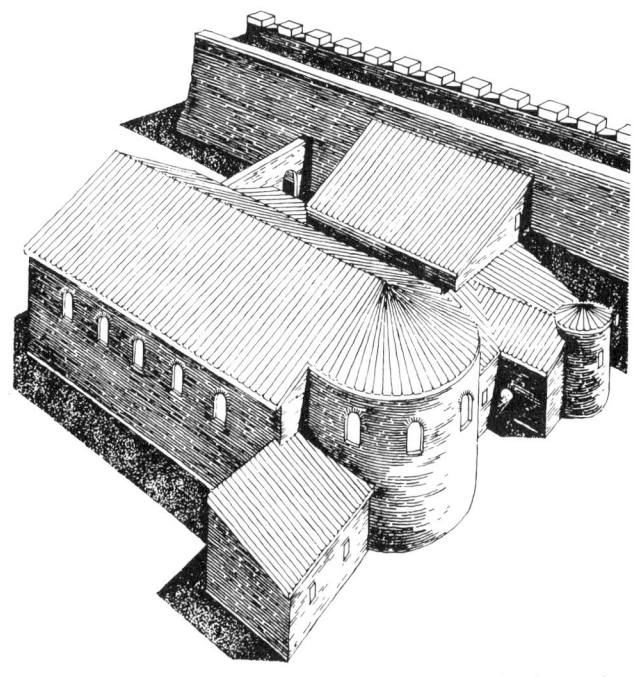

Kaiseraugst, Frühchristliche Kirche und Baptisterium (Rekonstruktion)

häufig ein Familiengrab mit Monument, das – mit Inschriften versehen – an die Toten und ihre Verdienste erinnerte (Abb. 19, 30), während ärmere Gräber vielleicht nur durch eine entsprechende Bepflanzung bezeichnet waren.

In der frühen und mittleren Kaiserzeit herrschte die Brandbestattung vor. Der Verstorbene wurde in einem Sarg verbrannt. Anschließend sammelte man die Überreste in einer Urne und bestattete diese zusammen mit Gefäßen mit Speisebeigaben und weiteren Objekten des Totenkultes, wie Tonstatuetten, Öllämpchen oder Glasfläschchen mit wohlriechenden Essenzen. Für die Reise in die Unterwelt, den Orkus, war die beigebene Münze von großer Bedeutung, diente sie doch dem Verstorbenen als Zahlungsmittel für den Fährmann (Charon) über den Totenfluß. Bei wohlhabenderen Leuten war das Spektrum der Beigaben entsprechend reicher. Hier sind dann auch Schmuck und andere Trachtbestandteile, Reste von reichverzierten Totenbetten und anderes anzutreffen (Abb. 120–129).

Diese Bestattungsart änderte gegen Ende des 2. Jahrhunderts, insbesondere in der Spätantike wurde nur noch die Körperbestattung praktiziert. Immer noch befanden sich die Friedhöfe außerhalb der Siedlungen, aber nicht mehr entlang der Straßen, sondern als in sich geschlossene Gräberfelder, meist an leicht erhöhter Lage über den Siedlungen. Die Grabformen waren vielfältig. Man bestattete in Holzsärgen, baute Grabkisten aus Ziegeln oder Steinen oder legte den Toten auf einem Tuch in die Grabgrube. Die Sitte der Beigaben blieb vorerst bestehen. Meist wurde der Verstorbene in seiner Tracht mit dem dazugehörigen Beiwerk bestattet. Seltener als früher kamen auch eigentliche Beigaben des Totenkultes wie Speisen, Münzen oder Amulette mit ins Grab (Abb. 131–138).

Diese Beigabensitte starb im Verlauf des 4. Jahrhunderts wohl zum Teil unter dem Einfluß des Christentums aus, so daß wir aus der Zeit des ausgehenden 4. Jahrhunderts und des beginnenden 5. Jahrhunderts beinahe keine Gräber mehr finden, die mit Beigaben versehen sind.

So wandelten sich Religion und Totenkult im Verlaufe von vierhundert Jahren römischer Geschichte unseres Landes. Erst die alemannische Landnahme im 6. Jahrhundert n. Chr. setzte auch hier neue Akzente.

Windisch, Urnengrab eines Soldaten der 13. Legion

Windisch, Skelettgrab aus dem Gräberfeld Oberburg

Bildteil

1) Kaiseraugst, Silberstatuette der Minerva
2) Windisch, Legionärshelm vom Typ Weisenau, Mitte 1. Jahrhundert n. Chr.
3) Kaiseraugst, spätrömischer Helm

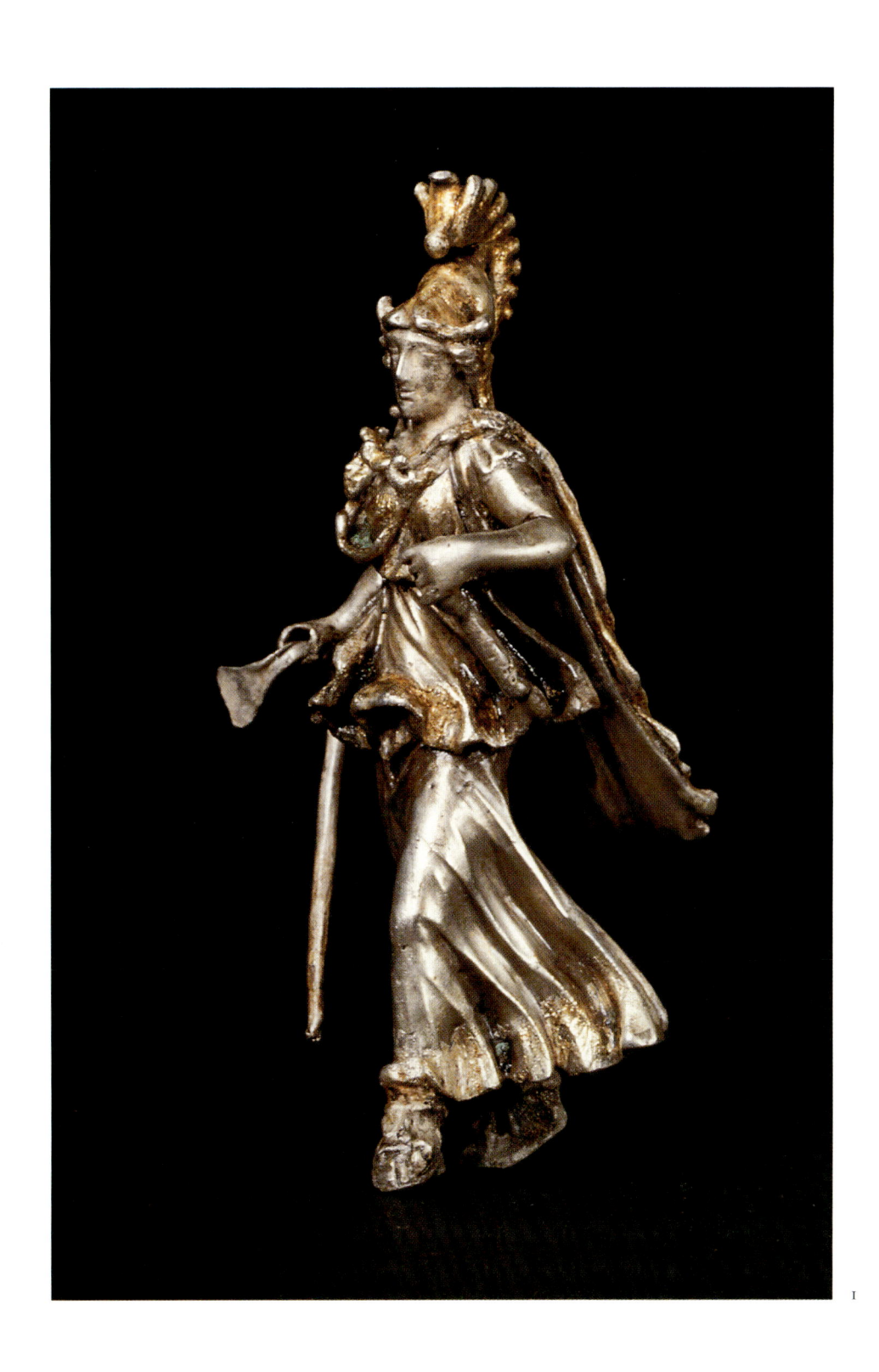

2

3

4) Windisch, Schwertscheidenbeschlag

5) *Windisch, Schwertscheidenbeschlag mit Victoriadarstellung*

6) Windisch, Schwertscheidenbeschlag mit Tierszenen und Herstellerinschrift

7) Windisch, Zierblech vom Gürtel eines Legionärs

8) Windisch, Dolche mit verzierten Scheiden

8

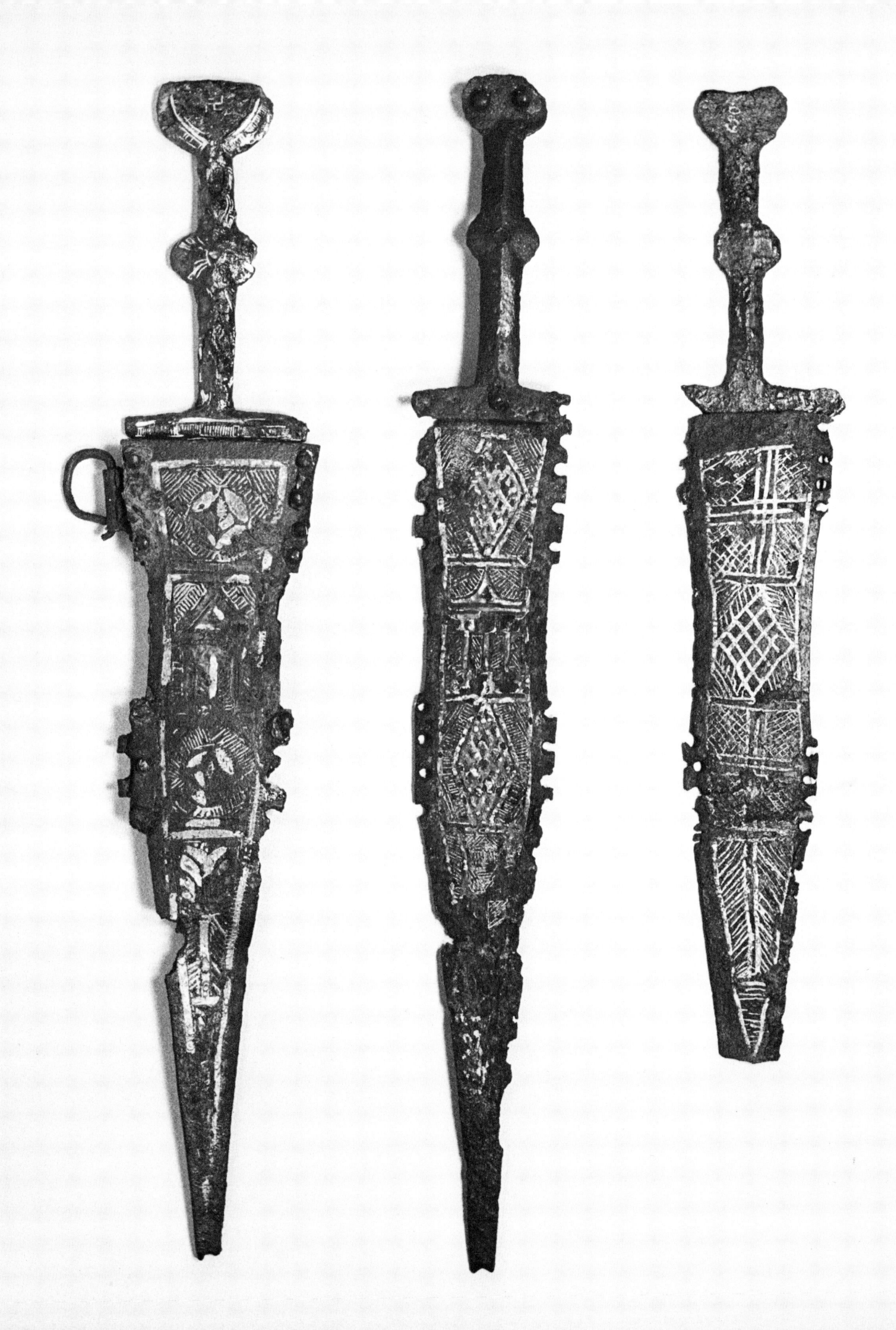

9

10, 11

9) Windisch, Bronzemedaillon mit dem Kopf des Augustus
10), 11) Windisch, Glasphaleare (militärische Auszeichnungen)
12)–15) Windisch, Phallusamulette

16

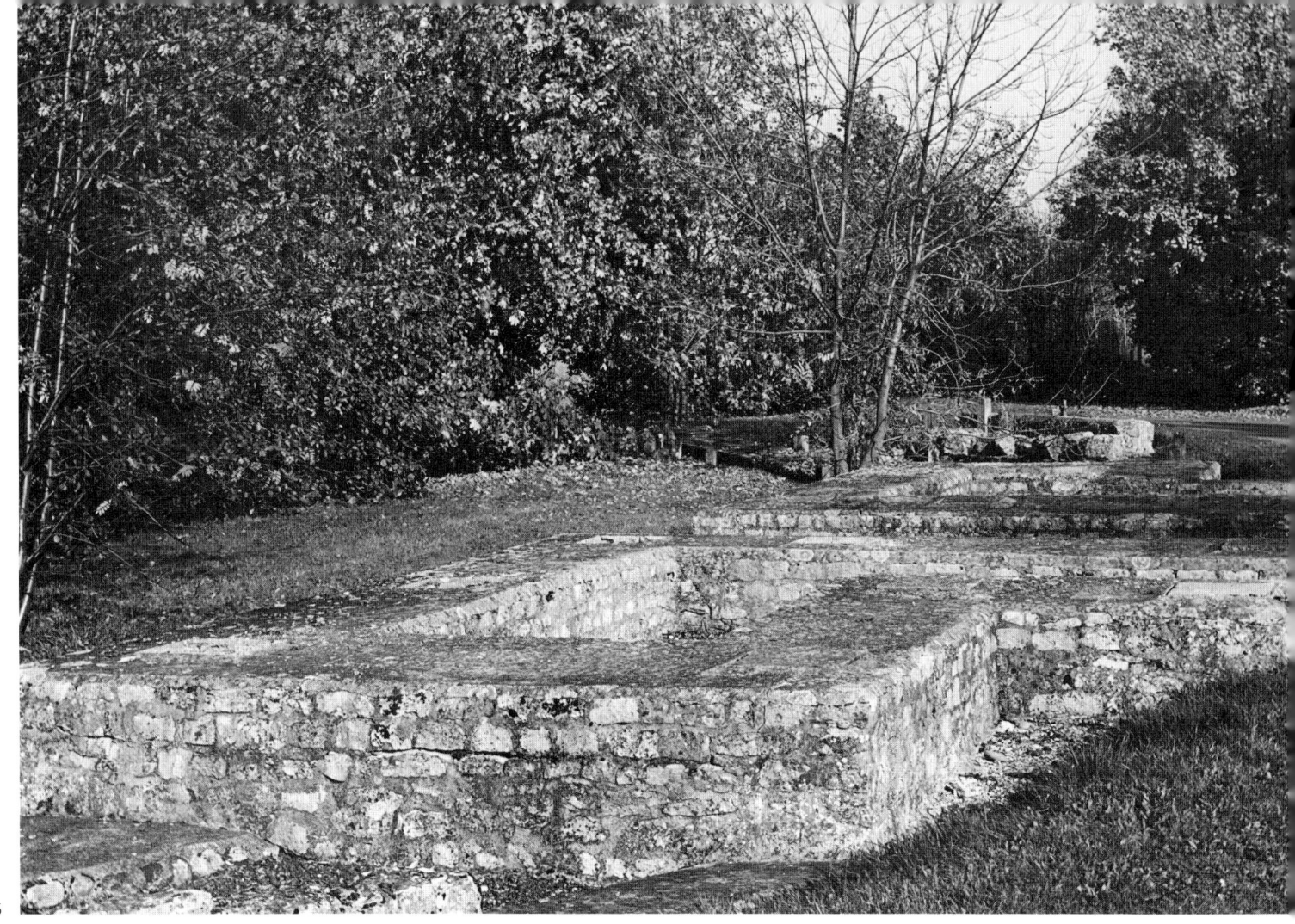

17

Windisch
16) Nordtor
17) Westtor

18) Windisch, Schildbuckel eines Soldaten der 8. Legion

19) Windisch, Grabstein des C. Allius, eines Centurio der 13. Legion

20) Windisch, Weiheinschrift des C. Novellius, eines Veteranen der 11. Legion

21) Windisch, Bauinschrift der Wiederbefestigung Vindonissas im Jahre 260 n. Chr.

22) Windisch, Weihaltar des M. Masterna, eines Soldaten der 11. Legion

DEVM·DEA
RVM·ARAM
POSVIT·M
MASTERNA
MILES·LEG·XI·C
P·F·〉CRISPI·I·P·

23

23) Windisch, Stirnziegel mit Darstellung eines Gallierkopfes und Inschrift der 11. Legion

24)–27) Windisch, Stirnziegel mit Darstellungen von Galliern und Theatermasken

28)–30) Windisch, Mit Nägeln beschlagene Sohlen von Legionärssandalen und Rekonstruktion des Schuhwerks
31) Römische Wagengeleise am Bözberg

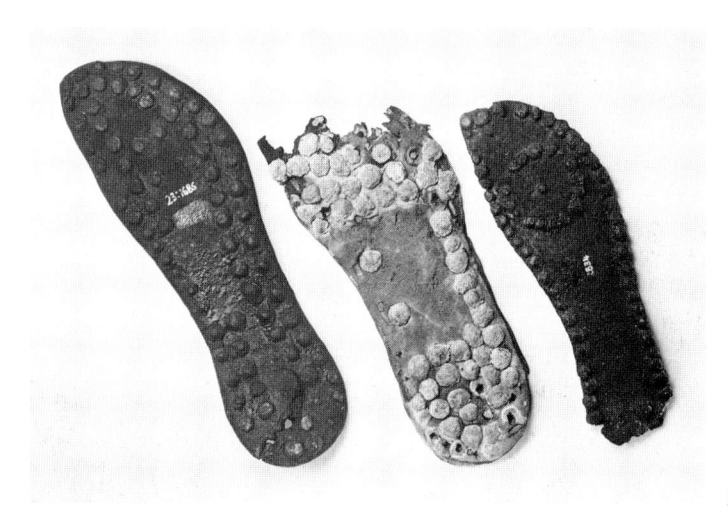

28

29

30

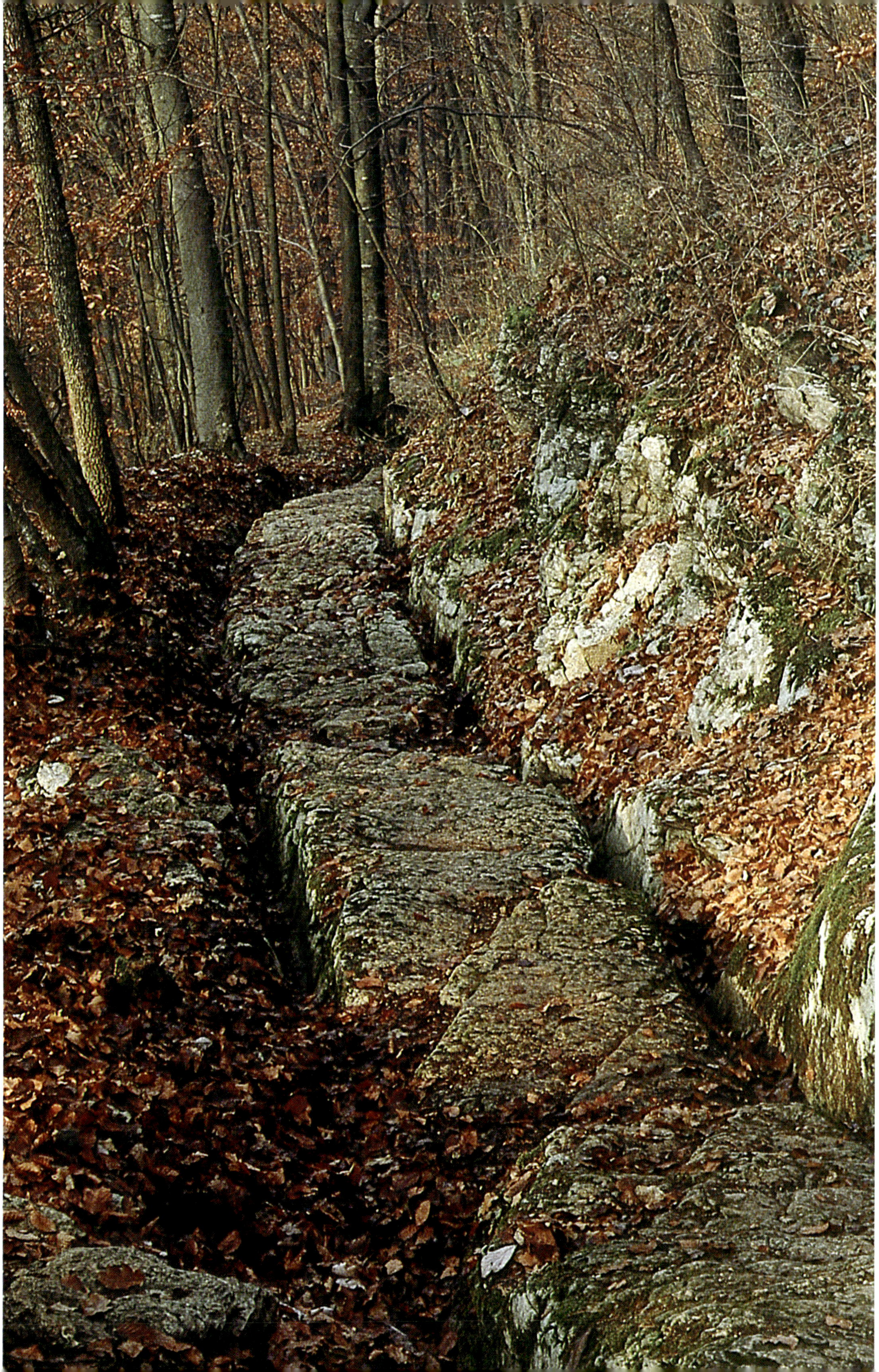

32) Baden, Meilenstein des Kaisers Tacitus, 275 n. Chr.

Steinreliefs

33) Windisch, Männerkopf

34) Windisch, Merkur

35) Baden, Jupiter

33

34, 35

36) Windisch, Amphitheater

37) Lenzburg, Theater im Lindfeld

IMP T VESPASIANO
CAESAR AVG VII COS
MART I APOLLINI MINERVAE
ARCVM
VICANI VINDONISSENSES
CVI T V R BANIOMALIONI
VALER ALBANO ET VI IC MILLARI OII C

DEAE ISIDI EMPTVM A SOL
L ANNVSIVS MAGIANVS
DE SVO POSVIT VIK AQENSB
AD CVIVS TEMPLI ORNAMENTA
ALPINIA ALPINVLA CONIVNX
ET PEREGRINA FIL XC DEDE
RVNT L D D VICANORVM

38) Windisch, Bauinschrift eines Ehrenbogens, gestiftet von den Bewohnern des zivilen Vicus von Vindonissa

39) Baden, Bauinschrift eines Isistempels

40) Windisch, Badeanlage der Raststation (mansio)

41) Windisch, Wandmalerei (Palmetten-motiv) aus der mansio

42), 43) Unterlunkhofen, Mosaik mit Meerestieren (Details)

41

42

43

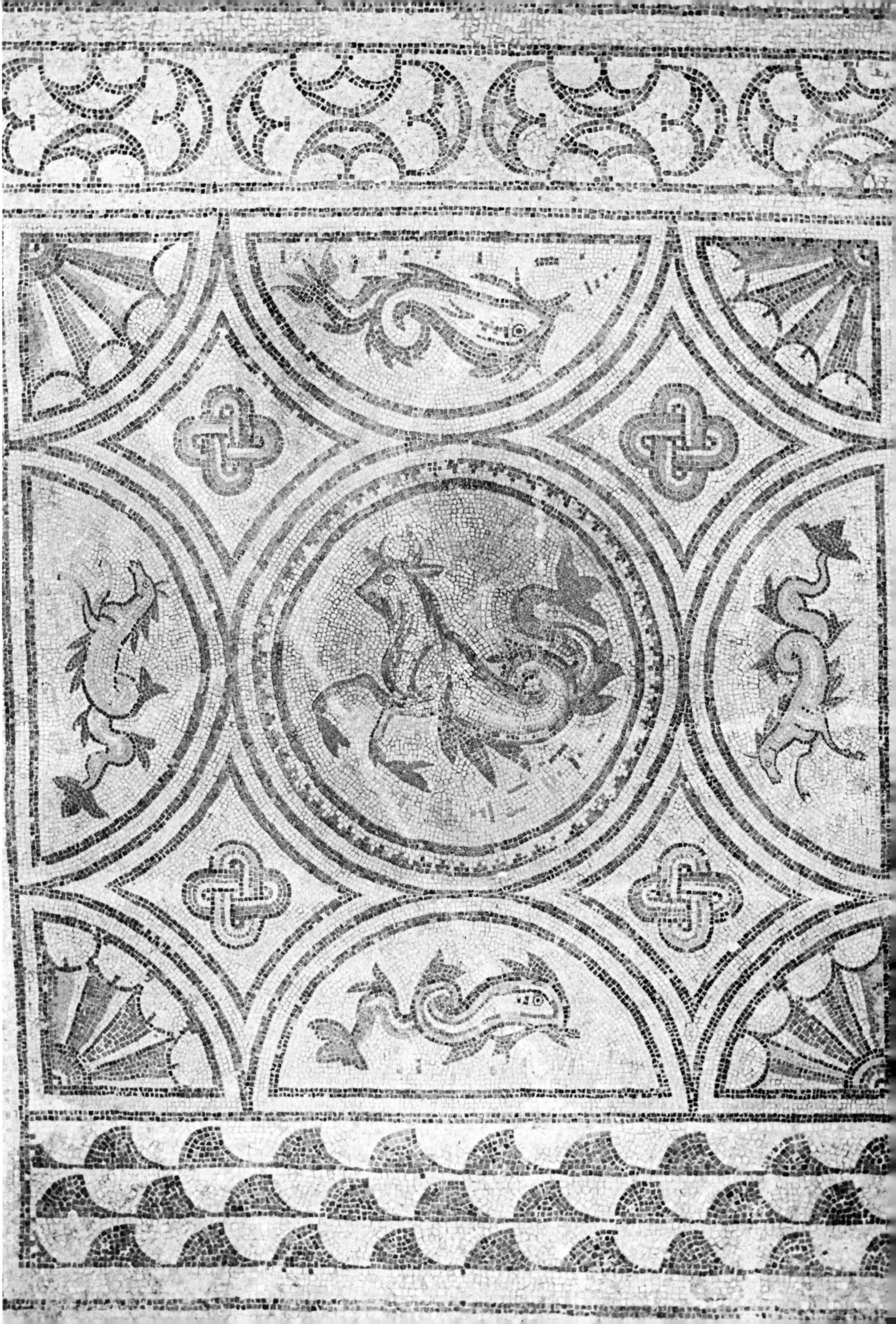

44) Unterlunkhofen, Mosaik mit Meerestieren
45) Unterlunkhofen, Mosaik mit geometrischen Mustern
46) Zofingen, Mosaik mit Blütenmustern
47), 48) Zofingen, Details der Blütenmuster

46

47

48

49) Oberlunkhofen, Badetrakt des Gutshofes
50), 51) Windisch, Schreibtäfelchen

50
51

52) Windisch, Terra Sigillata-Gefäße, 1. Jahrhundert n. Chr.

53) Windisch, Terra Sigillata-Gefäß mit der Inschrift AVE, 4. Jahrhundert n. Chr.

54) Windisch, Würfelspielerinnen auf einem Sigillata-Kelch

55) Windisch, Reliefsigillata mit Darstellung einer Männergestalt mit phrygischer Mütze

56) Windisch, Feine Schälchen

57) Windisch, Wasser- und Weinkrüge

54

55

56

57

58) Baden, Alabastergefäß

59) Baden, Gefäße in keltischer Töpfertradition

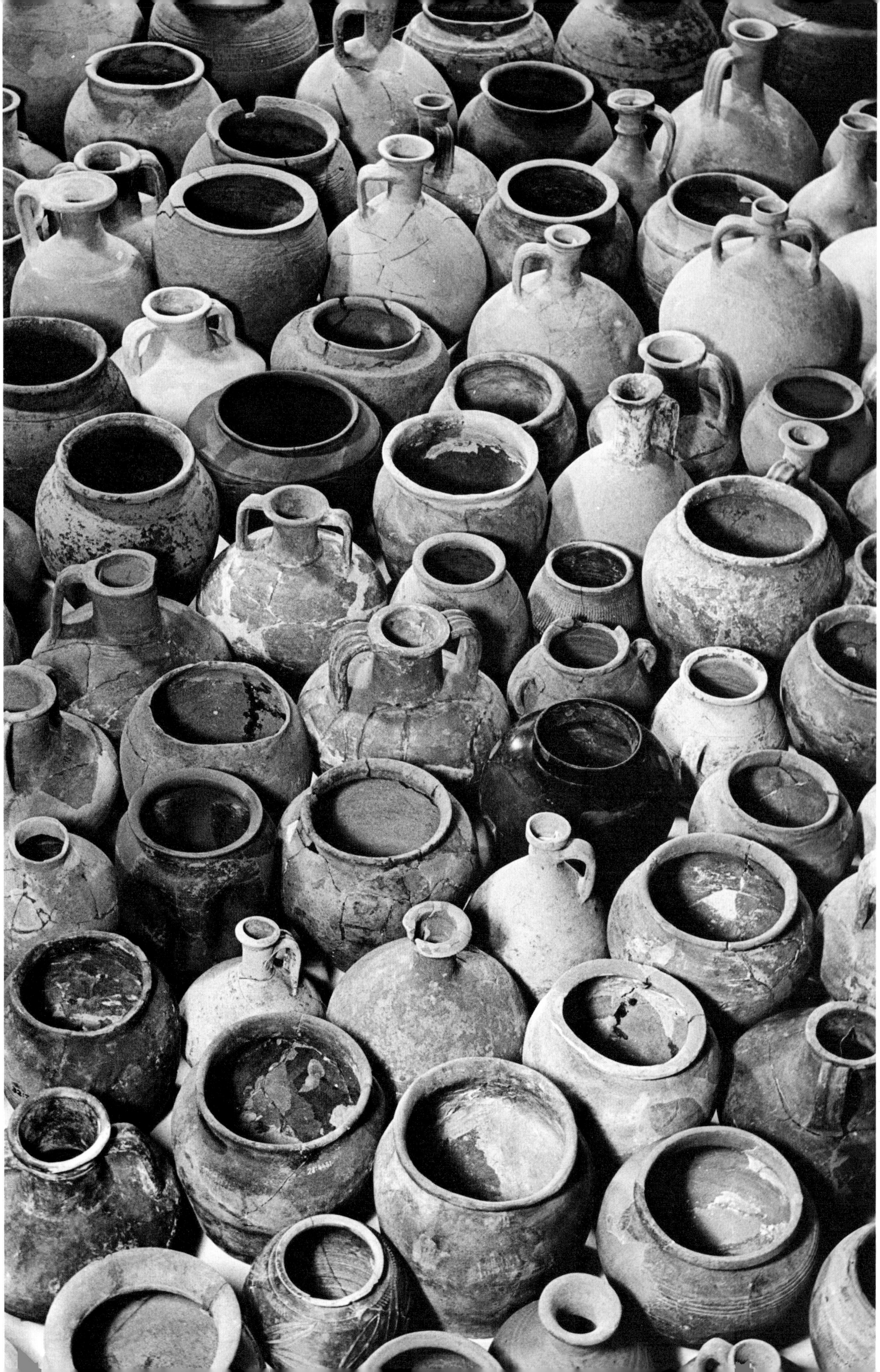

60) Windisch, Kochtöpfe und Krüge
61) Windisch, Amphoren
62), 63) Windisch, Amphoren: Pinselinschrift (Inhalt) und Produzentenstempel

64

64) Kaiseraugst, Bronzegefäße und Statuetten aus einem Depotfund

65) Lenzburg, Panthergriff einer Bronzekanne

66) Lenzburg, Bronzekannen mit Panthergriff

66

67)–70) Bronzegefäße aus Baden, Widen und Oberentfelden

67

68

69

70

71) Zurzach, Bronzegriff einer Kasserolle mit Darstellung eines Flötenspielers

72) Zurzach, Bronzegriff in Form eines Delphins

73) Zurzach, Bronzelampe

74)–77) Windisch, Öllämpchen

78)–83) Windisch, Öllämpchen, Details der Spiegel

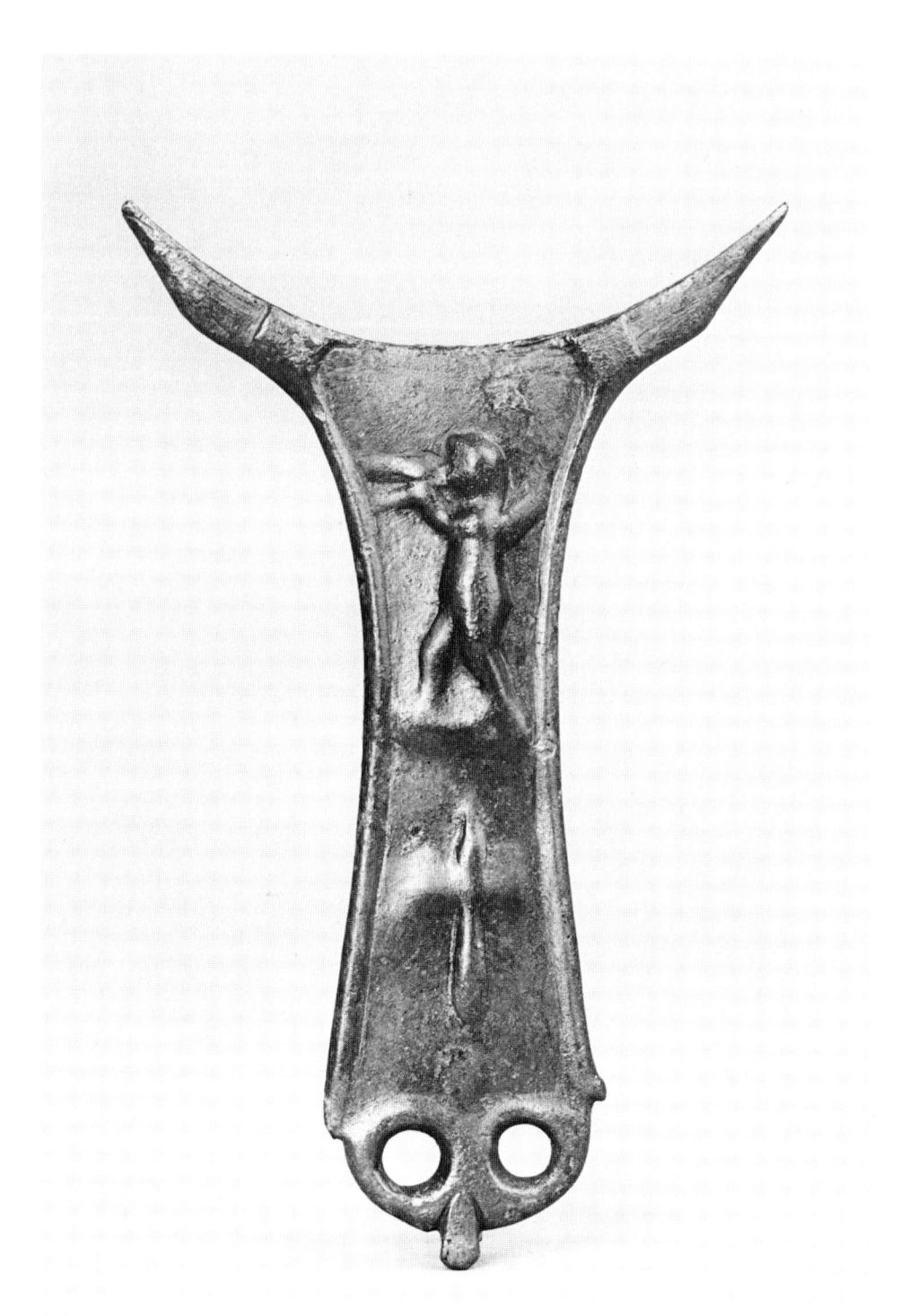

72

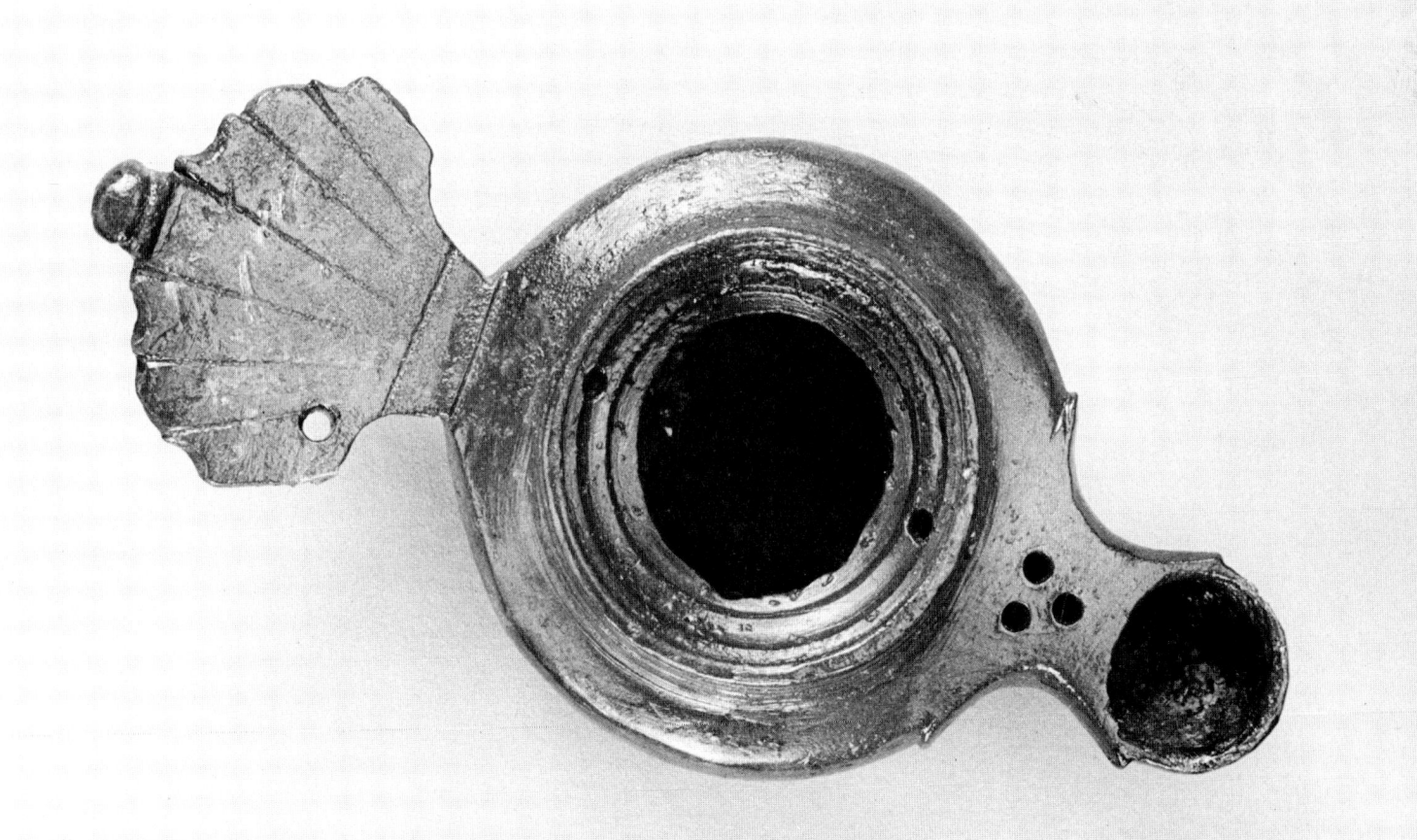

73

74, 75

76, 77

78, 79

80, 81

82, 83

84) *Windisch, Öllämpchen, Gladiatorenkampf*
85) *Baden, Glasflasche*

84

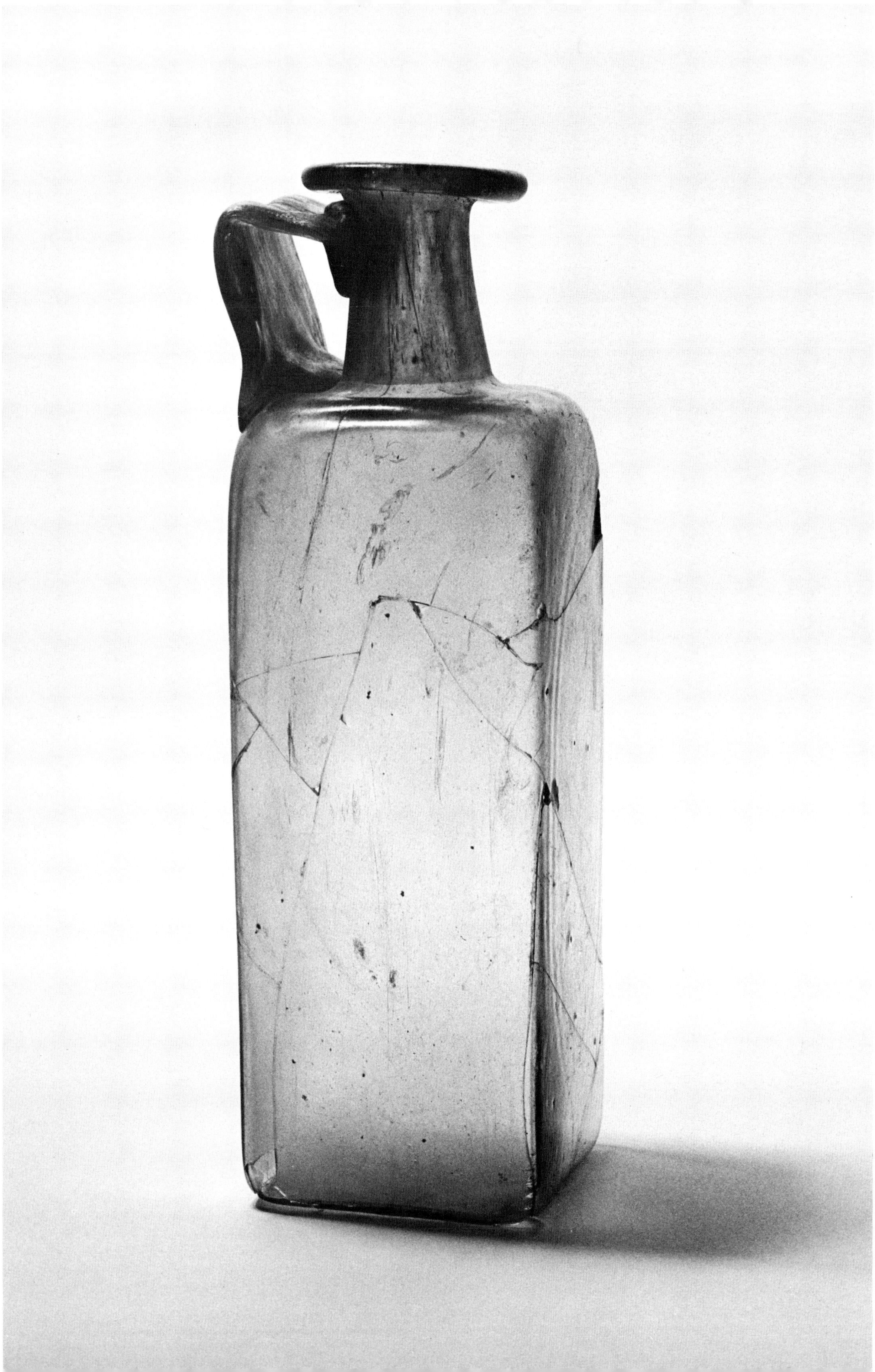

85

86) *Windisch, Millefiori-Glaskrüglein*
87) *Kaiseraugst, Luxusgläser aus dem spätantiken Gräberfeld*

86

87

88

89

Windisch, Glasgefäße
88) Rippenschale
89) Zirkusbecher
90) Glasrhyta

91) Windisch, Messingfibel

92)–95) Windisch und Baden, Emailfibeln

92

93

94

95

96

97

96) *Windisch, beinerne Haarnadeln*
97) *Windisch, Bronzespiegel, Kamm und Haarnadel*
98) *Zurzach, Spinnkunkel*

99) *Kaiseraugst, goldene Halskette*

100) Windisch, Gemme

101)–104) Windisch, Fingerringe mit Gemmen

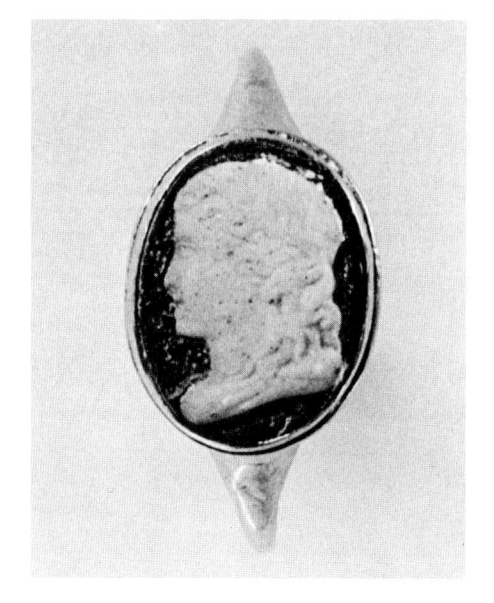

101

102, 103

104

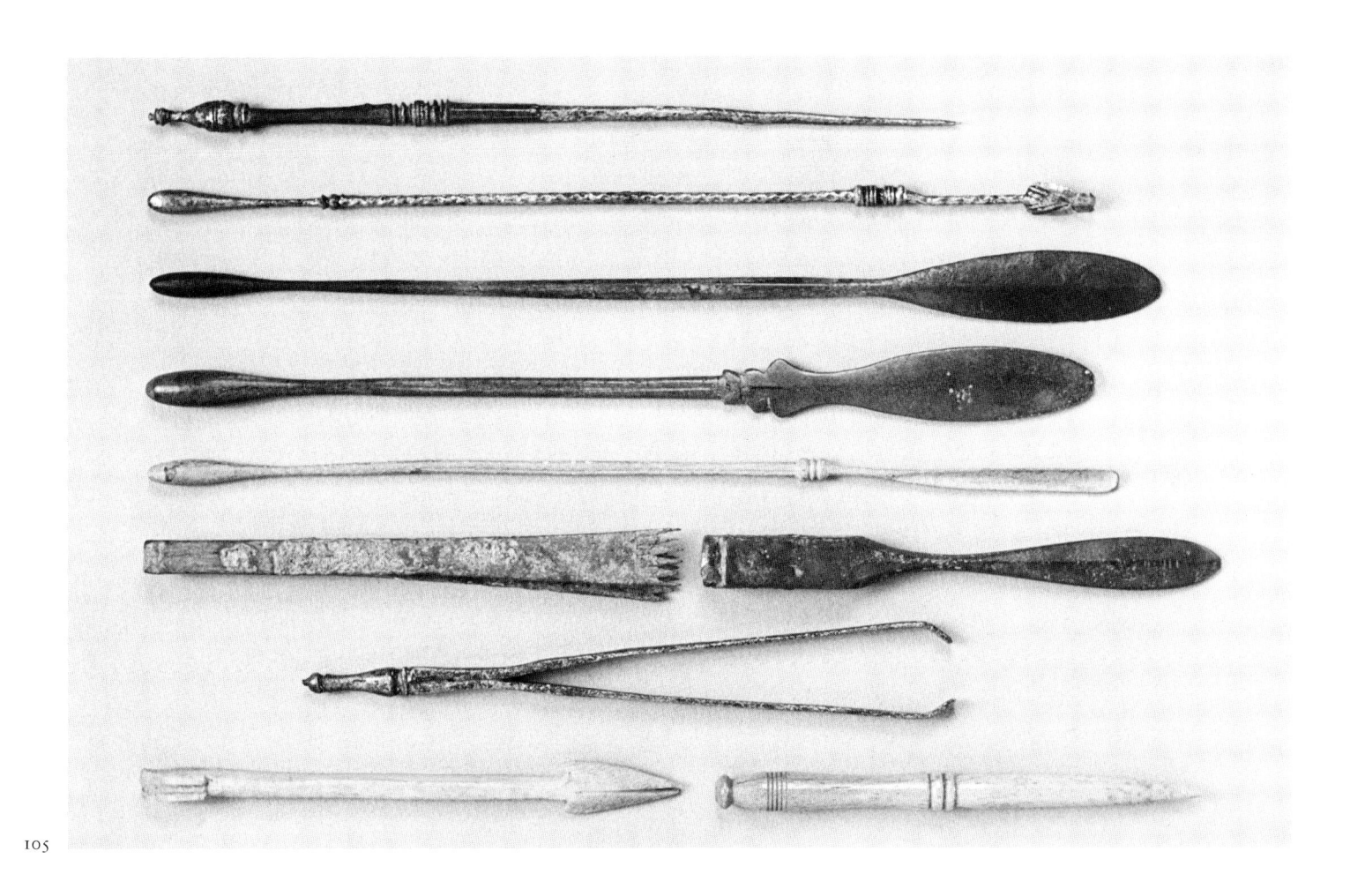

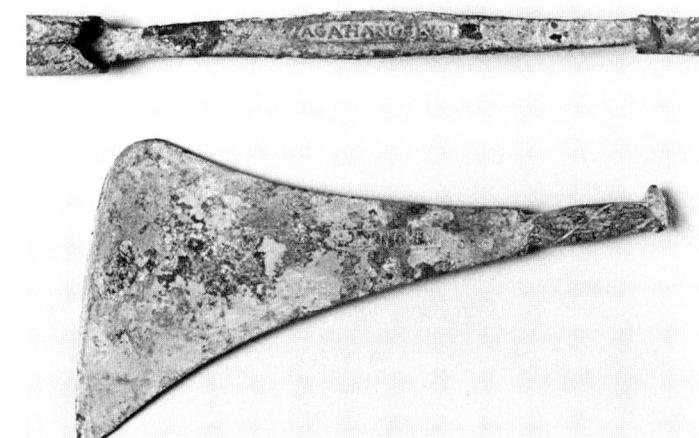

105)–107) Windisch, Arztbestecke und
Augensalbenstempel

108), 109) Windisch und Wittnau, Bronzeanhänger

110) Windisch, verschiedene Werkzeuge aus Eisen (Zange, Raspel, Stechbeitel, Hammer, Ahle usw.)

111) Windisch, Tiegel und Formen für Bronzeguß

108

109

110

111

112)–114) Windisch, Spielbrett und Spielsteine

112

113

114

115) Windisch, Republikanischer Silberdenar

116) *Windisch, Goldmünzen*

117) Windisch, Goldmünze des
Kaisers Nero

118) Windisch, Vorder- und Rückseiten
römischer Silberdenare

119) Brugg, Grabbeigaben aus dem Grab
eines Soldaten der 13. Legion

120) Lenzburg, Terra Sigillata-Geschirr
aus einem Grab im Lindwald

118

119

120

121)–124) Brugg, Knochenschnitzereien von einem Totenbett

121

122

123

124

125

125) Lenzburg, Statuette eines Hundes aus Pfeifenton; Grabbeigabe

126)–129) Lenzburg, Statuetten: Venus, Taube, Salbgefäß in Form eines Ebers, Liebespaar (alles Beigaben aus dem Gräberfeld)

*130) Kaiseraugst, Sandsteinrelief eines
Ehepaares in romanisierter Tracht des frühen
3. Jahrhunderts n. Chr.*

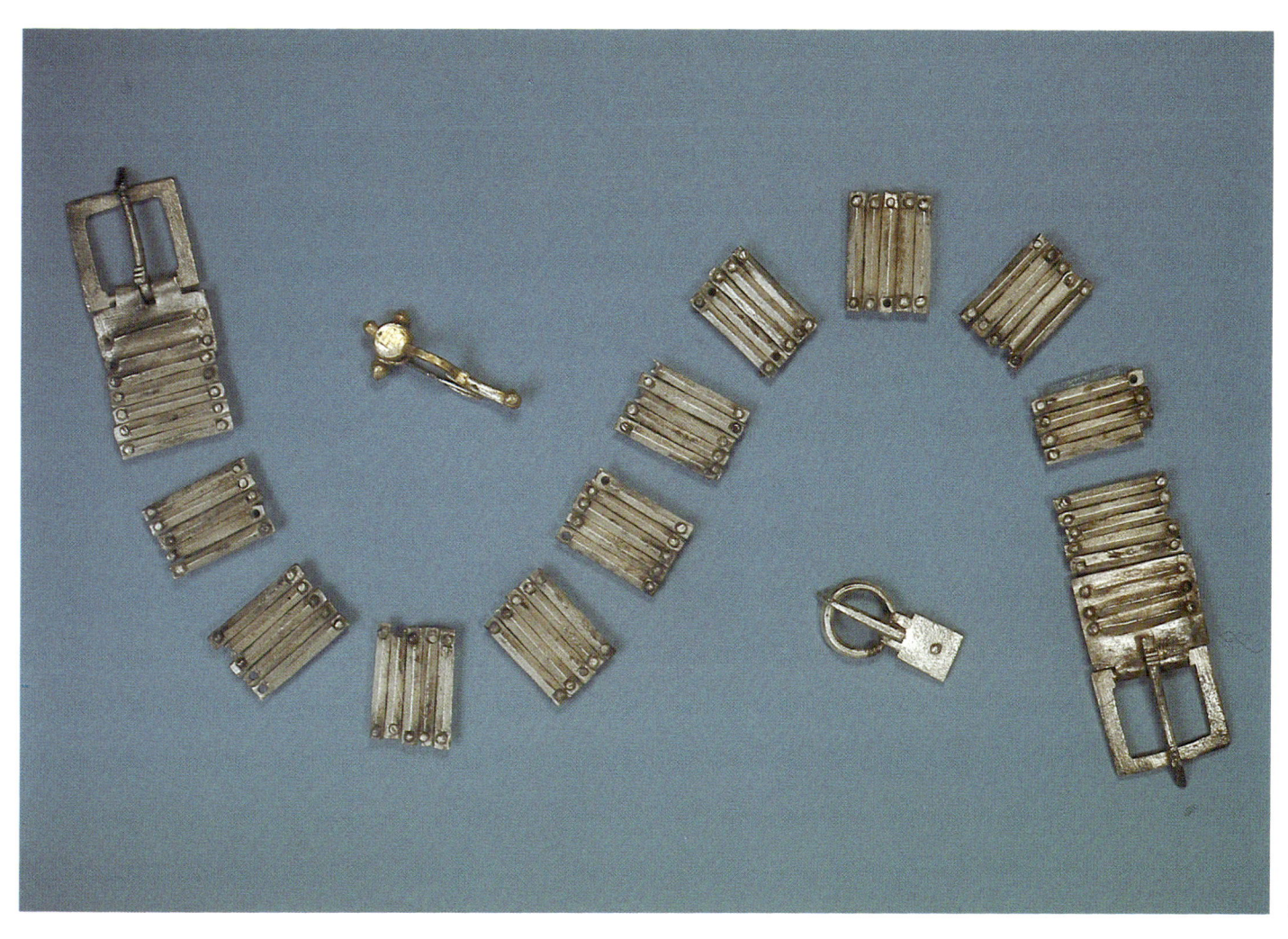

131) Windisch, silberner Gürtel, Schnalle und Fibel aus einem Grab des frühen 5. Jahrhunderts n. Chr.

132

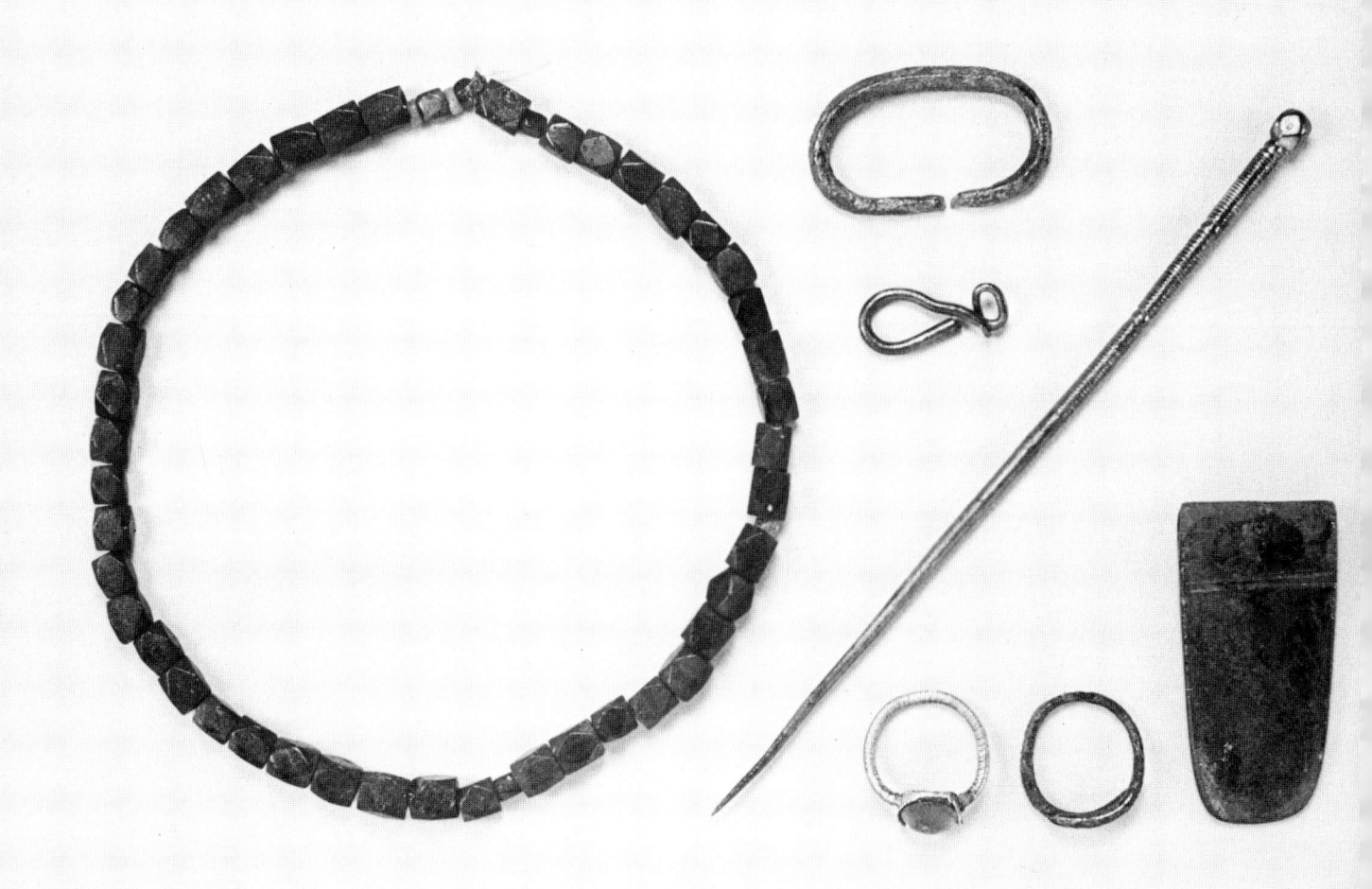

133

132) Windisch, Schmuck und Lavezbecher aus einem Kindergrab des späten 4. Jahrhunderts n. Chr.

133) Windisch, Grabbeigaben germanischer Herkunft aus einem Grab des späten 4. Jahrhunderts n. Chr.

134) Zurzach, Verenakirche, Tondo aus einem Grab der Mitte des 1. Jahrhunderts n. Chr.

135) Baden, Bronzebüste der Juno

136) Baden, Merkur mit Hahn

137) Baden, Apotropaion, sekundär als Waagegewicht verwendet

138) Windisch, Pan

135

136

137

138

139, 140

141, 142

139)–141) Baden, Hymen, Priapos, Faun
142) Windisch, Lar
143) Baden, Silen mit Taube
144) Windisch, Victoria

145) Kaiseraugst, Amor reitet auf Widder

146)–147) Windisch, Eber und Hahn
148) Baden, Apisstier

146

147

148

149) Kaiseraugst, Silberstatuette des Herakles mit Eber
150) Zurzach, südliche Kastellmauer

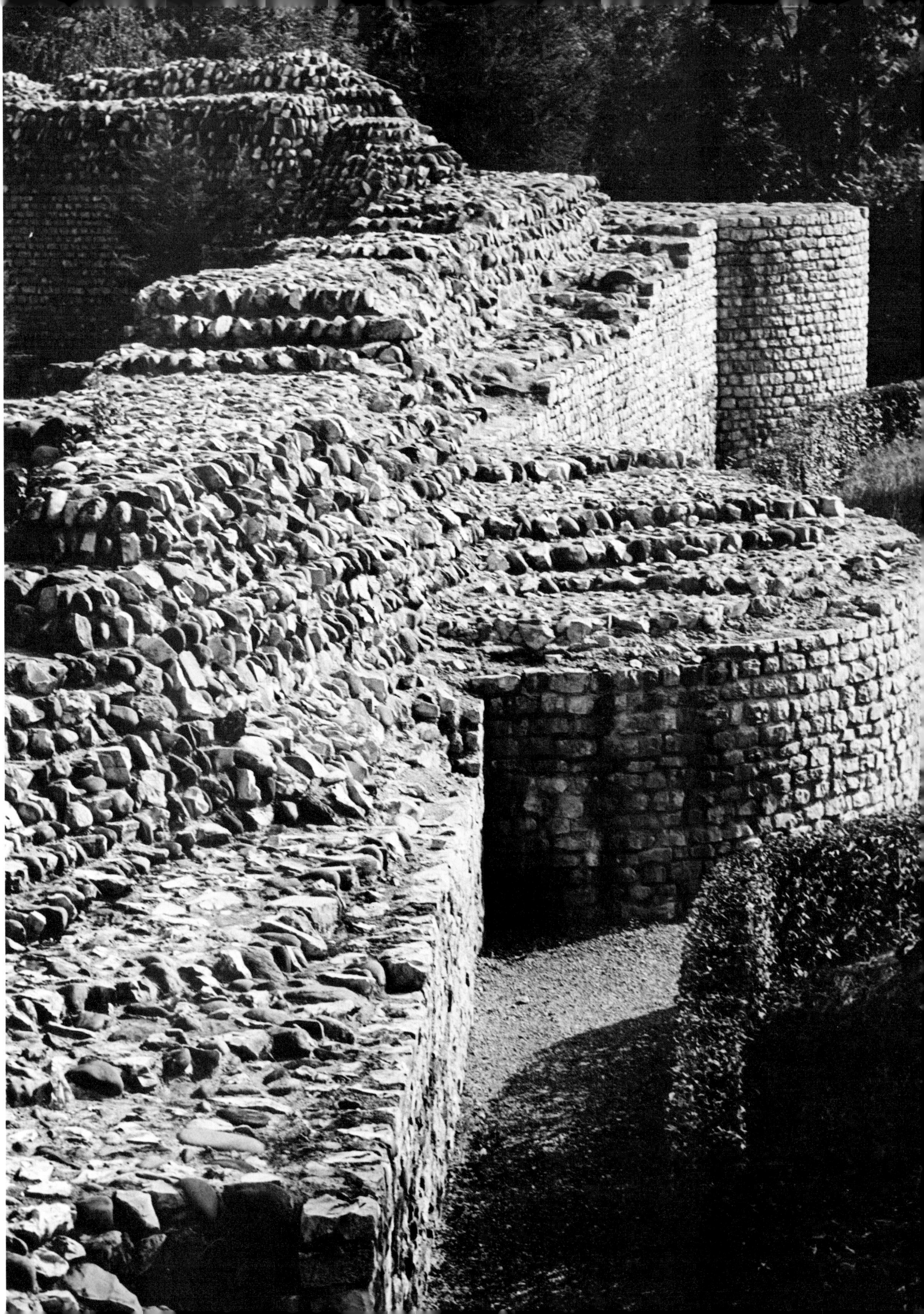

*151) Brugg-Altenburg,
Südmauer des Kastells*

152) Schwaderloch, Oberes Bürgli, Reste des spätantiken Wachtturms

153) Kaiseraugst, spätantike Kastellmauer
154) Kaiseraugst, Reste des frühchristlichen Baptisteriums
155) Kaiseraugst, Kastelltherme

154

155

156), 157) Kaiseraugst, Ziegelbrennofen der Legio I Martia

*158) Kaiseraugst, Silberschatz:
Platte, Schüsseln und Becher*

*159) Kaiseraugst, Silberschatz:
Achillesplatte*

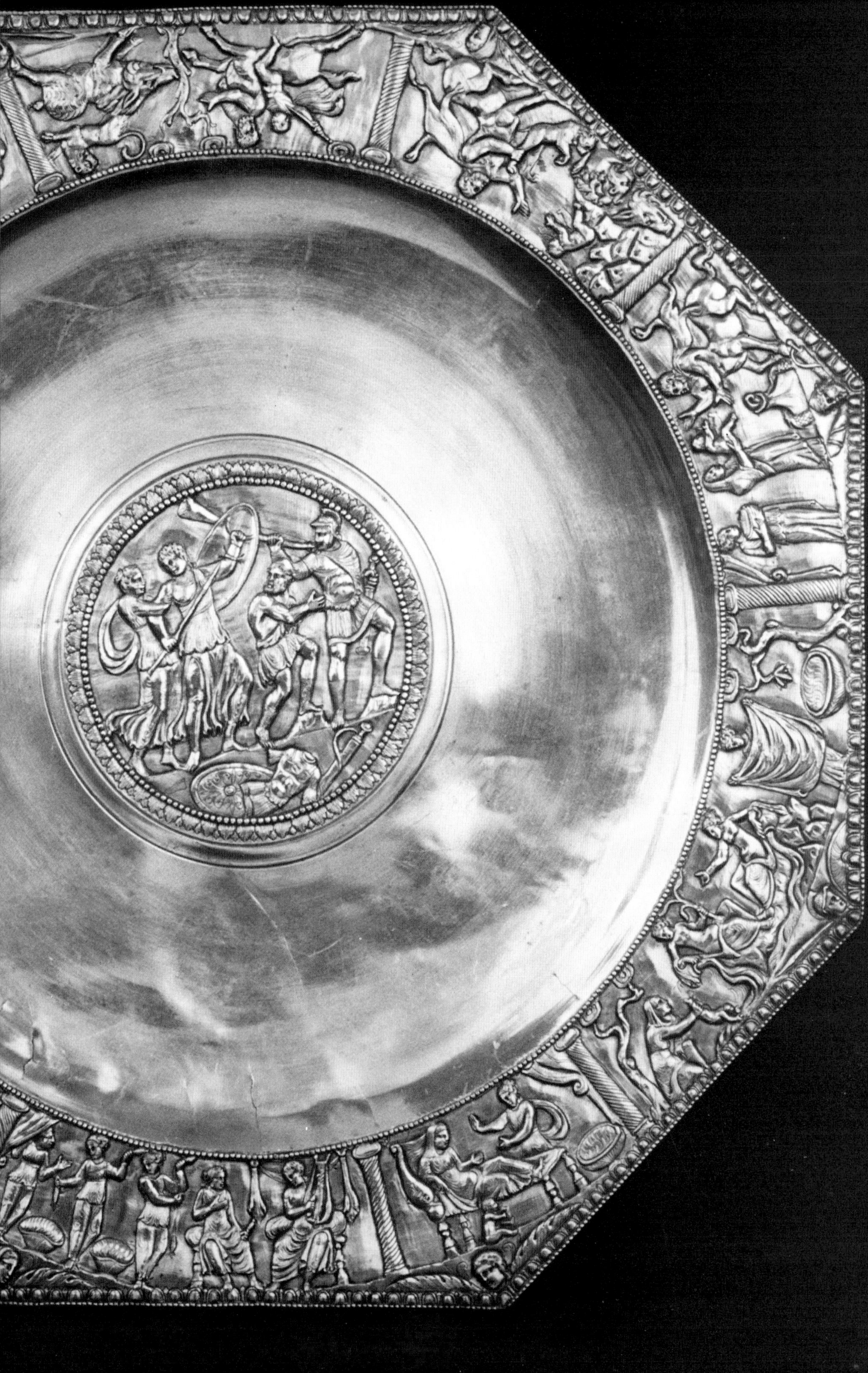

*160) Kaiseraugst, Silberschatz:
Mittelmedaillon der Achillesplatte
161)–163) Kaiseraugst, Silberschatz:
Randreliefs der Achillesplatte*

161

162

163

164

165

164), 165) Kaiseraugst, Silberschatz:
Ariadnetablett mit Mittelsujet

166) Kaiseraugst, Silberschatz:
Randmotiv des Ariadnetabletts

167

168

167), 168) Kaiseraugst, Silberschatz:
Fischplatten

169) Kaiseraugst, Silberschatz:
Meerstadtplatte

*170) Kaiseraugst, Silberschatz:
Mittelmedaillon der Meerstadtplatte*
*171) Kaiseraugst, Silberschatz:
Venusstatuette*

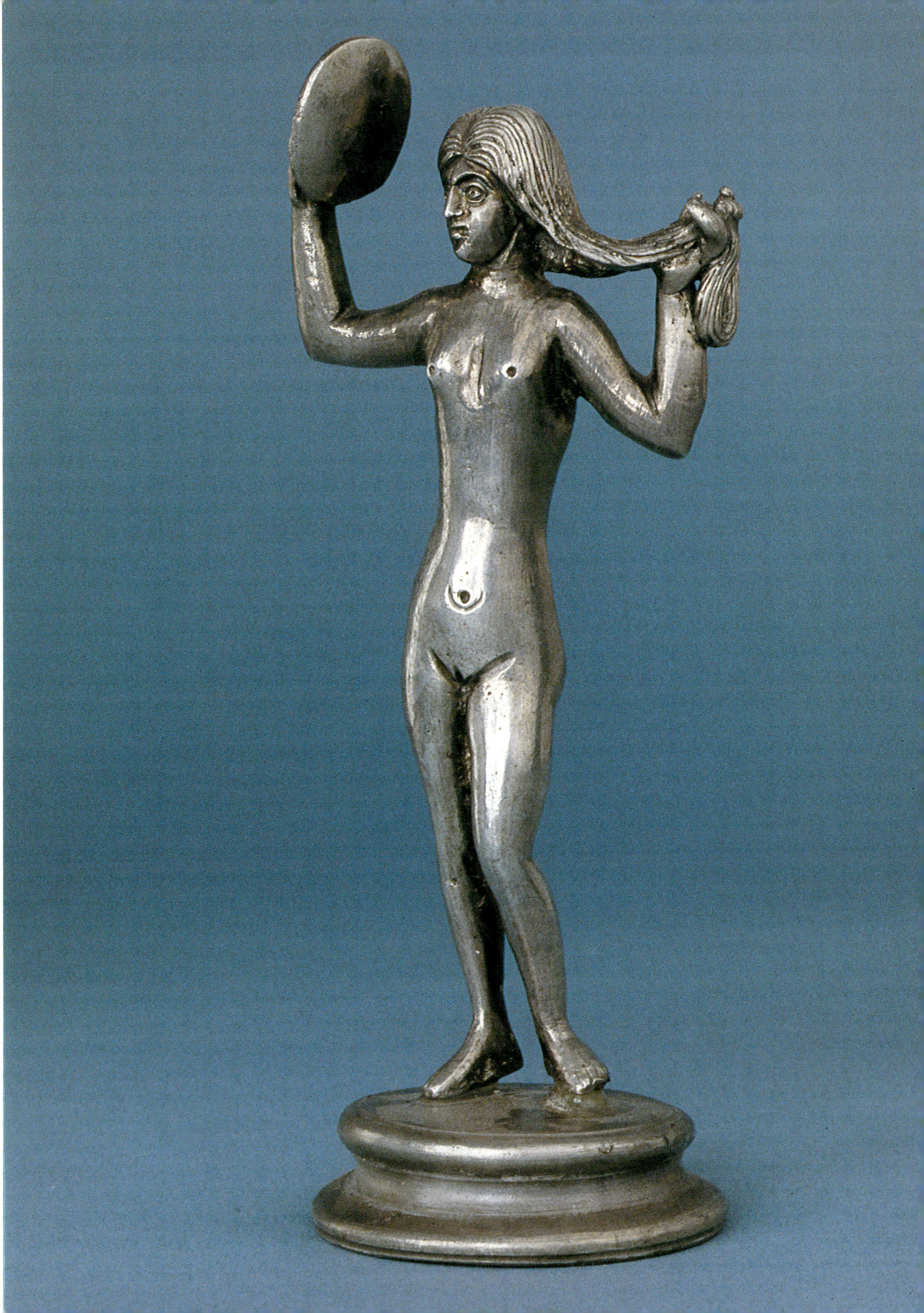

172

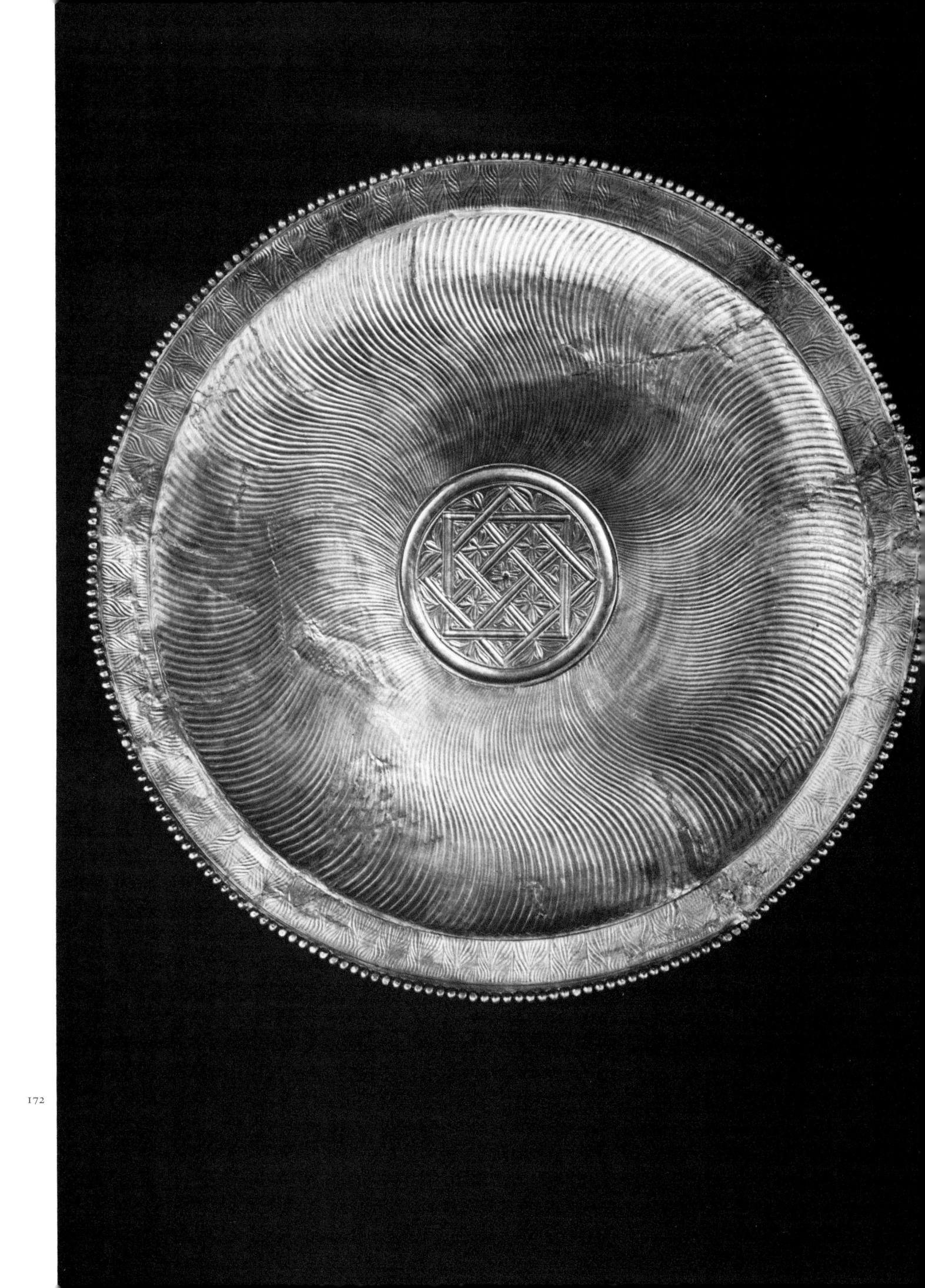

*172)–175) Kaiseraugst, Silberschatz:
Schüsseln mit geometrischem
Mittelmedaillon*
176) Kaiseraugst, Silberschatz: Löffel

174

175

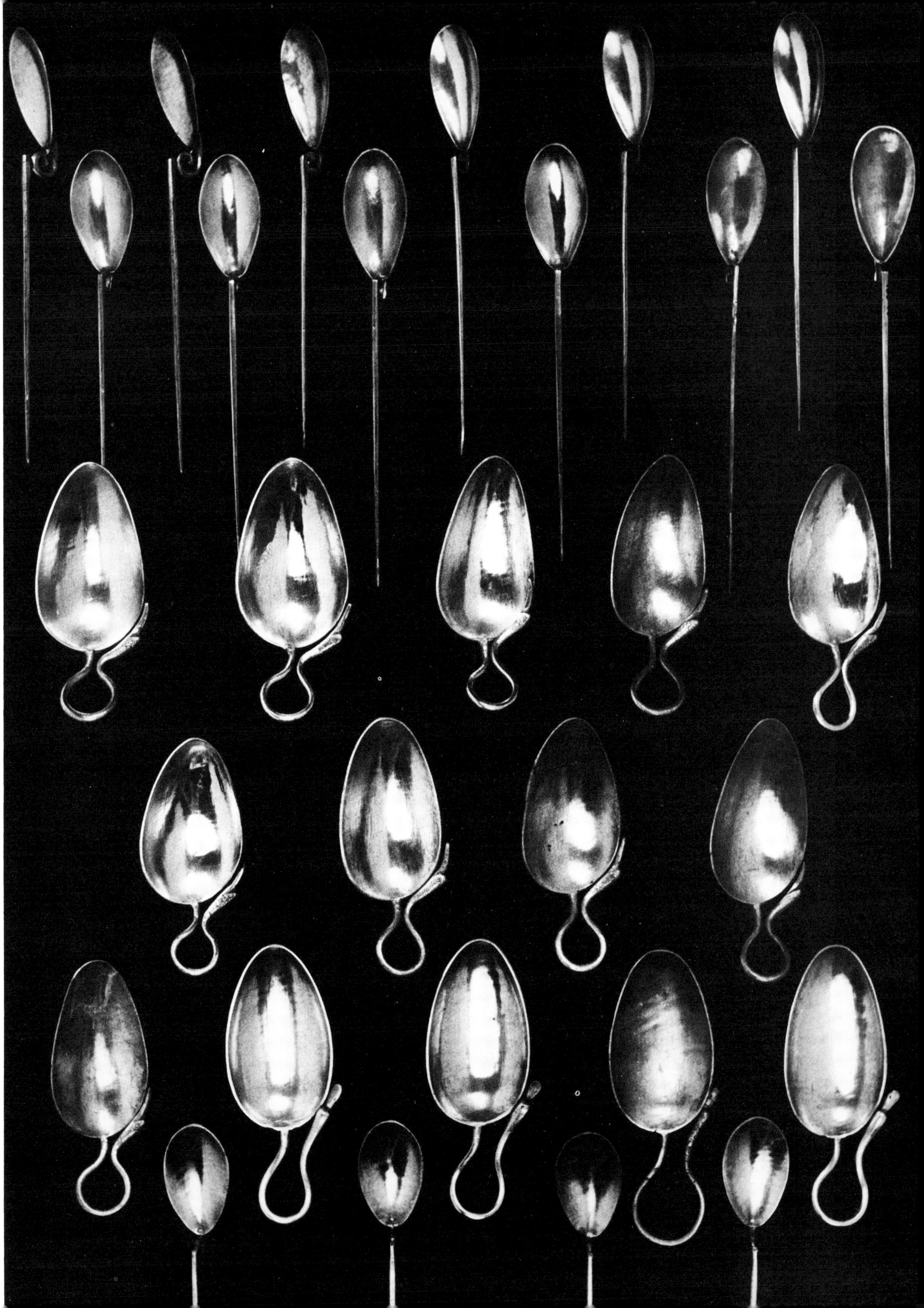

177)–180) Kaiseraugst, Silberschatz: Silberbarren des Usurpators Magnentius mit Portrait, Gewichtspunze und Stempel des Magistrats «Gronopi»

181) Kaiseraugst, Silberschatz: Auswahl der Silbermünzen

177

178, 179

180

181

*182), 183) Kaiseraugst, Silberschatz:
Auswahl der Silbermedaillons*

183

184) Kaiseraugst, Grabstein der Eusstata mit dem christlichen Symbol des Ankers; Mitte des 4. Jahrhunderts n. Chr.

Katalog

Vorbemerkungen zum Katalog

Bei der Zusammenstellung der Fundstellen wurden strenge Auswahlkriterien angewandt. Es wurden nur solche aufgenommen, die durch Funde oder Befunde eindeutig überprüfbar waren. Das führte dazu, daß eine ganze Anzahl von Fundmeldungen, besonders aus dem vergangenen Jahrhundert, nicht berücksichtigt werden konnten, da die verschiedenen Überlieferungen zu vage sind. Auch in den letzten Jahrzehnten fanden immer wieder Meldungen Eingang in die entsprechenden Fundberichte der Schweizerischen Gesellschaft für Ur- und Frühgeschichte, die sich mangels Dokumentation nicht verwerten lassen. So heißt es beispielsweise im Jahrbuch der Schweizerischen Gesellschaft für Ur- und Frühgeschichte 1926, 105:

«Villmergen. Östlich von der Kiesgrube in der Oberzelg, TA Bl. 156, 143 mm v. rechts, 108 mm v. oben, wurde eine römische Ansiedlung (villa) festgestellt.»

Für zukünftige Forschungen sind solche Mitteilungen zwar sehr wichtig, aber hier muß, wie auch in manch anderen Fällen, wegen der Spärlichkeit der Angaben auf eine Aufnahme verzichtet werden.

Die Abbildungshinweise im Text beziehen sich auf den Bildteil.

Aarau (Bezirk Aarau)

Aus dem Gemeindebann von Aarau sind uns verschiedene Fundstellen bekannt. Einige von ihnen beruhen auf alten Überlieferungen, die heute nicht mehr überprüft werden können. Auch sind die Funde meist verschollen. So berichtet Haller von Königsfelden von einem Fund von 16 Silbermünzen des späten 2. und frühen 3. Jahrhunderts (Kaiser Pertinax und Septimius Severus) vom *Hasenberg* im Jahre 1777.

Beim Umbau des *Gasthauses Rößli* in der Altstadt soll eine Badeanlage mit Mosaik und Wasserleitung zum Vorschein gekommen sein.

Genaue Angaben haben wir aber vom Areal des *Kantonsspitals*. Dort fand man bei Fundamentsarbeiten im Jahre 1919 eine große Zahl von römischer Keramik (Terra Sigillata-Gefäße der Formen Niederbiber 1 und Dragendorff 32 und 37, Amphoren, Reibschüsseln und Rätische Ware), die auf eine Besiedlung im 2. und 3. Jahrhundert hindeuten.

Weitere Hinweise zur Besiedlung erhalten wir durch Beobachtungen der Verkehrswege, führten doch verschiedene Straßen durch das Gemeindegebiet. – *ASA 1919, 127*

Aarburg (Bezirk Zofingen)

Beim Bau der *Fabrik Zimmerli*, anfangs dieses Jahrhunderts, kam im Garten des Fabrikanten ein Münzschatz zum Vorschein. Die ursprüngliche Anzahl Münzen ist nicht bekannt. 102 Stück gelangten ins Museum Olten. Es handelt sich um Silbermünzen der 2. Hälfte des 3. Jahrhunderts n. Chr. Die frühesten sind dem Kaiser Trebonianus Gallus (251–54), die spätestens dem Kaiser Carinus (282) zuzuweisen. Am häufigsten sind die Prägungen des Kaisers Tetricus vertreten. Die Vergrabung dieses Münzschatzes ist wohl im Zusammenhang mit den Unruhen im Innern Galliens zu sehen, bei denen sich die ausgeplünderten und hungernden Bauern gegen die römische Obrigkeit erhoben (Bagaudenaufstände der Jahre 284 und 285). – *Jb SGUF 1929, 83*

Baden (Bezirk Baden)

Der Vicus Aquae Helveticae befand sich nördlich der Badener Klus auf dem durch den Geißberg und durch den Martinsberg geschützten Niederterrassenplateau, dem Haselfeld. Am Flußufer beim Limmatknie lag die Bäderanlage.

Baden, Lampenträger mit Faunstatuette

Nach den heutigen Kenntnissen steht die Gründung des Vicus in unmittelbarem Zusammenhang mit der Errichtung des Legionslagers von Vindonissa, wobei das Vorhandensein der warmen Heilquellen von entscheidender Bedeutung war. Die Abhängigkeit vom Legionslager ist heute noch nicht in allen Teilen geklärt, doch darf man davon ausgehen, daß mindestens Teile der Thermalanlage, möglicherweise auch der Siedlung, unter der Militärverwaltung von Vindonissa standen.

Der Vicus entwickelte sich kurz nach der Gründung sowohl im Bäderquartier wie auch in den Gewerbe- und Wohnvierteln, auf dem Haselfeld entlang der Straße nach Vindonissa, rasch zu einer gewissen Größe. Einen Rückschlag erlitt diese Entwicklung durch die Ereignisse im Jahre 69 n. Chr., als die Truppen des Aulus Caecina (u. a. die

Baden, Gesamtplan

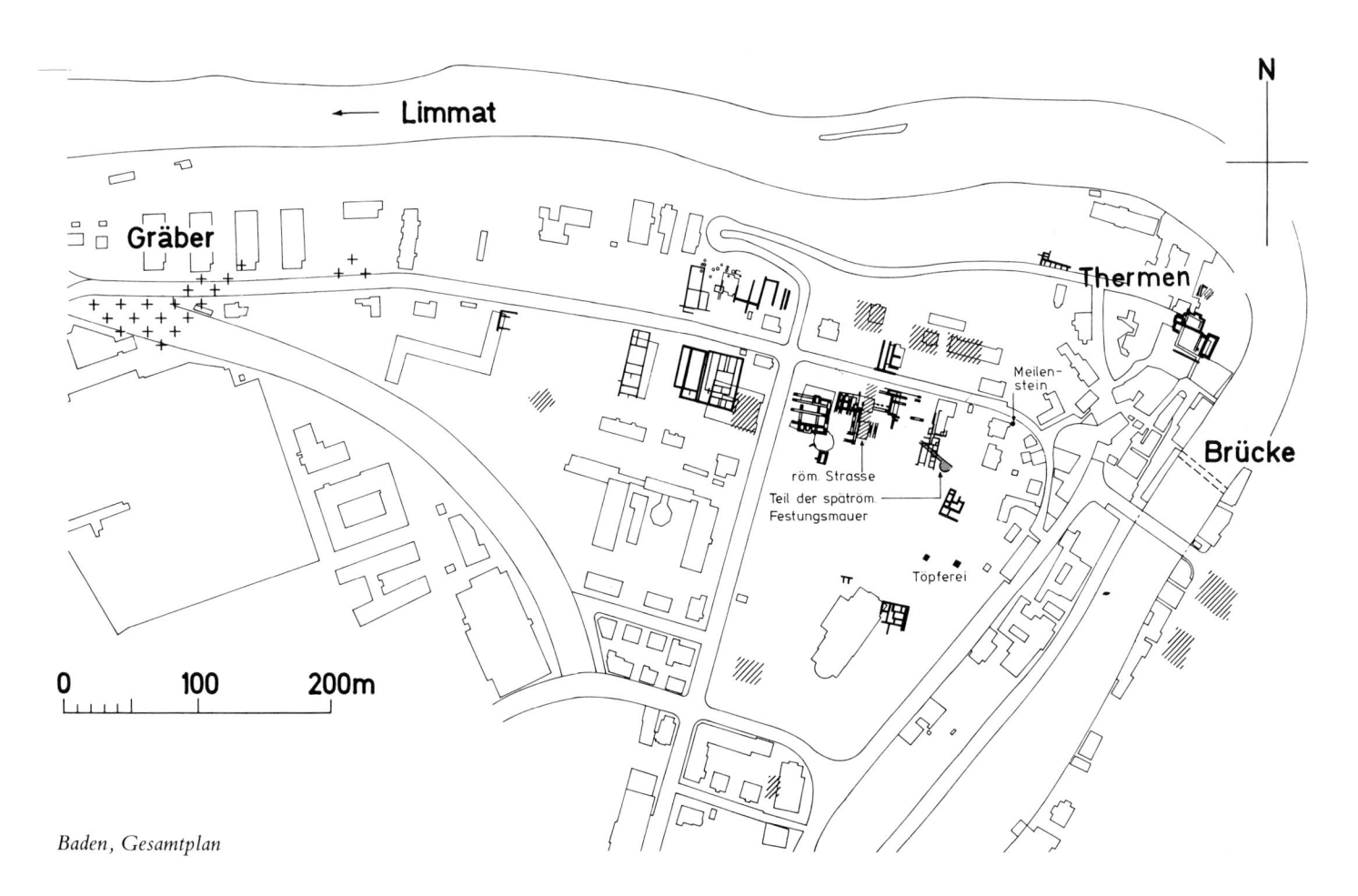

21. Legion) in einer Strafaktion den Vicus größtenteils einäscherten. Dieses uns von Tacitus (Historien I, 67,2) überlieferte Ereignis fand seinen Niederschlag in einer Brandschicht, die bei Ausgrabungen immer wieder festgestellt werden kann. Der Wiederaufbau der Siedlung erfolgte in Stein. Auch wenn der Abzug der 11. Legion aus Vindonissa und die Aufgabe des Lagers auf die wirtschaftliche Prosperität des Bäderortes einen Einfluß gehabt hat, so ist doch festzuhalten, daß gerade die beiden bekanntesten Handwerkszweige von Aquae, die Töpferei mit ihrem Exponenten Reginus und die Bronzewerkstatt des Gemellianus, erst in der zweiten Hälfte des 2. Jahrhunderts wirksam wurden. Auch der durch die Isisinschrift belegte Bau eines Tempels fällt in diese Zeit (Abb. 39).

Sicher ist der Badeort in der ersten Hälfte des 3. Jahrhunderts durch die verschiedenen Alemanneneinfälle in Mitleidenschaft gezogen worden, und die bis heute gemachten Funde zeigen, daß wohl der größte Teil der Siedlung auf dem Haselfeld nach den Ereignissen der Jahre 259/260 n. Chr. nicht mehr bewohnt wurde. Der am Ostende der Römerstraße gefundene Meilenstein des Kaisers Tacitus (275 n. Chr.) (Abb. 32), Teile einer Befestigungsmauer sowie eine größere Anzahl von Münzen des 4. Jahrhunderts, vorwiegend aus dem Quellschacht des «Heißen Stein», weisen aber darauf hin, daß das Bädergebiet auch in der Spätantike noch besiedelt und frequentiert wurde.

Hauptachse des Vicus war die von Vindonissa kommende Heeresstraße. Unmittelbar nach dem Engpaß beim Martinsbergfelsen sind die zur Siedlung gehörenden Gräber festgestellt worden. Anschließend beginnt in östlicher Richtung die Wohn- und Gewerbebebauung beidseits der Straße, die parallel zur steilabfallenden Böschungskante verlief. Bis heute sind erst wenige vollständige Gebäude freigelegt worden. Doch geben die bekannten Bauten Hinweise auf die Struktur dieser straßendorfähnlich angelegten Siedlung. So war die Hauptstraße flankiert von Laubengängen (Portiken), an welche sich kleinere und große Verkaufsläden und Werkstätten anschlossen. Dahinter befanden sich die Wohnräume. Abgeschlossen wurde dieser Komplex nach hinten durch Höfe, die als Werkplätze, Remisen u. ä. gedient haben. Unmittelbar östlich des Kurtheaters konnte eine rechtwinklige Straßenabzweigung nach Süden festgestellt werden. Diese Straße führt auf der linken Limmatseite Richtung Zürich und weiter dem Walensee entlang zu den Bündnerpässen. Die im Bereich dieser Abzweigung entdeckten Gebäude hatten villenähnliche Grundrisse, in denen einzelne Räume auch beheizbar waren. Die Reste der Ausstattung (Marmorfragmente, Mosaiksteine und Wandmalereireste) deuten auf einen erhöhten Baukomfort. Im Kurpark wurden im 19. Jahrhundert Reste zweier weiterer Villen freigelegt.

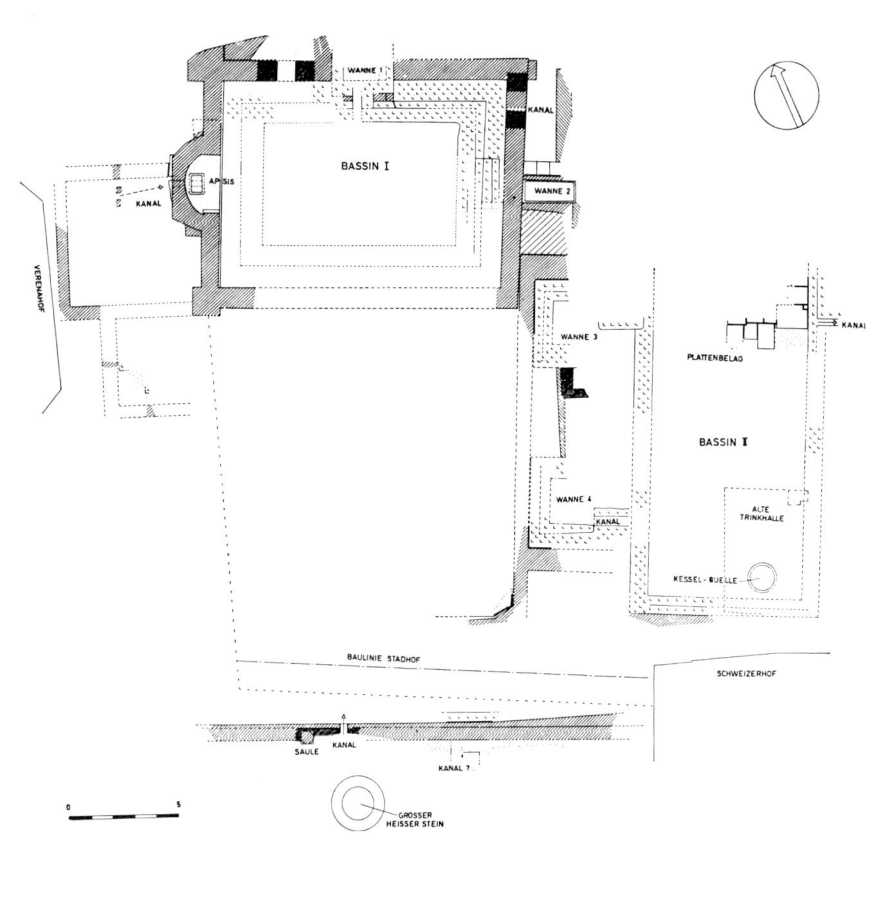

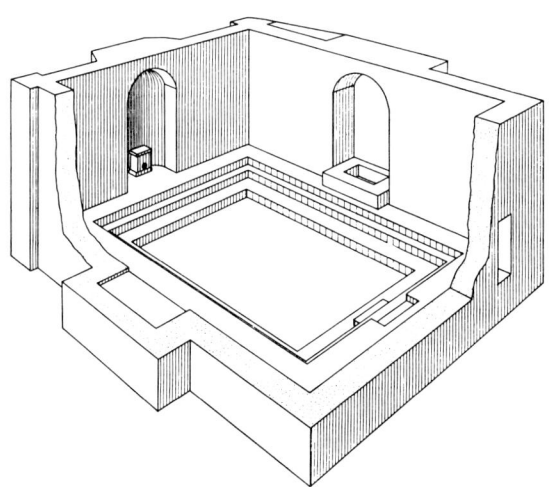

Auf dem Areal westlich der Park- und südlich der Römerstraße wurden gegen Ende des vergangenen Jahrhunderts mehrere Gebäudekomplexe ausgegraben, in denen eine große Zahl von militärischen Funden (Gürtelbleche, Waffenteile, Anhänger, Panzerbeschläge etc.) zutage kamen. Es ist deshalb nicht von der Hand zu weisen, daß diese Gebäude, wenn auch nicht als «Militärspital», wie dies in der älteren Literatur festgehalten wird, so doch als Unterkunfts- und Wohnhäuser von Angehörigen der hier stationierten Militärverwaltung Verwendung gefunden haben.

Am Ostabhang des Plateaus, im Bereich des Kurparkes, befanden sich Töpferwerkstätten.

Unbekannt bleiben bis heute die Standorte der öffentlichen Gebäude (Forum, Basilika) und der durch Inschriften erschlossenen Tempelanlagen.

Bis ins Jahr 1967 fehlten genauere Angaben der antiken Thermalanlage. Einzig aus den verschiedenen spätmittelalterlichen Berichten über die Badebräuche und -anlagen konnte der Standort erschlossen werden. Die Untersuchungen beim Neubau des Stadhofes und der Trinkhalle erbrachten die Grundmauern von zwei großen Badebassins (Bassin I: 5 × 11 m / Bassin II: 7 × 15 m). Beide Bassins besaßen Sitzstufen und Verkleidungen aus Juramarmor. Zwischen den beiden Bädern befanden sich vier kleine Einzelwannen. Das Quellwasser erreichte Bassin I durch einen ca. 50 m langen Kanal aus der «Hinterhofquelle», floß in eine Apsis, wo es aus einem profilierten Sockel ins Bad sprudelte. Apsis und Sockel sind im Unterge-

Baden, Therme, Plan und Rekonstruktion

163

Baden, Apsis mit Wasserausguß

schoß des Stadhofes konserviert. Das zweite Bassin wurde von der «Kesselquelle» direkt gespeist. Etwa 30 m nördlich von Bassin I wurde 1980 ein weiteres Bassin freigelegt, das einen Ziegelplattenboden aufwies und dessen Ausstattung ähnlich wie diejenige der ersten zwei ausgesehen haben mag. Da dieses Bassin noch in römischer Zeit durch Terrainabsenkungen unbenützbar geworden war, war es mit Abbruchschutt und Keramik angefüllt, die uns einerseits eine Datierung der Benutzung im 2. Jahrhundert zeigen, auf der anderen Seite Hinweise auf die Reichhaltigkeit der Ausstattung (Wandmalereien, Mosaiken, Marmorverkleidungen etc.) geben.

Weitere Funde, wie ein Gebäudegrundriß unter der abgebrochenen Dreikönigskapelle (mögl. eine Herberge), das in seinen Grundelementen römische, 1844 abgebrochene Verenabad auf dem Kurplatz und die Opfergaben in der Hauptquelle «großer Heißer Stein», zeigen deutlich, daß der römische Thermenbezirk wohl dem Umfang des mittelalterlichen Bäderquartiers entsprochen hat. – *H. Doppler, AFS 8, 1976; H. Doppler, Handel und Handwerk im römischen Baden, 1983, 3ff; C. Schucany, Jb GPV 1983 (1984), 35ff*

Beinwil (Bezirk Kulm)

Im *Wyngart* bei der ehemaligen Kapelle entdeckte R. Bosch bei Grabungen 1928–31 einige Mauerzüge eines Gebäudes, das einem Gutshof zuzuweisen ist. Obwohl die Funde recht spärlich sind, deuten sie doch auf eine längere Besiedlungszeit hin. Ein Ziegelstempel der 21. Legion, Terra Sigillata-Gefäße des späten 2. Jahrhunderts sowie eine Münze des Kaisers Volusianus (251–54 n. Chr.) sind die Belege dafür. – *Hkd. Seetal 5, 1931, 1ff; 6, 1932, 27ff*

Beinwil (Bezirk Muri)

Westlich des Dorfteils *Wallenschwil*, am Hang des Lindenberges, fand man im Jahre 1898 Reste eines Gutshofes. Überliefert sind Mauer- und Ziegelfunde. Im Schweizerischen Landesmuseum Zürich befinden sich heute noch Pferdegeschirrteile aus Bronze sowie ein eiserner Waagebalken. Mangels weiterer Funde läßt sich die Besiedlungszeit der Anlage nicht genauer festlegen. – *ASA 1898, 138*

Bellikon (Bezirk Baden)

Am Südwestabhang des Heitersberges liegen südlich des Dorfes *im Heiggel* die Fundamentsreste eines einfachen Gutshofes. Der Ausgräber, W. Drack, war in der Lage, aufgrund der guten Beobachtung bei diesem Gebäude gesamthaft vier Bauperioden abzulesen. Haben wir beim ersten Bau eine einfache Halle, die vielleicht mittels dünner Holzwände unterteilt war, mit vorgesetzter Portikus und frontgleichem Eckrisalit vor uns, so zeigt sich der Gutshof im Endausbau doch vielgestaltiger. Die ursprüngliche Halle ist in mehrere Räume gegliedert, und im Norden steht ein angebauter Badetrakt mit vier Räumen, von denen zwei beheizbar waren. In einer kleinen, apsisförmigen Nische war die Kaltwasserwanne eingebaut. In der Nordwestecke der Portikus fand man eine sehr gut erhaltene Herdkonstruktion aus Granitplatten, während die Südostecke den turmartigen Anbau (Risalit) enthält. An der südöstlichen Außenwand stand ein gemauerter und ausgemörtelter Brunnentrog.

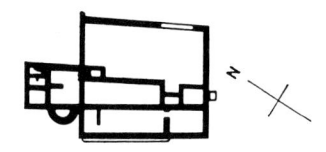

Bellikon, Plan (M. 1:1000)

Anhand der Kleinfunde ist die Dauer der Besiedlung gut bestimmbar. Südgallische Terra Sigillata und Ziegelstempel der 21. Legion erlauben es, die Erbauungszeit in die 2. Hälfte des 1. Jahrhunderts zu setzen. Ebenfalls aufgrund der Keramik läßt sich das Ende der Besiedlung auf die Mitte des 3. Jahrhunderts festlegen. Ein einzelnes Fragment einer Sigillata-Schüssel des frühen 4. Jahrhunderts könnte auf eine Wiederbesiedlung des Gebäudes nach den unruhigen Zeiten des mittleren 3. Jahrhunderts n. Chr. hinweisen. – *ZAK 5, 1943, 86ff*

Bergdietikon (Bezirk Baden)

Im *Reppischtal*, östlich der Kantonsstraße Rudolfstetten-Bergdietikon, entdeckte man 1973 in einem Kanalisationsgraben eine mächtige schwarze Kulturschicht, die eine große Zahl Keramikbruchstücke von Reibschalen, Krügen und Terra Sigillata-Gefäßen der Typen Drag. 33 und 35 enthielt. Dieses Material dürfte von einem Gebäude stammen, das am südlichen Talhang zu suchen ist. – *Jb SGUF 1974/75, 186*

Biberstein (Bezirk Aarau)

Im Steinbruch *Wagmatt* am Aareufer kam in der ersten Hälfte des 19. Jahrhunderts ein kleiner Münzschatz von 10 Münzen zutage. Neben je einer Prägung des 1. und 2. Jahrhunderts (Tiberius und Antoninus Pius) verteilen sich die übrigen acht auf die Kaiser Gallienus und Claudius II Gothicus. Der Schatz dürfte deshalb in den Wirren nach 270 n. Chr. verborgen worden sein. – *Argovia 10, 1879, S IX*

Von der Flur *Haselmatt* kennen wir Ziegel und Keramikbruchstücke, die ins späte 1. Jahrhundert datiert werden können und die auf eine Bebauung in dieser Gegend schließen lassen. – *Bisher unpubliziert*

Birmenstorf (Bezirk Baden)

Verschiedene Funde geben Hinweise auf zwei Gutshöfe innerhalb des Gemeindegebietes. *Im Boll* kamen immer wieder Ziegelfragmente, Mauerreste und Brandschichten zum Vorschein. Stempelfragmente der 21. und der 11. Legion sowie eine Münze des 2. Jahrhunderts (Marc Aurel) weisen auf einen Siedlungsschwerpunkt im späteren 1. und 2. Jahrhundert hin.

Im *Huggenbüel* wurden 1975/76 Sondierungen durchgeführt, bei welchen Reste eines Kellers freigelegt werden konnten. Er gehört zu einem Gutshof, dessen Gesamtgröße heute noch unbekannt ist. Der Keller war angefüllt mit Schutt. Dieser enthielt Keramik des 2.–4. Jahrhunderts. Neben importierter Terra Sigillata aus Ostgallien fand sich auch ein Stück aus den Töpfereien des

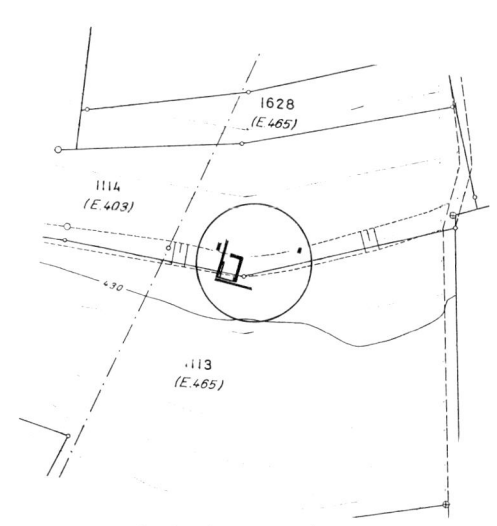

Birmenstorf, Plan (M. 1:1000)

Reginus aus Baden. Legionsziegelstempel fehlten. Die recht große Zahl von Keramik des späten 3. und 4. Jahrhunderts zeigt, daß dieser Gebäudekomplex auch nach den Wirren des mittleren 3. Jahrhunderts besiedelt war.

Unser Interesse findet aber auch die Nachricht von Haller von Königsfelden, daß 1611 ein Münztopf mit ca. 1600 Bronzemünzen des 3. Jahrhunderts (Schlußmünze Kaiser Probus, 282 n. Chr.) und 1799 ein solcher von 2000 Bronzemünzen (Schlußmünze Kaiser Aurelianus, 275 n. Chr.) entdeckt worden seien. Beide Schätze sind in den unruhigen Zeiten zwischen 274 und 285 verborgen worden. – *ASA 1867, 17 und 38; Badener Neujahrsblätter 1979, 44 ff; M. Rudolf, Geschichte der Gemeinde Birmenstorf 1983, 30 ff;*

Birrwil (Bezirk Kulm)

Am Ostabhang des Hombergs sind uns zwei nahe beieinanderliegende Fundstellen bekannt *(Hinterboden* und *Wilhof)*, bei denen Mauerreste und römische Ziegel gefunden wurden. Eine Münze des Kaisers Claudius II Gothicus (268–270 n. Chr.) gibt uns einen Hinweis auf das Ende der Besiedlung. – *Hkd. Seetal 1936/37, 16 ff*

Boswil (Bezirk Muri)

Nordwestlich der *St. Martinskapelle* wurden Mauerfundamente freigelegt, die zu einem Wohngebäude gehörten; gleichzeitig konnte festgestellt werden, daß die Kapelle auf römischen Mauern steht.

An zwei weiteren Orten, in den *Murenmatten* und in den *Abendäckern*, sind immer wieder Ziegelbruchstücke und Fundamente zum Vorschein gekommen (u. a. Stempel der 11. Legion), die auf die Existenz von Gebäuden hinweisen. – *Jb SGUF 22, 1930, 76; 26, 1934, 49*

Bözen (Bezirk Brugg)

In der leichten Bodensenke «*Buchsetel*» nahe dem Hof «in der Mei» legte R. Laur-Belart 1923 und 1928 den Grundriß eines einfachen Gehöftes frei. Das gegen Norden orientierte Gebäude besteht im Zentrum aus einer Halle (10 × 18 m), die in einer früheren Phase mittels Holzwände unterteilt war. Diese wurden lediglich in der Südostecke später durch Mauern aus Stein ersetzt. Der Halle vorgelegt finden wir einen Portikus, der im Osten von einem unterkellerten vorspringenden Eckrisaliten abgeschlossen wird. Der westliche Flügel enthielt den Badetrakt mit einem Aufenthaltsraum für das Gesinde, in welchem sich auch die Einfeuerung für die Hypokaustanlage befand. Der quadrische Badeteil war in vier Räume gegliedert, die als apoditerium = Ankleideraum, tepidarium = laues Bad, caldarium = heißes Bad und frigidarium = kaltes Bad mit Wanne identifiziert werden konnten. Nebengebäude sind bis heute nicht bekannt.

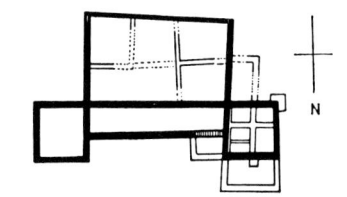

Bözen, Plan (M. 1:1000)

Erbaut wurde dieses Gehöft gegen Ende des 1. Jahrhunderts n. Chr. (Stempel der 11. Legion, Sigillaten). Es fiel in der Mitte des

165

3. Jahrhunderts einem Brand zum Opfer, wie Teile der eingestürzten und verbrannten Dachkonstruktion der Halle zeigen. – *ASA 27, 1925, 65ff; ASA 31, 1929/30, 102ff*

Brugg (Bezirk Brugg)

Im Gebiet des *Bahnhofes* vereinigten sich die zwei Hauptheeresstraßen, die von Augst über den Bözberg nach Windisch und weiter zu den Bündnerpässen einerseits, und andererseits von Aventicum durch das Mittelland über Windisch nach Zurzach und von dort ins Neckartal führten. Entsprechend der damaligen Sitte, legten die Bewohner des nahen Legionslagers von Vindonissa ihre Friedhöfe außerhalb des Lagers entlang dieser Straßenzüge an. Dabei war offensichtlich das Gebiet an der Aarauerstraße von der einfachen Bevölkerung benützt worden, während das Gebiet links und rechts der alten Zürcher- und der Hauptstraße vor allem von wohlhabenderen Leuten und Militärpersonen bevorzugt wurde (Abb. 119). Dies zeigen die Grabsteine mit Inschriften, die Grabbauten und mehrere Gräber mit Knochenschnitzereien von Totenbetten (Abb. 121–124).

Der Flußübergang an der engsten Stelle der Aare, wo sich auch die heutige Brücke befindet, hat während der ganzen römischen Epoche eine bedeutende Rolle gespielt.

Unweit des Stadtzentrums (ca. 1 km WSW) stehen am rechten Aareufer die Überreste des spätrömischen Flußkastells Altenburg, in welches im Mittelalter eine Schloßanlage eingebaut wurde (Abb. 151). Das im Grundriß glockenförmige Kastell hatte eine Basislänge von 70 m am Ufer. Die Scheitellänge betrug 56 m. Dies ergibt eine Innenfläche von 28,3 a. Die gegen 3 m dicken Mauern waren durch sieben bis acht halbrunde Türme verstärkt. Zwei vorgelagerte Gräben gaben zusätzlichen Schutz. Bis heute sind keine Spuren der Innenbebauung entdeckt worden. Das Fundspektrum ist deshalb auch recht spärlich. Doch weisen besonders die Münzfunde darauf hin, daß das Kastell zu Beginn des 4. Jahrhunderts zur Sicherung einer leicht überschreitbaren Flußstelle errichtet wurde. – *ASA 24, 1922, 203ff; 1935, 174f*

Buchs (Bezirk Aarau)

Anläßlich zweier Sondierungen 1933 und 1955 wurden Teile eines Gutshofes *im Bühlrain* aufgedeckt, die teilweise konserviert

Buchs, Mauerreste des Gutshofes

und zu besichtigen sind. Das eher spärliche Fundmaterial (Mosaikfragmente, Ziegel mit Stempel der 21. Legion, drei Münzen des Vespasian sowie je eine des Nerva und der Faustina) belegen eine Siedlungsaktivität in der 2. Hälfte des 1. und im 2. Jahrhundert. – *Jb SGUF 1934, 49; 1956, 54*

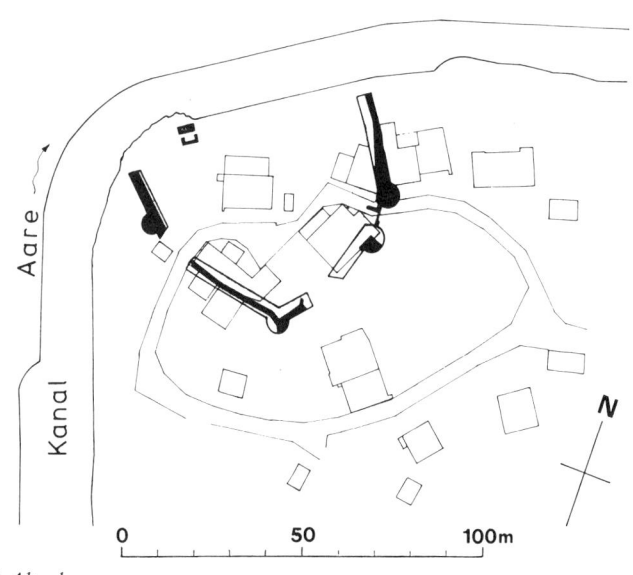

Brugg, Kastell Altenburg

Buchs, Goldmünze des Hadrian

Auf dem Weg von Buchs nach Hunzenschwil fand man 1796 einen Aureus (Goldmünze) des Kaisers Hadrian, der sich heute im Historischen Museum Bern befindet. – *Jb BHM 1924, 68*

Dintikon (Bezirk Lenzburg)

In der Gegend des *Schulhauses* legte man 1964 eine 1,2 m dicke Mauer mit einem vorgemauerten Strebepfeiler frei. Schon früher kamen im selben Gebiet Steintrümmer und Bruchstücke von Leisten- und Hohlziegeln zum Vorschein. Diese Funde sowie Amphorenscherben und ein Stempel der 21. Legion belegen an dieser Stelle die Reste eines römischen Gebäudes. – *Jb SGUF 1926, 95; 1968/69, 138*

Döttingen (Bezirk Zurzach)

Aus dem Gemeindegebiet sind uns die Reste von zwei Gutshöfen bekannt. *Im Bogen*, im Gebiet des Friedhofes, wurde 1930 ein Teil eines Raumes mit Hypokaustpfeilern freigelegt. Ziegel mit Stempeln der 21. Legion, Tubulifragmente sowie einige Keramikbruchstücke (u. a. ein Fragment einer Sigillata-Schüssel Drag. 37 des mittleren 2. Jahrhunderts) waren die einzigen Funde. Einige Jahre später kam ein weiterer Mörtelgußboden zum Vorschein, auf welchem einige, wohl alemannische Skelette lagen. – *Jb SGUF 1944, 66*

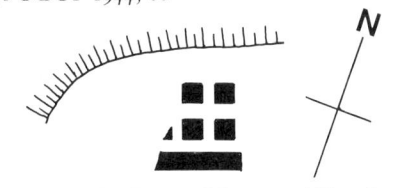

Döttingen, Im Bogen, Mauer- und Hypokaustreste (M. 1:500)

Der zweite Gutshof liegt hoch über dem Tal am *Sonnenberg*. In unmittelbarer Nähe verläuft die Heeresstraße Vindonissa–Zurzach über den Achenberg. Entdeckt wurde diese Villa von Lehrer Villiger im Jahre 1916. Gemeinsam mit Dr. K. Stehlin, Basel, wurde eine Sondierung durchgeführt, die ein vielfältiges Fundmaterial zutage förderte.

Neben einer größeren Zahl von Ziegeln mit Stempeln der 21. Legion sowie Wandmalereifragmenten in verschiedenen Farben (rot, gelb und grün auf weißem Grund) fand sich ein breites Spektrum von Keramik: importierte Terra Sigillata des späten 1. und des 2. Jahrhunderts, einheimische Sigillata aus den Badener Produktionsstätten, schwarze feine Firnisware und graue Grobkeramik (Kochtöpfe). Die Münze des Kaisers Nerva bleibt ein Einzelstück.

Über die Ausdehnung dieses Gutshofes können wir uns auf Grund von Flugaufnahmen, die im trockenen Sommer 1976 gemacht wurden, ein einigermaßen zuverlässiges Bild machen. – *Jb SGUF 1916, 87*

Dürrenäsch (Bezirk Kulm)

Auf dem *Loren*, nördlich des Dorfes, kamen bei Sondierungen im Sommer 1933 Ziegel, Keramikfragmente und Eisennägel zum Vorschein. Obwohl bis heute kein Mauerwerk freigelegt wurde, deutet alles auf eine römische Besiedlung hin. – *Jb SGUF 1933, 106*

Effingen (Bezirk Brugg)

Eine der wichtigsten Hauptstraßen, die Verbindung Augst – Windisch – Zürich – Bündnerpässe, führte über den Bözberg (bei Tacitus, Historien I, 68 als «Mons Vocetius» erwähnt). Östlich des Dorfes, bei der Flur *«im Berg»*, ist diese Straße als Graben erkennbar. Auf der Nordseite des *Windischtales* steigt sie

Döttingen, vierkantige Glasflasche

Döttingen, Sonnenberg, Flugaufnahme des im dürren Gras sichtbaren Gutshofes

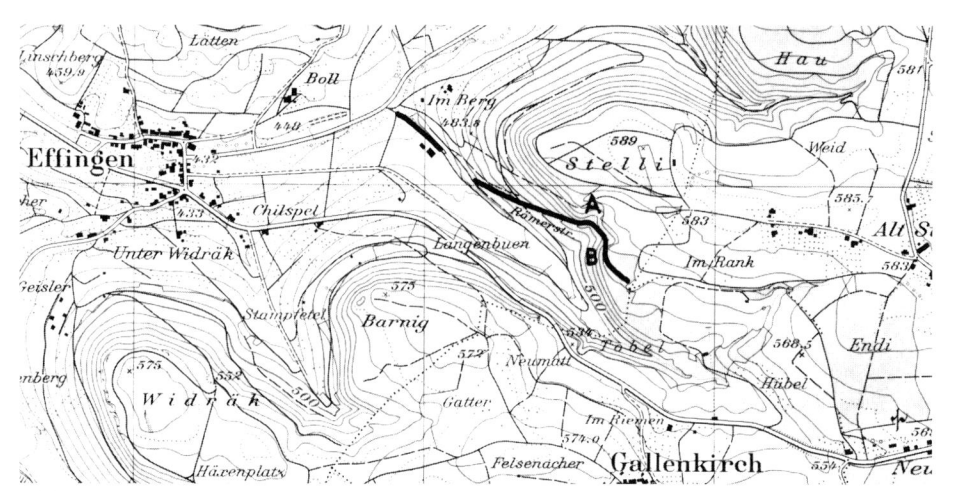

Effingen, Verlauf der römischen Bözbergstraße

bergauf. Eine Ausweichstelle mit doppelten Karrengeleisen wird sichtbar, bevor die Straße in den härteren Kalksteinschichten bis zu 40 cm tiefe Karrengeleise aufweist, die teilweise eingehauen und teilweise durch das Schleifen der gebremsten, talwärts fahrenden Wagen entstanden sind (Abb. 31). Nach einem künstlichen Durchstich durch die Nagelfluh führte die Straße wohl weiter nach Alt-Stalden, ist aber nicht mehr sichtbar.

Verschiedene Münzfunde zu Beginn dieses Jahrhunderts (Hadrian, Septimius Severus und Diocletian) aus dem weiteren Bereich des Trassees sowie ein 1950 im Straßenbett selbst gefundenes As des Agrippa (27–12 v. Chr.) belegen den römischen Ursprung dieser Straße. – *ASA 25, 1923, 13ff; US 1968, 30ff*

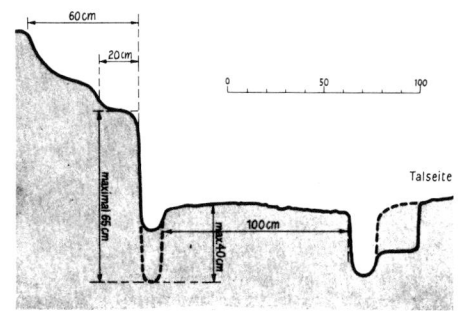

Egliswil (Bezirk Lenzburg)

In den *Haldenreben* entdeckte man 1953 ein Skelettgrab mit Keramikbeigaben. Diese setzen sich zusammen aus einer vollständigen Sigillata-Tasse der Form Drag. 40 sowie Bruchstücke einer rotgefirnisten Schüssel und eines rätischen Bechers mit Jagddarstellungen. Das Grab stammt aus der 2. Hälfte des 2. Jahrhunderts. Zusammen mit einem einzeln gefundenen Sesterz des Kaisers Hadrian (119 n. Chr.) deutet es auf einen in der Nähe liegenden Gutshof, dessen genauer Standort bis heute noch nicht bekannt ist. – *Hkd. Seetal 1954, 3f*

Etzgen (Bezirk Laufenburg)

Auf dem Gemeindegebiet von Etzgen standen ursprünglich drei spätantike Wachttürme, die zur Rheinbefestigung unter Kaiser Valentinian gehörten. Vom Turm in der *Sandrüti* war 1910 noch ein Mauerklotz sichtbar, der in der Zwischenzeit aber verschwunden ist. Der zweite Turm stand an der *Hauensteiner Fähre* und wurde anläßlich des Eisenbahnbaus 1892 ausgegraben und zerstört.

Der östlichste Turm war bei der *Roten Waag* angelegt. Von ihm stammt die ebenfalls 1892 entdeckte Bauinschrift, deren Text wie folgt lautet:

[S]alvis d(ominis) n(ostris) / Valentiniano/ [Va]lente et Gratiano/[per(petuis)]t]r(iumfatoribus) senp(er) Aug(ustis) burgum / [in . . . .]iaco confine leg(io) octa(va)/[. . . . .] anensium fecit sub cur(a)/[. . . .] ri p(rae) p(ositi) consu(libus) d(omino) n(ostro) Gratiano II/[et Fl(avio) P]robo v(iro) c(larissimo).

«Während der glücklichen Regierung unserer Herren Valentinianus, Valens und Gratianus, der Siegreichen, immer erlauchten Kaiser, hat die 8. gratianische Legion die Warte an der .... Grenze erbaut unter Leitung des Kommandanten ..... Im Konsulatsjahr unseres Herrn Gratianus zum zweitenmal und Flavius Probus, Excellenz.»

Effingen, Profil der Karrengeleise

Egliswil, Terra Sigillata-Napf

Etzgen, Rote Waage, Bauinschrift

Durch die Angabe des zweiten Konsulats des Gratian wird diese Inschrift ins Jahr 371 n. Chr. datiert. Dieses Datum entspricht den Nachrichten über die Verstärkung der Rheingrenze, die uns der spätantike Geschichtsschreiber Ammianus Marcellinus überliefert. – *Drack 1980, Nr. 19*

Fahrwangen (Bezirk Lenzburg)

Nach der Überlieferung fand man in der Mitte des 19. Jahrhunderts am *Grützenberg* Reste eines Gutshofes. Aus diesem stammen eine Anzahl Münzen (Münzmeister-As des L. Scribonius Libens, Augustus, Claudius und Trajan) sowie drei Fragmente von Terra Sigillata-Formschüsseln, deren eine den Töpferstempel ACUTI trägt.

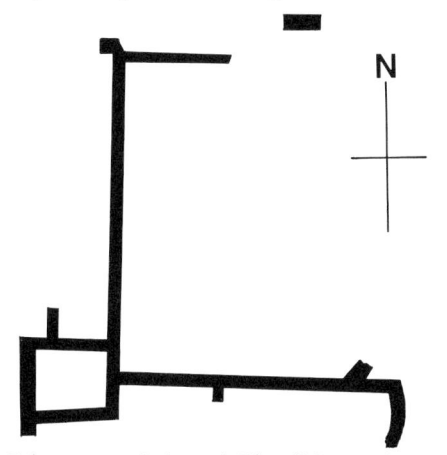

Fahrwangen, Steinmüri, Plan (M. 1:500)

Etwa 1,5 km nordöstlich legte R. Bosch 1924/25 in der *Steinmüri* ein weiteres Gebäude frei. Neben verschiedenen Mauerzügen kamen auch ein Mörtelboden sowie Ziegel- und Wandmalereireste zum Vorschein. – *Jb SGU 1924, 89*

Fisibach (Bezirk Zurzach)

In der *Bleiche* stand ein spätrömischer Wachtturm, dessen Fundamente noch erhalten sind. Der leicht rhombische Grundriß hat Außenmaße von 9×9 m. Die Breite der Mauern beträgt 1,5 m. Der zugehörige Wehrgraben wurde bei den Untersuchungen von 1922 nicht freigelegt. – *Drack 1980, Nr. 34*

Frick (Bezirk Laufenburg)

Am Fuße des *Kirchhügels* gegen Nordosten stand ein größerer Gebäudekomplex, der erstmals 1843 teilweise freigelegt wurde. Weitere Funde wurden 1920 und 1940 gemacht. Neben Terra Sigillata aus Mittelgallien (u. a. ein Töpferstempel: OF SEVERI) fand man Amphoren, Henkelkrüge, Reibschüsseln und feine rätische Becher. Eine Bronzeschüssel mit Leopardengriff stellt das schönste Stück dar. Einige Münzen aus der mittleren Kaiserzeit (Trajan, Antoninus Pius, Faustina und Severus Alexander) weisen auf einen Siedlungsschwerpunkt im 2. Jahrhundert hin. Sieben Prägungen des 4. Jahrhunderts stehen wohl im Zusammenhang mit der Besiedlung auf dem Kirchhügel. Hier kamen anläßlich der Ausgrabungen in der *Pfarrkirche* (1974) mehrere Ziegel mit Stempel der im 4. Jahrhundert in Kaiseraugst stationierten Legio I Martia sowie 23 Münzen des 4. Jahrhunderts (vorwiegend aus valentinianischer Zeit) und aus den Argonnen importierte Terra Sigillata-Fragmente

Frick, Reliefsigillata

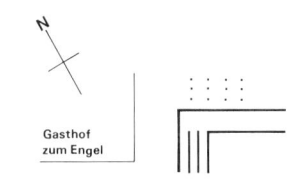

Frick, Gebäudeplan mit Hypokaust (M. 1:500)

Frick, Blick auf den Kirchhügel nach NW

Frick, Kirchhügel, Ziegelstempel der 1. Legion Martia

zum Vorschein. Auch wenn bis heute keine baulichen Reste bekannt sind, darf man davon ausgehen, daß im letzten Viertel des 4. Jahrhunderts auf dem Kirchhügel ein kleines Kastell stand, dessen Aufgabe es war, die Heeresstraße von Kaiseraugst nach Vindonissa beim Aufstieg zum Bözberg zu sichern. – *Mitt. der Ges. f. Vaterl. Altertümer in Basel 4, 1852, 31 ff; Festschrift W. Drack, 1977, 104 ff*

Full (Bezirk Zurzach)

In der *Jüppe* sind die Reste eines spätrömischen Wachtturmes noch heute als Geländeformation sichtbar. Die Größe beträgt 9,7 × 10 m. Die Mauerfundamente haben eine Stärke von 1,6–1,8 m. In einem Abstand von 11,5 m ist der ca. 0,5 m tiefe und 3,5 m breite Umfassungsgraben noch erkennbar. Mit Ausnahme von einem Randstück eines rotüberzogenen Schälchens und von einem Fragment eines groben, wohl germanischen Kochtopfes sind keine Funde bekannt. – *Drack 1980, Nr. 23*

Gebenstorf (Bezirk Baden)

Durch das Gemeindegebiet von Gebenstorf führte die römische Straße von Windisch nach Baden.

Besonders nach dem Übergang über die Reuß, bei der heutigen *Eisenbahnbrücke*, kamen immer wieder Gräber zum Vorschein. Zu diesen Gräbern gehörten eine Anzahl von Soldatengrabsteinen, von denen einer in der ref. Kirche eingemauert ist und folgende Inschrift trägt:

M(arcus) Magius M(arci filius) Pob(lilia tribu) Mac|caus Verona mil(es) leg(ionis) XI C(laudiae) p(iae) f(idelis) | c(enturiae) Marci Modesti ann(orum) XXXIII | ex testamento h(eredes) f(aciendum) c(uraverunt) | L(ucius) Ennius Secundus | Q(uintus) Romanius Verecundus | h(ic) s(itus) e(st).

«Marcus Magius Maccaus, Sohn des Marcus, aus der Bürgertribus Poblilia, von Verona, Soldat der 11. claudischen, kaisertreuen Legion, aus der Centurie des Marcius Modestus, 33 Jahre alt. Gemäß seinem Testament haben die Erben (den Stein) setzen lassen, Lucius Ennius Secundus, Quintus Romanius Verecundus. Hier liegt er begraben.» – *Walser 1980, Nr. 160*

Nur mit der Fundortangabe Gebenstorf sind Teile eines Münzschatzes bekannt, von dem sich noch 19 Exemplare im Schweiz. Landesmuseum Zürich befinden. Das zeitliche Spektrum reicht von Kaiser Gordianus III (241 n. Chr.) bis zu Kaiser Posthumus (267 n. Chr.). Der Schatz dürfte deshalb in den siebziger Jahren des 3. Jahrhunderts verborgen worden sein. – *Jb SGUF 1928, 66*

Gipf-Oberfrick (Bezirk Laufenburg)

In der Egg kamen bei diversen Aushubarbeiten in den letzten Jahren immer wieder Ziegelbruchstücke zutage. Darunter befindet sich auch eines mit dem Stempel der 21. Legion. Es ist anzunehmen, daß sich in der Nähe ein Gutshof befindet. – *Jb SGUF 1923, 48; 1964, 112*

Gebenstorf, Grabinschrift des Magius, Soldat der 11. Legion

Gontenschwil (Bezirk Kulm)

Im Gebiet *Feld und Mösli* wurden schon im vergangenen Jahrhundert immer wieder römische Objekte gefunden. Allerdings sind uns keine baulichen Reste überliefert. Eiserne Schlüssel, Scherben verschiedener Glasgefäße (u. a. Millefiorischalen) sowie zwei Silbermünzen des 3. Jahrhunderts (Severus Alexander und Maximinus) weisen auf einen gut ausgestatteten Gutshof hin. – *ASA 1899, 43, Jb SGUF 1933, 109*

Gontenschwil, eiserne Schlüssel

Gränichen (Bezirk Aarau)

In der Flur *Muracher – Kirchenfeld* verbarg sich ein Gutshof, der 1854 entdeckt und anschließend unter der Leitung von Ing. Rothpletz teilweise ausgegraben wurde. Es dürfte sich dabei um eine der frühesten von der Regierung angeordneten archäologischen Untersuchungen gehandelt haben. Der ausführliche Grabungsbericht ist mit einem recht guten Plan versehen, dem wir entnehmen können, daß von dem nach

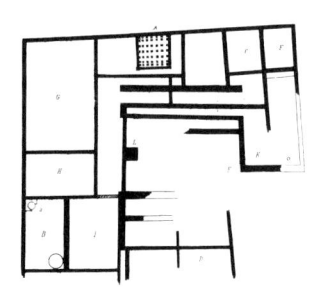

Gränichen, Fabrikantenstempel C. Sentius auf einem Sigillatafragment

Gränichen, Wandmalerei

Osten orientierten Gutshof der ganze nördliche Flügel mit einer Fläche von rund 600 m² untersucht wurde. In sämtlichen freigelegten Räumen waren die aus «Cementmörtel» bestehenden Fußböden noch vollständig erhalten. Ein einzelner Raum in der Mitte der nördlichen Raumabfolge war mit einer Hypokaustheizung versehen.

Eine größere Anzahl feingeschliffener Marmorplatten sowie mehrfarbige Wandverputzreste mit Blattornamenten deuten auf eine reiche Ausstattung des Gebäudes hin.

Das Fundmaterial gibt uns Hinweise auf die Benutzungszeit der Anlage. Interessanterweise sind einzelne Keramikformen schon ins frühe 1. Jahrhundert zu datieren (so ein Bodenstück einer arret. Terra Sigillata-Platte mit dem Töpferstempel C · SENTI). Das dürfte bedeuten, daß der uns bekannte

Gränichen, Grabungsskizze von 1854 auf römischer Marmorplatte

Steinbau einen Vorgänger aus Holz hatte. Die große Zahl von Ziegelstempeln der 21. und der 11. Legion weist darauf hin, daß das Gebäude in der 2. Hälfte des 1. Jahrhunderts n. Chr. stark ausgebaut wurde. Die wenigen Münzen streuen vom Beginn des 1. Jahrhunderts (Augustus) bis in die 2. Hälfte des 3. Jahrhunderts (Probus). Eine einzelne Prägung aus der Spätzeit des Constantinus I zeigt, daß der Hof auch nach den Alemanneneinfällen bewohnt oder mindestens aufgesucht wurde. Der Gutshof stand aber nicht isoliert da, wie das Aufdecken eines kleinen Ökonomiegebäudes in der Nähe der Kirche zeigt. – *Taschenbuch der Hist. Ges. Kt. Aargau 1862, 144 ff*

Habsburg (Bezirk Brugg)

Bei den Ausgrabungen des Ostteiles der *Habsburg* kamen verschiedene römische Funde zum Vorschein. Neben einzelnen Keramikscherben fallen vor allem zwei Ziegelstempel der 21. Legion auf. Aus dem 3. Jahrhundert n. Chr. stammt eine Bronzemünze des Kaisers Probus. Es besteht durchaus die Möglichkeit, daß zu gewissen Zeiten an dieser Stelle ein Wachtturm stand. Durch den Bau der Burg wurden aber offensichtlich alle baulichen Reste entfernt. – *Brugger Neujahrsblätter 1985, 75 f*

Habsburg, Ziegelstempel der 21. Legion

Hausen (Bezirk Brugg)

Die wohl bedeutendsten Bauwerke römischer Zeit auf dem Gemeindegebiet stellen die beiden Wasserleitungen dar, die das Legionslager Vindonissa versorgten (vgl. Windisch).

Außerdem führte eine wichtige Straße von Windisch Richtung Birrfeld und Lenzburg.

1861 fand ein Bauer beim Fällen eines Baumes einen etwa 10 cm hohen Topf aus Lavez, der 340 Münzen enthielt. Bevor diese gänzlich zerstreut, d. h. verkauft wurden, konnte Dr. Meyer aus Zürich noch deren 230 bestimmen. Sie gehörten der Zeit zwischen 276 (Kaiser Probus) und 341 (Constantius II) an. Möglicherweise wurde der Schatz in der Zeit um 350 n. Chr., also in den unruhigen Zeiten der Usurpation des Magnentius, vergraben. – *ASA 1870, 849 f*

In den Maueräckern legte man 1898 Teile eines Gebäudes frei, bei dem es sich um einen militäreigenen Gutshof handeln könnte. – *ASA 1899, 188*

Hendschiken (Bezirk Lenzburg)

Am Nordhang des *Rainwaldes* entdeckte man 1921 und 1933 Teile einer Wasserleitung, die möglicherweise zur Versorgung des Vicus von Lenzburg angelegt wurde. – *Hkd. Seetal 1933, 43*

Hirschthal (Bezirk Aarau)

In der Flur *Hofmatten*, direkt oberhalb des Talbaches, legte Lehrer Hubacher 1958 die Bollensteinfundamente eines Gebäudes frei, das nach Süden orientiert war. Die im Fundamentbereich gefundenen zahlreichen Leistenziegelfragmente deuten auf Reste eines römischen Gebäudes hin. – *Jb SGUF 1968/69, 140*

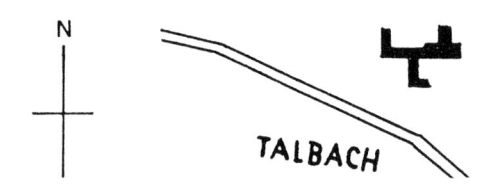

Holziken, Goldmünze des Vespasian

Holziken (Bezirk Kulm)

Im Bachtalen kam ca. 1924 eine Goldmünze des Kaisers Vespasian zum Vorschein. Der Fundort gibt aber keine weiteren Hinweise auf eine römische Besiedlung an dieser Stelle. – *Jb SGUF 1945, 71*

Hunzenschwil (Bezirk Lenzburg)

In den Gebieten *Ziegelmatten* und *Ziegeläcker* sowie auf der nördlich anschließenden Flur *Zozeläcker*, die auf dem Gemeindegebiet von Rupperswil liegt, wurden von 1910 bis zum Autobahnbau 1963/64 zu verschiedenen Malen Überreste römischer Baukeramik gefunden. Es konnte eine ganze Anzahl von eigentlichen Fundzonen festgehalten werden, die eine massierte Ablagerung verschiedener Baukeramiktypen, aber auch Trümmer von Brandofenmauern enthielten. Eine eingehende Analyse der Befunde durch P. Arnold hat gezeigt, daß in der 2. Hälfte des 1. Jahrhunderts in diesem ganzen, an anstehendem Lößlehm reichen Gebiet durch Angehörige der 21. und der 11. Legion in großem Stil Baukeramik, in erster Linie wohl

Hunzenschwil, Ziegelstempel der 21. und 11. Legion

Dachziegel, produziert wurde. Es scheint aber, daß private Betriebe die militärischen abgelöst und bis ins frühe 3. Jahrhundert n. Chr. hier weitergearbeitet haben. – *Jb GPV 1965, 37f*

Kaiseraugst (Bezirk Rheinfelden)

Schon bei der Planung des Stadtgebietes von Augusta Rauricorum wurde das Gelände der heutigen Gemeinde Kaiseraugst miteinbezogen. Im Gebiet nördlich des Fielenbachs und westlich des heutigen Bahnhofes lag die sogenannte Unterstadt. Diese wurde geprägt durch zwei in ihren Richtungen unterschiedliche Hauptstraßenachsen. Die eine führte vom Ostrand des Hauptforums der Oberstadt nach Norden ans Rheinufer und überquerte den Fluß auf einer Brücke an einer durch einen Felsriegel verengten Stelle. Diese Straße wurde später auch in das Baukonzept für das spätrömische Kastell miteinbezogen.

Die zweite Achse, die ebenfalls zum Rhein führte, war die Höllochstraße, die wegen ihrer beträchtlichen Breite von 14 m zu gewissen Zeiten von großer Wichtigkeit war. Sie erschloß den Flußhafen und ein Handwerker- und Wohnquartier, welches in rechteckige, ca. 70 × 100 m messende Insulae gegliedert war. Bei ihrem Auftreffen am Rheinufer dürfte sie auf einer zweiten Brücke auf die Insel Gwerd und von dort ans rechte Rheinufer geführt haben.

Wie die bis heute durchgeführten Ausgrabungen und die Funde deutlich machen, wurde die Unterstadt schon im mittleren 1. Jahrhundert n. Chr. erstmals überbaut. Die Aufgabe dieser Quartiere steht im Zusammenhang mit den Alemanneneinfällen des 3. Jahrhunderts n. Chr. Das große Depot von Bronzegefäßen, das 1977 in der Dorfstraße gefunden wurde, zeigt dies mit aller Deutlichkeit (Abb. 64). Auf einen Gebäudekomplex der mittleren Kaiserzeit sei speziell hingewiesen, da er noch im Jahre 1985 konserviert und der Öffentlichkeit zugänglich gemacht werden soll. Bei der Einmündung der antiken Höllochstraße in die Rheintalstraße erhob sich ein Gebäude, das eine mit Portikus versehene Front zur Straße gehabt haben muß. Eine schmale Erschließungsstraße führte nach Süden auf einen Hof, von welchem eine Anzahl zum Teil gewerblich genutzte Räume betreten werden konnte. Im westlichen Raum befand sich ein Räucherofen sowie ein kleines Getreidelager. Östlich anschließend betrat man einen Kellerraum, der mit einem Geschirrgestell versehen war. Ein Präfurnium zum Einheizen eines südlich gelegenen Schwitzraumes könnte auch als Kochherd gedient haben. Der beheizte, mit Wandmalereien ausgestattete Raum war im Westen von einem Gang flankiert, der zu einem weiter südlich liegenden Gemach führte, und enthielt einen ca. 12 m tiefen Sodbrunnen. Eine große Gewerbehalle, die mit Pfeilern unterteilt war, schloß das Gebäude nach Osten zu ab (Abb. 1, 145 und 149). In dieser Halle fanden sich Reste von Holzfässern, eine gemauerte und ausgemörtelte Kaltwasserwanne mit einem Abflußkanal sowie im Süden ein Präfurnium,

Kaiseraugst, Schmidmatt, Übersicht über die Grabung

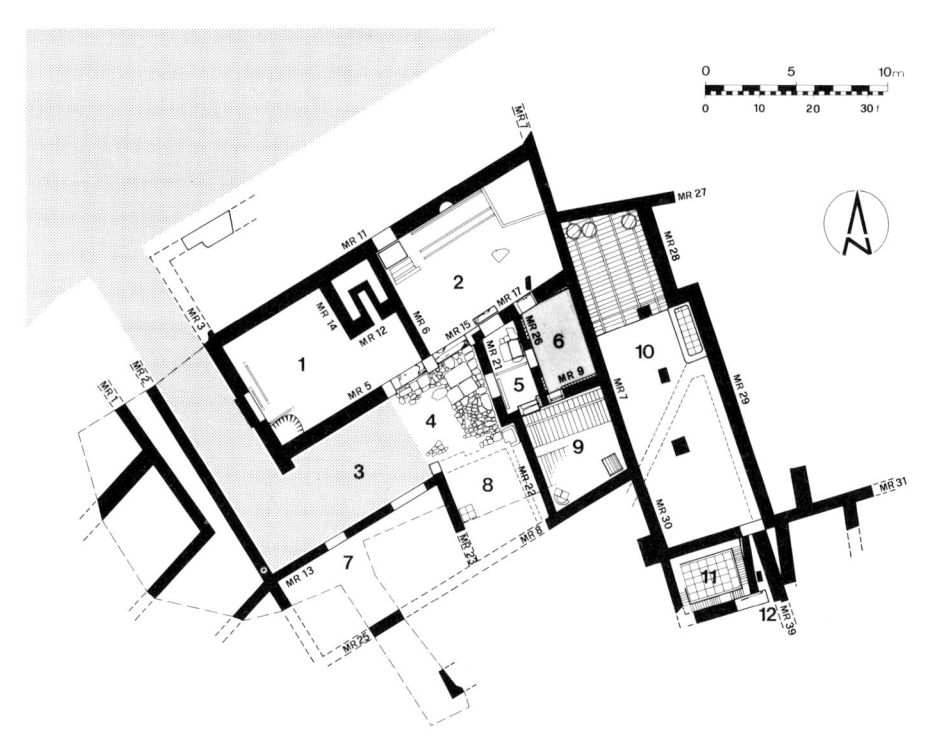

Kaiseraugst, Schmidmatt, Plan des gewerblich genutzten Baues

aus welchem eine Dörranlage beheizt werden konnte. Das Gebäude weist verschiedene Um- und Ausbauphasen auf. Die Hauptbesiedlungszeit ist in der zweiten Hälfte des 2. Jahrhunderts zu sehen. Eine Brandkatastrophe führte in der Mitte des 3. Jahrhunderts zur Zerstörung.

Im Gebiet *Liebrüti*, auf der Ostseite des Fielenbachs, konnten Teile der Stadtmauer sowie die vom Osttor Richtung Bözberg führende Hauptstraße freigelegt werden. Der ca. 500 m vom Osttor entfernte Gebäudekomplex, der unmittelbar an der Straße gelegen hat, dürfte zu einem einfachen Gehöft gehört haben.

Nach dem Fall des Limes und dem Verlust der rechtsrheinischen Gebiete entstand zur Sicherung des Rheinüberganges und als Hauptquartier der Legio I Martia kurz nach 300 n. Chr. das Castrum Rauracense. Diesem Kastell kam im ganzen 4. Jahrhundert große Bedeutung zu, lag es doch mit seiner Brücke an der wichtigen Verbindungsstraße von Gallien zu den Donauprovinzen. Sowohl Constantius II als auch Julianus Apostata führten von hier aus ihre Feldzüge gegen die Alemannen. Denn schon in den Jahren nach 350 muß das Kastell heftig umkämpft gewesen sein. Zeugnis dieser Krisenjahre legt der kostbare Silberschatz ab, der in einer Kiste im Innern des Kastells, zwischen Getreidespeicher und der südlichen Kastellmauer verborgen wurde (Abb. 158–183). In der Zeit Kaiser Valentinians I wurde die Kastellmauer teilweise erneuert.

Nach dem Erlöschen der römischen Herrschaft blieb das Kastell bewohnt. Mit seiner Kirche war es längere Zeit Sitz eines Bischofs.

Das Kastell hat die Form eines unregelmäßigen Rechteckes (Südmauer: 261 m; Westmauer 170 m) und umschließt eine Fläche von 3,6 ha. Die ca. 4 m starke Befestigungsmauer (Abb. 153) war mit quadratischen Türmen verstärkt, von denen heute noch 17 bekannt sind. Etwa 17 m vor den Kastellmauern ist der ca. 10 m breite Spitzgraben angelegt. Erschlossen wird das Kastell von zwei Hauptachsen: der vom West- zum Osttor führenden via principalis und der vom Südtor zur Rheinbrücke führenden via decumana.

Im Südwestteil des Kastells stand ein langrechteckiges Gebäude, das als Magazinbau (Horreum) gedeutet wird. Südlich schlossen einige beheizbare Räume an. Östlich des Horreums sind zwei hallenähnliche Gebäude erkennbar. Der Nordwestteil grenzt mit Portiken (Laubengängen) an die Via Principalis. Nördlich davon erhoben sich die großzügig angelegten Kastellthermen (Abb. 155), die teilweise konserviert und unter dem Kindergarten zu besichtigen sind. Die bis heute bekannten Bauteile bilden einen L-förmigen Grundriß mit einer Vielzahl beheizter Räume, Kalt- und Warmwasserwannen und weiteren Aufenthaltsräumen. Mehrere dieser Gemächer haben Annexe mit Apsisabschluß.

Im Nordostsektor sind, teilweise unter der heutigen christkatholischen Kirche, die Reste der frühchristlichen Kirche mit einem im Norden angebauten Baptisterium freigelegt worden. Der Grundriß der Kirche ist rechteckig und schließt im Osten mit einem apsidialen Altarraum. Das Baptisterium besteht aus einem Taufraum mit Becken sowie mehreren zum Teil beheizbaren Nebenräumen (Abb. 154).

Aus dem übrigen Kastellareal kennen wir eine Vielzahl von Einzelbefunden (Gebäudeteile, einzelne Mauerzüge etc.), die bis heute nicht bestimmten Gebäudetypen zugewiesen werden können.

Die vom Kastell nach dem rechten Rheinufer führende Brücke wird dort von einem Brückenkopf bewacht. Das quadratische (45 × 45 m) Kastell ist mit acht Türmen bewehrt. Ob es schon in konstantinischer Zeit oder erst unter Valentinian I erbaut wurde, ist heute noch kontrovers. Der nördliche Teil der Anlage ist konserviert.

Auf dem Plateau, südöstlich des Kastells, waren die Gräberfelder angelegt. Die dort freigelegten Gräber mit ihren Beigaben zei-

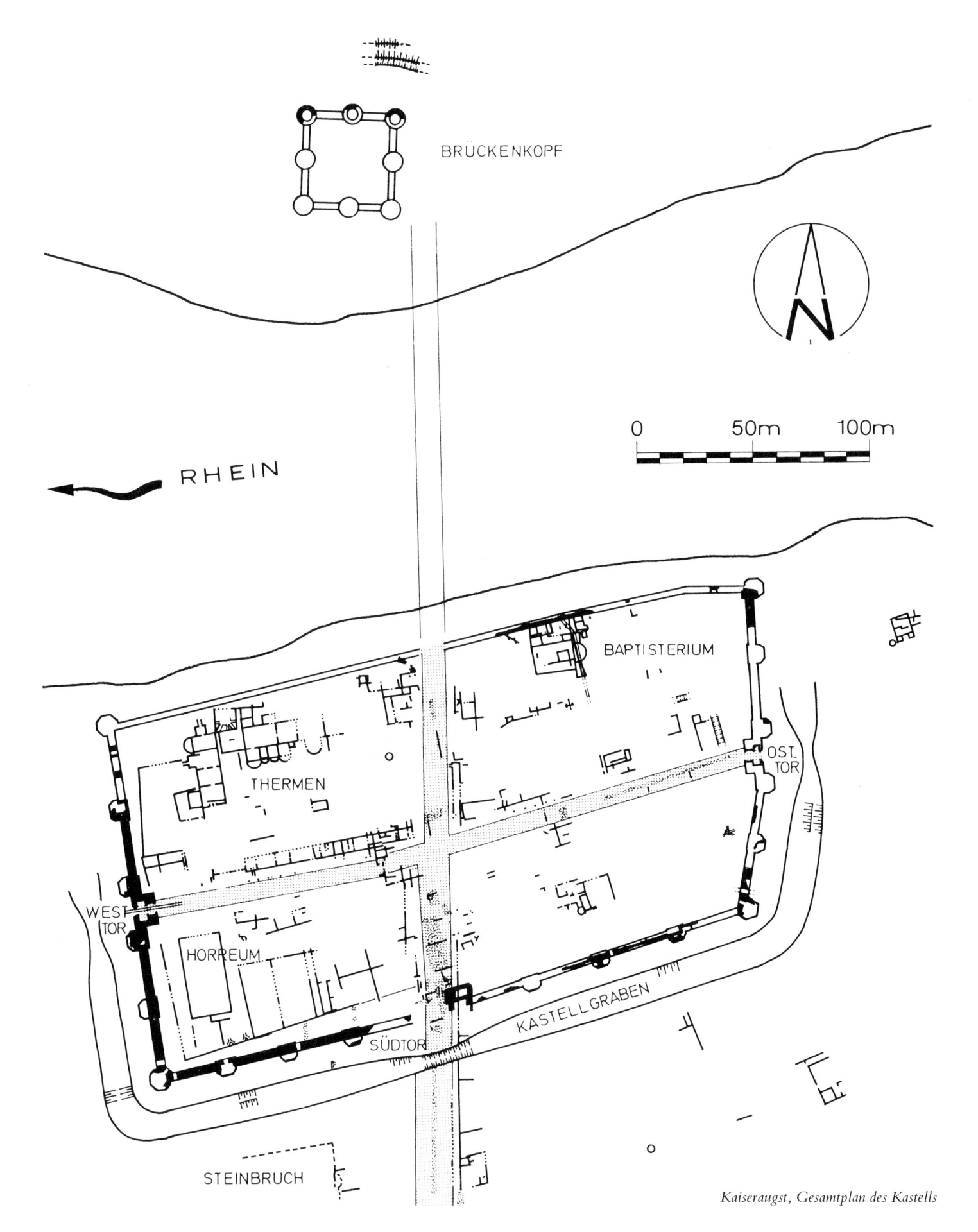

Kaiseraugst, Gesamtplan des Kastells

Kaiseraugst, Ziegelbrennofen der 1. Legion Martia

gen, daß das Kastell vom 4. bis ins 7. Jahrhundert n. Chr. kontinuierlich besiedelt war (Abb. 87).

Am südlichen Rand der Liebrüti-Überbauung kamen zwei Ziegelbrennöfen zutage, in welchen Angehörige der Legio I Martia in der zweiten Hälfte des 4. Jahrhunderts ihre Ziegel brannten und diese dann auch mit dem Legionsstempel versahen (Abb. 156 und 157). Beide Öfen, von denen die Brennkammern noch hervorragend erhalten sind, können besichtigt werden. – M. Martin, AS 2, 1979.4, 172 ff; Drack 1980, 12 ff; M. Martin, Römermuseum und Römerhaus Augst, Augster Museumsheft 4, 1981; T. Tomašević, Die Ziegelbrennöfen der Legio I Martia, 1982

Kaisten (Bezirk Laufenburg)

Beim *Kaisterbach* stand ein spätrömischer Wachtturm, dessen Grundriß nicht mehr überliefert ist. Nachdem ein Teil 1876 durch Hochwasser zerstört wurde, waren bei den Untersuchungen von 1910 noch sechs Mauerklötze erhalten, die eine Breite von 1,45 m hatten. Außerdem waren noch Reste eines Mörtelbodens sowie Spuren eines Balkenrostes erkennbar. – *Drack 1980, Nr. 15*

In der Flur *Ritannen* am Kaisterbach entdeckte man bei Bauarbeiten 1967 einen gut erhaltenen Ziegelbrennofen. Die Außenmaße der Ummantelung betragen 6,67 × 7,15 m. Die Brennkammer mit zweimal sechs Ziegellamellen wurde von einem 2,5 m langen Brennkanal bedient.

Im Schutt wie auch vermauert im Ofen selbst fanden die Ausgräber 18 Stempel der 21. Legion und fünf der 11. Legion. Es kann aber nicht mit Sicherheit entschieden werden, ob es sich um eine Militärziegelei handelt, bevor nicht weitere Öfen in der Gegend zum Vorschein kommen. – *Bisher unpubliziert*

Interessant für die Frage der Besiedlung ist die Tatsache, daß aus dem Gemeindebann insgesamt zwölf Münzen des 1., 3. und 4. Jahrhunderts bekannt sind.

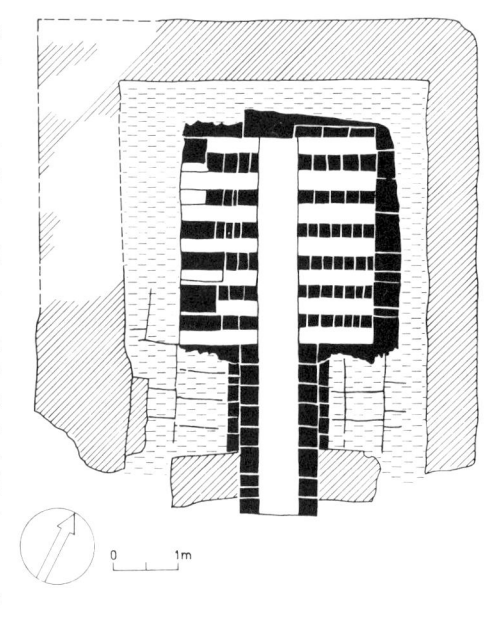

Kaisten, Ritannen, Ziegelbrennofen, Plan

Kaisten, Ritannen, Brennkammern des Ofens

Kirchleerau (Bezirk Zofingen)

Bei oberflächlichen Schürfungen im Jahre 1931 stieß man am *Gensenrain* auf gemörteltes Mauerwerk und eine große Zahl von Leistenziegelfragmenten. Über die Ausmaße der Gebäude haben wir noch keine Kenntnis. – *Jb SGUF 23, 1931, 68*

Koblenz (Bezirk Zurzach)

Im *Einschlag* untersuchte im 19. Jahrhundert Dr. Schaufelbühl und 1914 Dr. Stehlin die Reste einer Badeanlage, die Teil eines Gutshofes zu sein scheint. An zwei mit Mörtelböden ausgelegte Räume waren ebenfalls zwei beheizbare Gemächer, eines mit einem Apsidenabschluß, angebaut. Es handelt sich bei diesen um den Lau- und den Heißwasserraum.

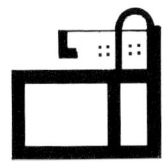

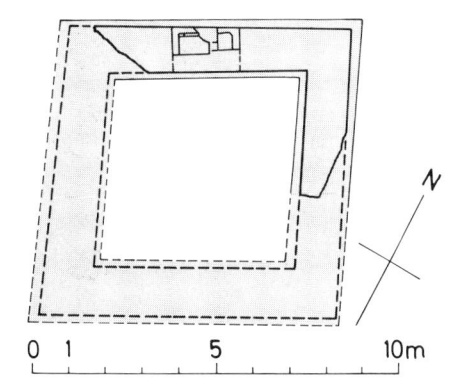

Koblenz, Rütenen, Wachtturm

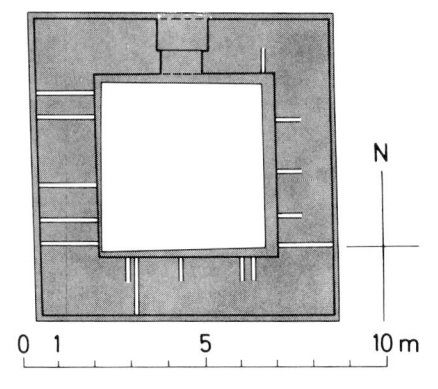

Koblenz, Kleiner Laufen, Wachtturm

Die Datierung läßt sich aufgrund des Fundmaterials vornehmen. Importierte Terra Sigillata aus Süd- und Mittelgallien sowie aus Rheinzabern der Formen Drag. 29, 33, 37 und 42 zeigen, daß der Gutshof von der Mitte des 1. bis ins 3. Jahrhundert besiedelt war. Außerdem sind Ziegelstempel der 21. und der 11. Legion und als Einzelfall einer der 7. rätischen Kohorte vorhanden. Das Münzspektrum reicht sogar bis ins 4. Jahrhundert (zwei Prägungen des Constantius II), was wohl im Zusammenhang mit der Nähe von zwei Wachttürmen (s. u.) zu sehen ist. – *MAGZ XV, 1864, 125*

In den *Rütenen* wurden 1963 die Grundmauern eines spätrömischen Wachtturmes freigelegt. Die Außenmaße betrugen 8 × 8 m und die Dicke des aufgehenden Mauerwerkes 1,2 m. Die Schwelle des sich in der Mitte der Nordwand befindlichen Eingangs war noch teilweise erhalten. – *Drack 1980; Nr. 26*

Beim *kleinen Laufen* stehen die Reste des wohl bekanntesten spätrömischen Wachtturmes, dessen Ortsname «Summa Rapida» durch eine Bauinschrift bekannt ist. Im Aufbau und im Wortlaut entspricht diese weitgehend derjenigen von Etzgen, Rote Waage, womit auch die Datierung ins Jahr 371 n. Chr. naheliegt: Salvi[s d(ominis) n(ostris)] | Valent[iniano] Valente e[t Gratiano] per(petuis) tr(iumphatoribus) senp[er Aug(ustis)in] | summa rapida [burgum .....] | fecit sub cura [.....] | consul(ibus) d(omino) n(ostro) Gratian[o] II et Fl(avio) Probo v(iro) c(larissimo).

«Unter der heilen Regierung unserer Herren Valentinianus, Valens und Gratianus, den stetigen Triumphatoren und immer erlauchten Kaisern hat ..... an der oberen Stromschnelle diesen Wachtturm erbaut, unter Leitung des ..... Im Jahr, als unser Herr Gratianus zum zweitenmal und Flavius Probus, der erlauchte Herr, Konsuln waren.» Die Grundrißmaße betragen 7,8 × 8,1 m, während für die Mauerstärke 1,6 m gemessen werden konnte. In der Mitte der Nordmauer ist die Eingangsschwelle mit Anschlag und Achspfanne noch erhalten. Im Abstand von 8 bis 10 m war im Westen und Osten noch der Verteidigungsgraben erkennbar. Der Turm wurde letztmals 1932 ausgegraben und anschließend konserviert. – *Drack 1980, Nr. 27*

Koblenz, Kleiner Laufen, Bauinschrift

Kölliken (Bezirk Zofingen)

Im *Gerberrain* entdeckte F. Haller 1922 die Reste eines Ziegelbrennofens, in dessen Aufbau Fragmente mit dem Stempel der 21. Legion eingemauert waren. Zu Beginn der sechziger Jahre legte E. Koprio in unmittelbarer Nähe zwei ca. 3 m im Durchmesser große Gruben frei, die bis auf eine Tiefe von 1,5 m mit zum Teil stark verbrannten und verzogenen Bruchstücken von Baukeramik angefüllt waren. Von den gefundenen Ziegelstempeln sind zwei der 21. und je zwei der 7. rätischen Kohorte und der 26. Kohorte römischer Bürger zuzuweisen. Es muß deshalb angenommen werden, daß es sich bei der Ziegelei um eine militärische Anlage gehandelt hat. – *Jb Ver. Hkd. Suhrental 29, 1960, 7f*

Kölliken, Ziegelstempel der 26. Kohorte freiwilliger römischer Bürger

Kölliken, Reliefsigillata

Künten (Bezirk Baden)

In den *Lebern* entdeckte man schon 1837 Keramikfragmente (Krüge und Schalen) sowie Bruchstücke eines Mosaikbodens, die Hinweise auf ein römisches Gebäude geben. – *Jb SGUF 53, 1966/67, 140*

Küttigen (Bezirk Aarau)

Am Abhang des *Kirchberges*, etwa 200 m oberhalb des Aareufers, legte A. Geßner im Herbst 1906 die Reste eines nach Süden orientierten Gutshofes frei. Der Plan zeigt uns den Grundriß einer Villa mit zwei Eckrisaliten. Der Mittelbau ist in neun unterschiedlich große Räume aufgeteilt. Im unvollständig untersuchten Ostflügel dürften sich die beheizten Räume und evtl. das Bad befunden haben, während ein Raum des Westflügels die noch gut erhaltene Einrichtung einer Küche enthielt. Der Mittelbau war nach Süden hin durch eine mit Strebepfeilern verstärkte Mauer abgeschlossen, die

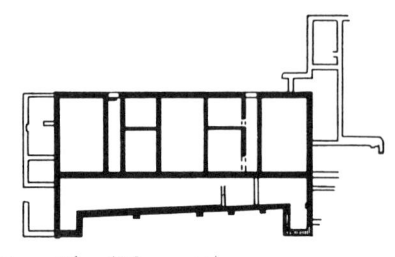

Küttigen, Plan (M. 1:1000)

wohl Pfeiler für eine ca. 3,5 m breite Portikushalle trug.

Ziegelstempel der 21. und 11. Legion geben uns den Hinweis auf die Erbauung des Gebäudes in der 2. Hälfte des 1. Jahrhunderts n. Chr. Verschiedene Keramikbruchstücke von Terra Sigillata-Gefäßen (u. a. mit dem Töpferstempel HILIUS F) sowie Reibschüsseln, Kochtöpfe und Amphoren deuten darauf hin, daß dieser Gutshof bis ins 3. Jahrhundert bewohnt war. In die gleiche Richtung weist die einzige gefundene Münze des Kaisers Claudius II Gothicus. – *ASA 10, 1908, 24ff*

Küttigen, Blick vom Gutshof ins Aaretal

Laufenburg (Bezirk Laufenburg)

Im Gebiet zwischen Kaisterbergstraße und Rheintalstraße kamen Mauern und verschiedene rechteckige und runde kellerähnliche Schächte zum Vorschein, die eine große Zahl von Keramikfragmenten des 2. und 3. Jahrhunderts enthielten. Eine durchbrochene Scheibenfibel mit der Darstellung eines Adlers und der Victoria sowie ein Bronzekrug und eine Bronzekelle sind die bedeutendsten Einzelstücke. Die Münzen datieren von der Zeit der Julia Mamaea bis zu Philippus I Arabs (244–249 n. Chr.) Es muß bis heute offenbleiben, ob Keller und Mauerzüge zu einem Gutshof oder zu einer vicusähnlichen Bebauung gehören. – *Jb SGUF 1956, 56 f*

Laufenburg, spätrömischer Sigillatakrug

Laufenburg, Bronzefibel mit Victoria und Adler

Ob der 8,5 × 8,5 m große *Schloßturm* an der Stelle eines spätrömischen Wachtturmes steht, ist nicht sicher belegt. Bei den Untersuchungen im Turminnern 1910 fand man nur drei Fragmente von Leistenziegeln. Allerdings könnte der vollständig erhaltene Terra Sigillata-Krug aus den Argonnen, der 1961 bei Kanalisationsarbeiten gefunden wurde und möglicherweise als Beigabe in einem Grab stand, sowie eine Münze des Constantius I die Existenz dieses Wachtturmes wahrscheinlich machen. – *Drack 1980, Nr. 16; Jb SGUF 51, 1964, 116*

Leibstadt (Bezirk Zurzach)

Auch im Falle des 1871 abgebrannten Schloßturms von Bernau wird angenommen, daß er auf Überresten eines spätrömischen Wachtturmes errichtet wurde. – *Drack 1980, Nr. 22*

Lenzburg (Bezirk Lenzburg)

Der römische Vicus von Lenzburg liegt östlich der Stadt auf dem Lindfeld, einem Teil der durch Aabach und Bünz gebildeten Hochterrasse. Das Zentrum der Siedlung konzentriert sich auf das Gebiet nördlich der Bahnlinie Mellingen-Lenzburg im Bereich der Kreuzung der Kantonsstraße Othmarsingen-Lenzburg mit dem Autobahnzubringer, während das einzige sichtbare Monument, das Theater, ca. 250 m nördlich der Siedlung hart am Autobahnzubringer gelegen ist.

Der Vicus darf aufgrund der bisher bekannt gewordenen Gebäude als Straßendorf angesprochen werden. Beidseits einer von Westen nach Osten verlaufenden, 6 m breiten Straße (Hauptstraße aus Richtung Hunzenschwil nach Windisch) befand sich das Wohngebiet, das heute auf einer Länge von 400 m bekannt ist. Besonders der östliche Vicusteil ist fast ganz untersucht worden und läßt Schlüsse über die Siedlungsstruktur zu. Die vier östlichen Häuser, 1933/34 freigelegt, grenzen mit einem Säulengang (Portikus) südlich an die Durchgangsstraße und haben mit einer Ausnahme den Charakter von Tabernen (Verkaufs- oder Werkstattlokale) mit nach hinten angrenzenden Wohnräumen, Hof- und Ökonomiebauten. Ähnlich sind die westlich anschließenden Gebäude zu werten, auch wenn der durchgehende Säulengang ganz fehlt. Hier ist eher mit offenen Hallen oder Vorplätzen zu rechnen, die den einzelnen Häusern vorgesetzt sind. Das im Westen im Bahneinschnitt freigelegte große Gebäude sowie das im östlichen Vicusteil liegende mittlere Haus zeigen, daß im Vicus auch villaähnliche Bauten zu finden sind.

Im Ostteil sind nördlich der Straße Teile eines Gebäudes bekannt, das sowohl nach der

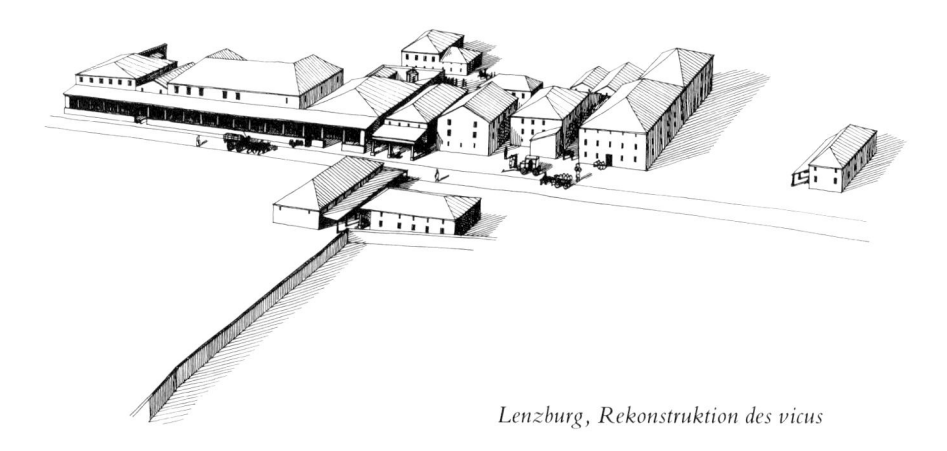

Lenzburg, Rekonstruktion des vicus

Straße als auch zu dem nach Westen anschließenden Platz hin einen Säulengang hatte. Von hier erstreckte sich der Straße entlang nach Westen zu der große Platz, dessen westliches Ende noch nicht erforscht ist. An seiner Nordseite wurde er von einem quergestellten, langen hallenähnlichen Gebäude begrenzt.

Aufgrund von Flugaufnahmen ist besonders nördlich der römischen Dorfstraße noch mit einigen z. T. recht großen Gebäuden zu rechnen, die das Bild einer nicht unbedeutenden Straßensiedlung abrunden.

Der zeitliche Beginn dieser Siedlung wird nach den Funden ins zweite Viertel des 1. Jahrhunderts n. Chr. gesetzt.

Reste von militärischen Ausrüstungsgegenständen (Schuppenpanzer, Schwertscheiden, Anhänger u. a.) sowie Ziegelstempel der 21. und der 11. Legion deuten darauf hin, daß sich hier auch ein militärisch kontrollierter Straßenposten befunden hat.

Der wirtschaftliche Höhepunkt dürfte im späten 1. und im 2. Jahrhundert liegen (Abb. 65 und 66). Gegen Ende des 2. und im 3. Jahrhundert nehmen die Funde spürbar ab. Sicher liegt eine Zäsur in den verschiedenen Alemanneneinfällen des mittleren 3. Jahrhunderts vor. Für die zweite Hälfte des 3. Jahrhunderts sind noch ca. zehn, für das ganze 4. Jahrhundert lediglich noch drei Münzen zu zählen. Dies deutet darauf hin, daß der Vicus gegen die Mitte des 3. Jahrhunderts verlassen und später nur noch sporadisch aufgesucht wurde.

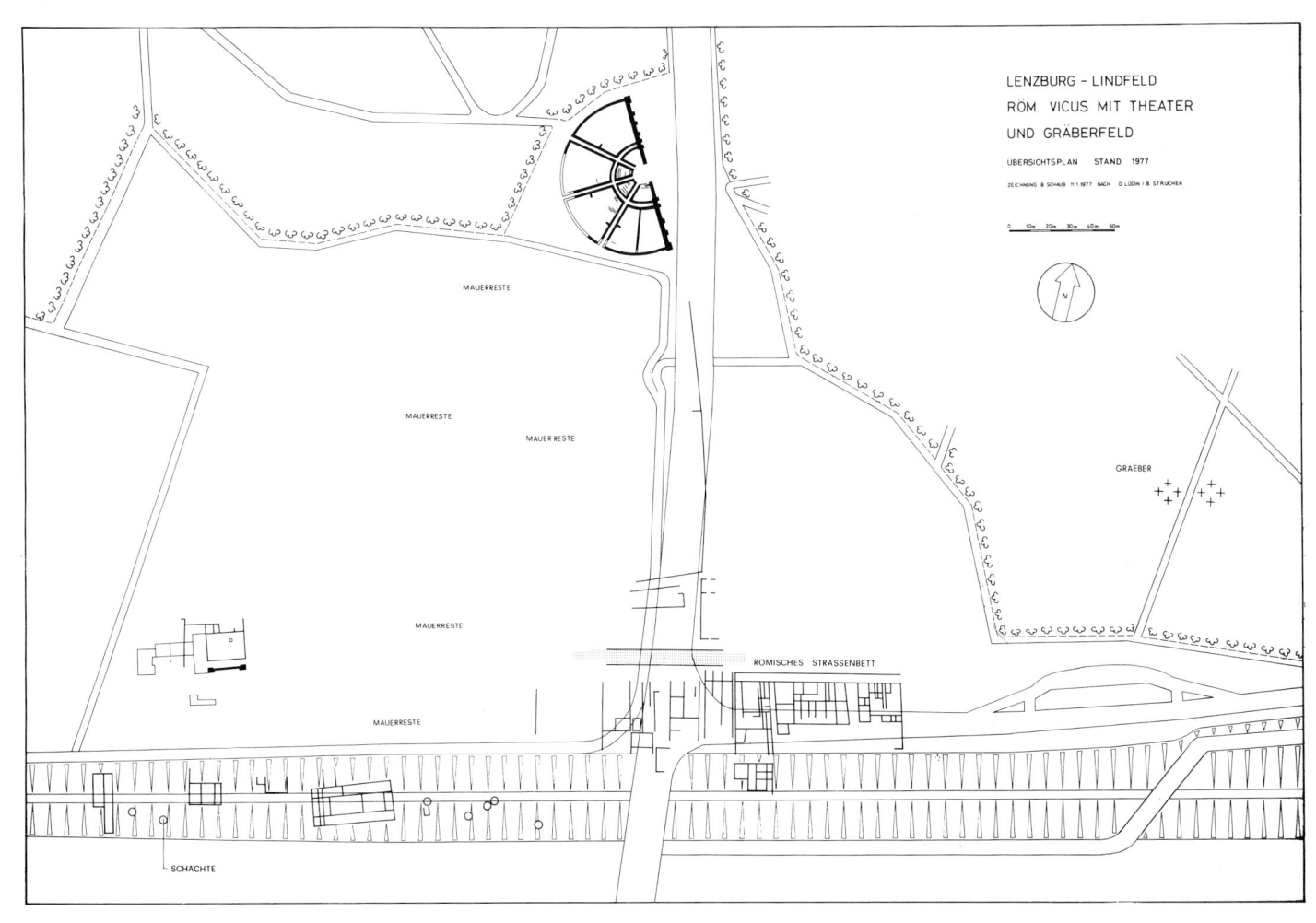

Das Theater (Abb. 37) liegt an einem sanft nach Osten abfallenden Hang im Norden der Siedlung. Beim Bau wurde der rund 7 m betragende Höhenunterschied geschickt ausgenützt. Die mächtige Frontmauer steht an der Hangsohle, die äußere, annähernd halbkreisförmige Umfassungsmauer zieht sich den Hang hinauf. Die Länge der Frontmauer beträgt insgesamt 74 m. Diese wird durch die beiden Durchgänge in drei gleich große Teile geteilt. Die Öffnung der Orchestra beträgt genau ein Neuntel der Frontmauer, nämlich etwa 8,5 m. Der Abstand zwischen dem Mittelpunkt des Halbkreises und der zurückversetzten Bühnenfront beträgt wiederum 8,5 m. Der Grundriß besteht also aus einem um einen schmalen rechteckigen Streifen erweiterten Halbkreis. Der Zuschauerraum wird durch drei strahlenförmige Gänge in vier Sektoren und durch einen halbkreisförmigen Umgang in zwei Ränge unterteilt. Die vordere Frontmauer hat außen starke Pfeiler und reichte in einige Höhe hinauf, ebenso die nördliche Umfassungsmauer, die ein beträchtliches Gewicht angeschütteten Erdreichs auffangen mußte. Ein eigentliches Bühnengebäude scheint zu fehlen. Der halbkreisförmige mittlere Umgang ist nicht waagrecht gebaut, sondern paßt sich dem Gelände an, senkt sich also von der Mitte nach beiden Seiten.

In den oberen Sektoren konnten noch vereinzelt Steinfundamente ausgegraben werden, auf denen wohl die eigentlichen Sitzplatten aufgemauert waren. In der Nähe der Orchestra haben sich hingegen Reste von Sitzbänken aus länglichen Steinquadern erhalten.

Die Entdeckung eines so großen Theaters, das immerhin rund 4000 Personen fassen konnte, in der Nähe einer doch recht kleinen Landsiedlung, bildete eine Überraschung. Nach der Interpretation von Luftbildern stellen wir aber fest, daß südwestlich des Theaters im Felde noch verschiedene Gebäudereste liegen, von denen zwei den Eindruck gallorömischer Vierecktempel erwecken. Zusammen mit weiteren, noch nicht entdeckten Gebäulichkeiten könnte das Theater den Mittelpunkt eines religiösen Zentrums für die Bevölkerung des Vicus und der umliegenden Gutshöfe gebildet haben.

Sowohl die Münzreihe als auch die auf dem Bauniveau der nördlichen Umfassungsmauer gefundenen sieben Amphoren erlauben ein Festlegen der Bauzeit des Theaters ins dritte Viertel des 1. Jahrhunderts. Die Münzreihe endet mit zwei Prägungen Kaiser Marc Aurels, was bedeutet, daß das Theater gegen Ende des 2. Jahrhunderts nicht mehr benutzt wurde, während die Siedlung noch mindestens weitere 50 Jahre bewohnt war.

Der Friedhof liegt ca. 200 m nordöstlich des Dorfes. Bis heute wurden zwei rund 100 m voneinander entfernt liegende Teile wohl des gleichen Gräberfeldes entdeckt. Bis anhin sind 71 Brandgräber und vier Körperbestattungen ausgegraben. Den nördlichen Rand des Gräberfeldes bildet ein 0,5 m tiefer Graben, der die Grenze zwischen heiligem und profanem Bereich kennzeichnet.

Die Beigaben aus den Gräbern sind vielfältig. Besonders schön sind die kleinen Tonfiguren (die Göttin Venus, die Halbbüste eines Kindes, Vögel) aus großen Werkstätten in Vichy (Massif Central in Mittelfrankreich). Von dort stammen auch die ursprünglich grün glasierten Krüglein und Salbgefäße in Form von Hasen, Hunden und Schweinen (Abb. 125–129). Die restlichen Beigaben stammen aus dem Haushalt: Becher, Schalen, Schüsseln und Teller, z. T. aus importierter Terra Sigillata (Abb. 120). Auch Glasgefäße wurden als Urnen verwendet. Die Gräber sind in die 2. Hälfte des 1. und an den Beginn des 2. Jahrhunderts n. Chr. zu datieren. – *Hartmann AFS 15, 1980*

Im Gebiet *Wildenstein* am südwestlichen

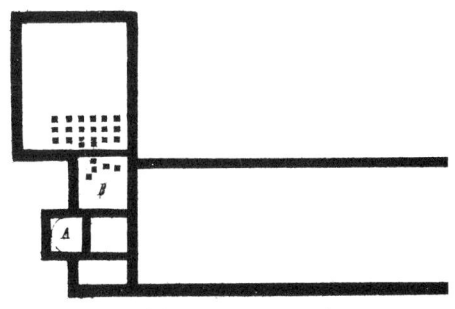

Lenzburg, Wildenstein (M. 1:300)

Abhang des Schloßhügels legte Ing. Zschokke 1856 Teile eines Gutshofes frei. Der Erhaltungszustand war offensichtlich schlecht. Aus den Planaufnahmen ist erkennbar, daß ein Seitenflügel mit zwei hypokaustierten Räumen sowie Mauerteile des Hauptbaues ausgegraben wurden. Außer einem Ziegelstempel der 11. Legion liegen keine Funde vor. – *Taschenbuch der Hist. Ges. Kt. Aargau 1862, 154 ff.*

Lenzburg, Flugaufnahme des Lindfeldes, Spuren von großen Gebäuden zeichnen sich im schmelzenden Schnee ab

Leuggern (Bezirk Zurzach)

Im *Sand-Felsenau* entdeckte man 1914 die Reste eines spätrömischen Wachtturmes. Vom leicht rhombischen Grundriß (7,70 × 8,20 m) war noch beinahe 70 cm aufgehendes Mauerwerk mit einer Dicke von 1,30 m erhalten. Im Gebäudeinnern lag über einem Sandboden eine Brandschicht. Funde waren keine vorhanden. – *Drack 1980, Nr. 24*

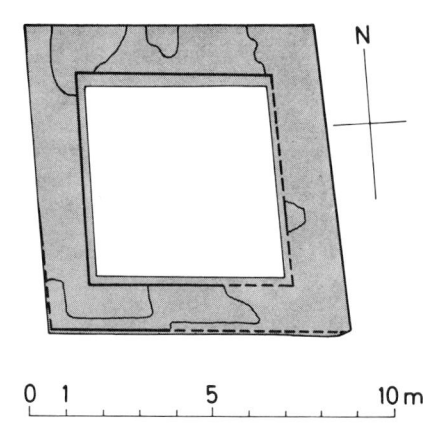

Leuggern, Sand-Felsenau, Wachtturm

Magden (Bezirk Rheinfelden)

Aus dem Gemeindegebiet sind verschiedene Einzelfunde bekannt. Am interessantesten dürfte aber die Tatsache sein, daß der römische Name der bisher noch nicht genau lokalisierten Siedlung auf einer Inschrift, die in Kaiseraugst gefunden wurde, überliefert ist. Nach dieser muß in der Zeit Valentinianus I eine Mauer «murum magidunensem» wieder hergestellt worden sein. M. Martin zufolge handelt es sich dabei um die Ostmauer des Kaiseraugster Kastells, die dem ca. 5 km entfernten Magden zugewandt ist.

[D(omini) n(ostri) Valentinianus | Valens Grati]anus per[p(etui) | tr(iumphatores) semp(er) Aug(usti) mu]rum Magid(unensem) | [...refecerun]t curante | [...pr(aefecto)] mil(itum) Lig ...

«Unsere Herren Valentinianus, Valens und Gratianus, dauernde Sieger, ewig erlauchte Kaiser, haben die Kastellmauer von Magden wiederherstellen lassen, unter Leitung des ..., Kommandanten der Einheit der Lingonen.» – *M. Martin, Römermuseum Augst, 1981, 40 ff*

Mägenwil (Bezirk Baden)

Die am Nordhang des *Maiengrün* angelegten Steinbrüche sind offensichtlich schon in römischer Zeit ausgebeutet worden. Obwohl heute von antiken Abbauspuren durch Schuttüberlagerung und Pflanzenüberwucherung nichts mehr sichtbar ist, berichtet F. Keller von einem Augenschein am 14. August 1869, bei welchem er noch einen antiken Säulenschaft sowie einige Löcher, aus denen Handmühlesteine herausgeschrottet wurden, gesehen habe. – *ASA 1870, 126 ff*

Mandach (Bezirk Brugg)

Bei den Untersuchungen in der *Kirche* von Mandach wurden einige wenige Mauerfundamente und Mörtelbodenreste freigelegt, die in keinem Zusammenhang mit den früheren Kirchenbauten standen. Die hierbei gefundenen Keramikbruchstücke von Terra Sigillata-Schälchen, rätischer Firnisware und Grobgefäßen sowie eine Anzahl Ziegelfragmente deuten darauf hin, daß, ähnlich wie an andern bekannten Orten (z. B. Veltheim), die erste Kirche in die Ruine eines römischen Gutshofes gestellt wurde. – *Jb SGUF 51, 1964, 117 f*

Kaiseraugst, Bauinschrift der östlichen Kastellmauer (Magdener Mauer)

Mellikon (Bezirk Zurzach)

Im *Rheinzelg* konnte 1922 noch ein Mauerstück von 2 m Länge im Steilhang der Bacheinmündung festgestellt werden, das ursprünglich zu einem spätrömischen Wachtturm gehört haben dürfte. – *Drack 1980, Nr. 30*

Mettau (Bezirk Laufenburg)

In der *Gipsgrube* fand man 1923 einen Solidus (Goldmünze) des Kaisers Constantinus I, der in Thessalonike geprägt wurde. Dieser Fund weist darauf hin, daß auch noch in der Spätantike der Juraübergang vom Rhein bei Etzgen nach Remigen-Vindonissa über den Bürensteig rege benutzt wurde. – *Jb SGUF 1925, 93*

Mettau, Goldmünze des Constantinus I.

Möhlin (Bezirk Rheinfelden)

In der Flur *Chleematt* in Niederriburg gab es erstmals 1932 Hinweise auf eine römische Zivilsiedlung; 1964 kamen weitere Funde hinzu. Im Sommer 1983 konnte dank Flugaufnahmen der Grundriß eines ganzen Herrenhauses lokalisiert und anschließend freigelegt werden.

Das 70 × 30 m messende, absolut symmetrisch angelegte Herrenhaus hat eine gegen Süden vorgesetzte Portikusfront, die im Mittelteil zu einer Art Podest erweitert ist. Flankiert wird der Mitteltrakt im Osten und Westen von zwei vorspringenden Seitenflügeln (Eckrisaliten). Der Ostflügel enthielt die Badeanlage, deren Räume sowohl durch die überall bekannte Hypokaust- als auch eine X-förmige Kanalheizung erwärmt wurden.

Östlich des mittleren Raumes im Haupttrakt war ein weiteres Gemach, das gegen Süden einen apsis-ähnlichen Mauerabschluß zeigt, mittels eines Hypokaust beheizbar. Im Norden wird das Gebäude durch einen 5 m breiten Gang abgeschlossen, der aber auch als offene Säulenhalle mit Blick in einen Garten und zum Rhein ausgeführt gewesen sein könnte. Die Gebäudemauern wurden in späterer Zeit so stark geplündert, daß keine Bodenreste oder keine der Inneneinrichtun-

Möhlin, Chleematt, Bleiwannenfragment  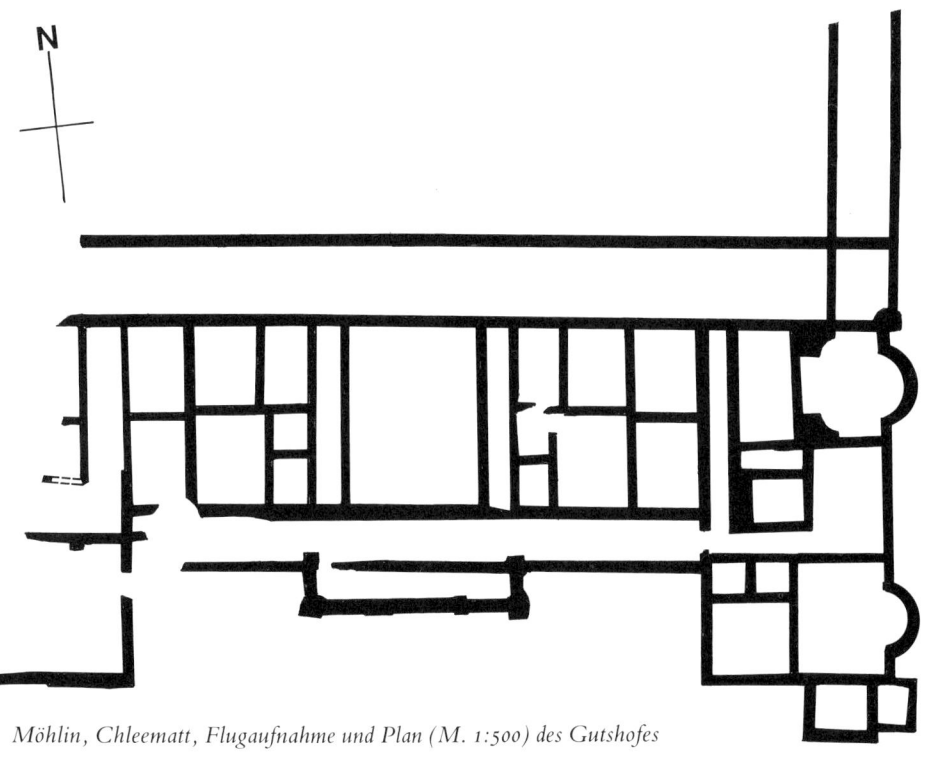   *Möhlin, Chleematt, Flugaufnahme und Plan (M. 1:500) des Gutshofes*

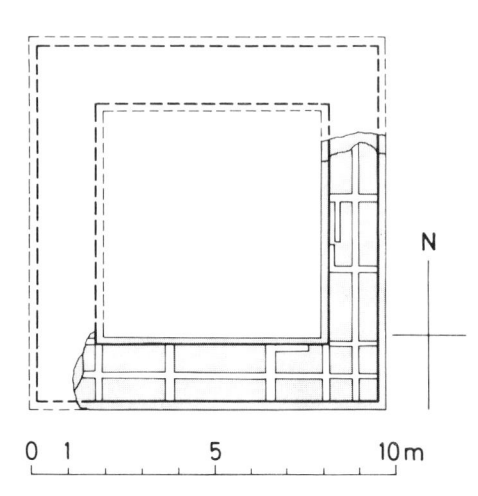

Möhlin, Fahrgraben, Wachtturm

ten Bleiwanne lassen uns die Reichhaltigkeit der Innenausstattung erahnen. Die übrigen Kleinfunde erlauben es, die Besiedlung ab der Mitte des 1. Jahrhunderts festzulegen. – *vJzS 58, 1984, 31 f*

Auf dem äußersten Sporn des *Bürkli* stand wohl ein spätrömischer Wachtturm.
Die übrigen Befestigungsbauten dürften zu einer früh- und hochmittelalterlichen Anlage gehören. – *Drack 1980, Nr. 6*

Im *Fahrgraben* sind noch heute die Süd- und Ostmauer eines ursprünglich 9,70 × 9,90 m messenden Wachtturmes sichtbar. Über der Fundamentsohle sind Spuren eines Balkenrostes aus Längs- und Querbalken zu sehen. – *Drack 1980, Nr. 7*

Ein weiterer Wachtturm stand in den *Unteren Wehren*. Von ihm ist lediglich noch die 9 m lange Südmauer erhalten, der Rest ist in den Rhein abgestürzt. – *Drack 1980, Nr. 8*

gen in situ mehr erkennbar waren. Lediglich farbige Mosaiksteinchen aus Glas, profilierte Marmorleisten und Teile einer verzierten

Mönthal (Bezirk Brugg)

Beim Neubau einer Scheune am Fuße des *Kirchhügels* fand H. Brack die 8 cm hohe Bronzefigur eines Apollo. Leider fehlen sonstige Beifunde oder Hinweise auf Gebäude. – *ASA 7, 1905/06, 171*

Mönthal, Apollostatuette

Mühlau (Bezirk Muri)

Im *Himmelrich* wurden 1866 größere Teile eines römischen Gutshofes freigelegt. Wie zur damaligen Zeit üblich, wurden die Funde zerstreut. Das noch greifbare Material

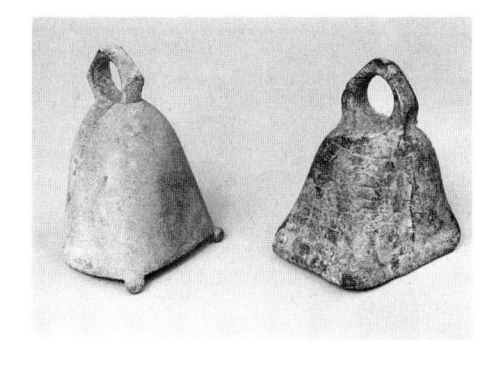

Möhlin, Chleematt, Ausgrabung des Gutshofes

Mühlau, Bronzeglocken

besteht aus eisernen Glocken, wenigen Terra Sigillata-Fragmenten (u. a. mit dem Töpferstempel Cibisus), einer kleinen Statuette eines Hahns sowie Münzen der Faustina, des Aurelianus, Philippus Arabs und Maximianus. – *Argovia 5, 1866, 333ff; Jb SGUF 53, 1966/67, 147*

Mühlau, bronzener Hahn

Mumpf (Bezirk Rheinfelden)

Unter dem *Hotel Anker* liegen die Fundamente eines befestigten Magazinbaues. Er besteht aus einem 17,5 × 26 m großen, hallenartigen Hauptteil, der an den Schmalseiten von je einem halbrunden Turm von 11,75 m Radius flankiert wird. Umgeben war dieser Bau von einem 1,7 m tiefen und 6 bis 7 m breiten Befestigungsgraben. Die für eine solche Anlage reichhaltigen Funde datieren alle aus der zweiten Hälfte des 4. Jahrhunderts (Terra Sigillata aus den Argonnen, Lavezgefäße, späte Reibschalen und Randstücke von Mayener Kochtöpfen; je drei Münzen der Kaiser Gratian und Magnus Maximus). Wenige Meter westlich dieses Magazins fand der Ausgräber K. Stehlin die Reste einer kleinen Badeanlage, die offen-

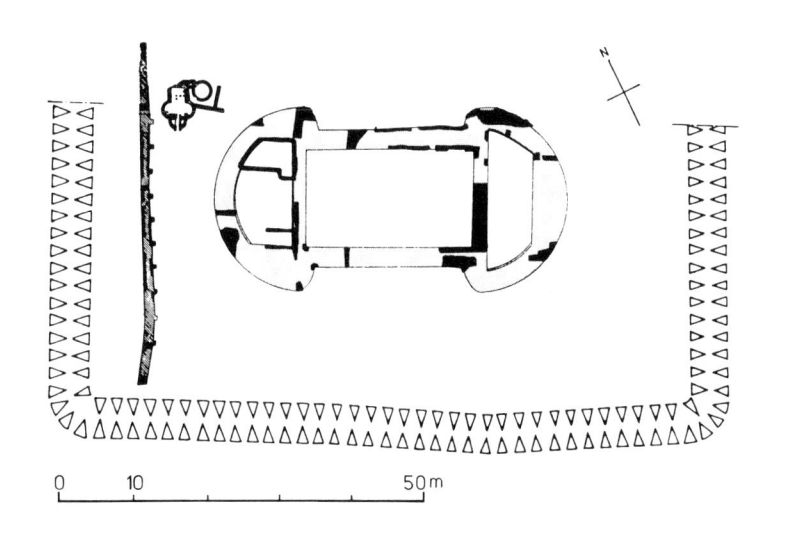

Mumpf, Anker, Rekonstruktion und Plan eines befestigten Magazins

Mumpf, Anker, spätrömische Keramik

Mumpf, spätrömisches Gürtelbeschläg

sichtlich zu einem Gebäude der mittleren Kaiserzeit gehörte.

Unweit dieser Anlage fand man 1930 zwei Skelettgräber, von denen eines kerbschnittverzierte Gürtelbeschläge eines Soldatengürtels des späteren 4. Jahrhunderts enthielt. – *Drack 1980, Nr. 12*

Zwischen Mumpf und Stein fand man das Fragment eines Meilensteines, der aufgrund der erhaltenen Inschrift in der Zeit des Kaisers Antoninus Pius (139 n. Chr.) aufgestellt wurde. Der Text der Inschrift lautet ergänzt:

Imp(eratori) [Caes(ari)] | T(ito) Ae[l(io) Hadr(iano) Anton] | ino A[ug(usto) pio p(ontifici) m(aximo) co(n)s(uli) II] de [sign(ato) III p(atri) p(atriae)] | A(ugusta) R(aurica)

«Dem Kaiser Titus Aelius Hadrianus Antoninus Pius, dem Augustus, Pontifex Maximus, zum 2. Mal Consul, zum 3. Consulat designiert, Vater des Vaterlandes. Von Augusta Raurica..... Meilen» – *Walser III, 1980, Nr. 323*

Münchwilen (Bezirk Laufenburg)

1963/64 kamen bei Bauarbeiten im *Sisselnfeld* die Ruinen eines ausgedehnten Gebäudekomplexes zutage. Im Zentrum der Anlage befand sich ein 25 × 19 m großer Hof mit umlaufendem Laubengang. Auf der Ostseite war er von einer Reihe gleichartiger Kammern begleitet, die ihrerseits an einen 30 m breiten rudimentär untersuchten Nebentrakt stießen. Westlich an den Hof grenzte eine Flucht von größeren, mit Mörtelböden versehenen Räumen. In der Südwestecke schloß eine Reihe beheizter, sowie ein unbeheizter Raum an, die als caldarium (heißes Bad), tepidarium (lauwarmes Bad) und frigidarium (kaltes Bad) des Badetraktes gedeutet werden müssen. Die Größe der Anlage sowie die verkehrsgünstige Lage am Ausgang des Fricktales zum Rheintal erlaubt die Interpretation als Raststätte (mansio) für von Vindonissa oder Augusta Raurica kommende Reisende.

Die schon in früheren Jahren freigelegten Wasserleitungsreste im südlich gelegenen Dorfgebiet dürfte den großen Komplex mit Wasser versorgt haben.

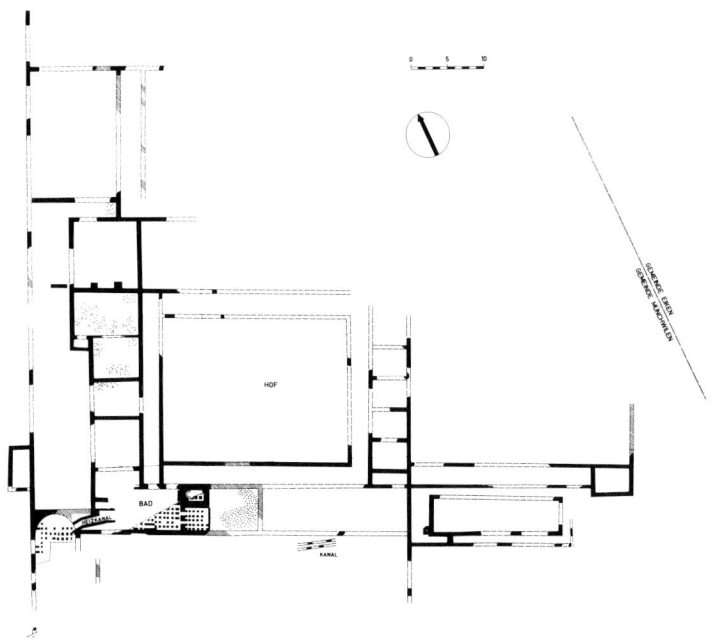

Mumpf, Meilenstein des Antoninus Pius

Münchwilen, Plan der Mansio (M. 1:1000)

Münchwilen, Warmwasserwanne

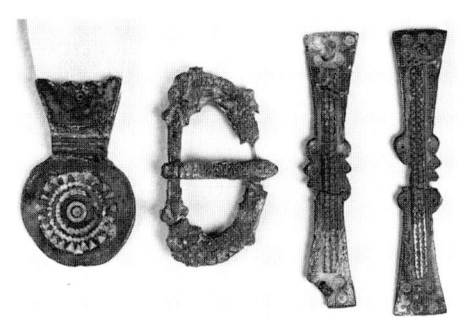

Muri, spätrömische Gürtelgarnitur

Neuenhof, Keller

Münchwilen, Hypokaustanlage

Muri (Bezirk Muri)

Sowohl aus dem *Mürlenfeld* als auch vom *Kirchenfeld* sind Funde gemeldet worden. Neben Ziegelfragmenten sind Münzen, ein Bronzegefäß und eine Statuette bekannt. Gürtelbeschläge des 4. Jahrhunderts deuten auf eine lange Siedlungszeit. Klare Gebäudegrundrisse sind uns bis heute nicht bekannt. – *Argovia 2, 1861, 6f*

Neuenhof (Bezirk Baden)

Im *Oberdorf* wurde 1975 der kleine Teil eines Gutshofes untersucht. Ein offener Hof (175 m²) ist auf drei Seiten von ca. 3 m tiefen gangähnlichen Räumen umgeben, die teilweise in kleinere Kammern unterteilt sind.

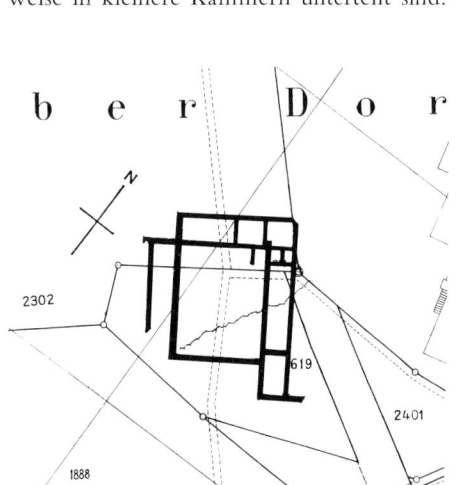

Von der Nordecke des Hofes führte eine Treppe in einen Keller, der durch ein Fenster in der Nordwestwand belichtet war.

Keramik des 1. bis 3. Jahrhunderts, u. a. Terra Sigillata aus den Werkstätten von Baden, eine große Zahl Ziegelstempel der 21. und besonders der 11. Legion sowie acht Münzen (spätes 1. bis mittleres 3. Jahrhundert), machen den Hauptteil des Fundmaterials aus.

Eine kleinere Gruppe von Keramik des 4. Jahrhunderts (u. a. Argonnen – Sigillata) sowie eine Münze des Constantius II zeigen, daß der Gutshof auch noch im 4. Jahrhundert bewohnt war. – *Badener Neujahrsblätter 1979, 44ff*

Die recht spärlichen Funde (Keramik und Metallgegenstände) erlauben eine genaue Festlegung der Benutzungszeit noch nicht. – *Roche-Zeitung 1965–1, 16ff*

Muri, Bronzepfanne

Neuenhof, Plan (M. 1:1000)

Neuenhof, bronzener Zügelring

Niederlenz (Bezirk Lenzburg)

In der *Bölli* kamen sehr fragmentarische Reste eines römischen Gebäudes zum Vorschein. Es waren nur noch die Bollensteine der untersten Fundamentlagen erhalten. Neben Ziegelstempeln der 21. und der 11. Legion bestand das keramische Material vorwiegend aus Typen des 2. und 3. Jahrhunderts, darunter waren auch Terra Sigillata-Stücke aus den Badener Werkstätten. Über Größe und Umfang der Gebäulichkeiten läßt sich heute nichts Näheres sagen. – *Jb SGUF 57, 1972/73, 327*

Niederwil (Bezirk Bremgarten)

Aus dem Bereich von *Kirche* und *Friedhof* sind Reste eines Gutshofes bekannt. Bei oberflächlichen Untersuchungen fand man Grobkeramik, Ziegel und Glasfragmente. Über Größe und Form der Gebäude ist uns nichts bekannt. – *Jb SGUF 1962, 80*

In der Flur *Riedmatten* fand man im vergangenen Jahrhundert ein 15,5 cm hohes Bronzegefäß mit ca. 500 Münzen. Davon sind heute noch 270 Exemplare im Münzkabinett des Schweizerischen Landesmuseums Zürich. Drei Münzen gehören ins 1. und 2. Jahrhundert, die übrigen sind in die Zeit zwischen Gallienus (259 n. Chr.) und Constantius II (346 n. Chr.) zu datieren. Dies bedeutet, daß dieser Münzschatz in den Wirren der Jahre um 350 n. Chr. im Boden verborgen wurde. – *MAGZ VII/6, 1853, 137*

Oberentfelden (Bezirk Aarau)

Im *Oberfeld* liegt eine der in sich geschlossensten Gutshofanlagen der Nordwestschweiz. Untersuchungen in den Jahren 1936 bis 1938, 1951 und 1958 haben den größten Teil dieser Gebäude zutage gebracht.

Eine rechteckige Hofmauer von 160 m Breite und 350 m Länge umschloß einen Wirtschaftshof von fast 6 ha, den man auf einer gepflästerten Straße durch den Torturm im Westen betrat. An die Mauer angebaut, waren in regelmäßigen Abständen 16 ein- oder zweiräumige Häuser, wohl für das Gesinde bestimmt. Gegen Osten schlossen drei große, mehrräumige Gebäude an, die Ställe und Scheune darstellen. Auf der Ostseite des Hofes, in der leicht erhöhten Flur *Bündtlis*, stand das langgestreckte Herrenhaus mit dem im Süden angebauten Badetrakt.

Niederwil, Bronzegefäß

Niederwil, Münzschatz

Oberentfelden, Blick aus der Ebene zum Standort des Herrenhauses (Bildmitte)

Der Mitteltrakt bestand aus fünf großen Zimmern, die alle einen Mörtelboden enthielten. Zwischen den beiden leicht vorspringenden Eckrisaliten im Norden und Süden, die beide als bescheidene Badeeinrichtungen angelegt waren, war ein Verbindungsgang erbaut.

Vor dem Mitteltrakt befand sich eine teilweise überdeckte Terrasse, die auf beiden Seiten von treppenturmartigen Bauten flankiert war. Zwischen diesen ist die Terrassenmauer eingespannt, die den gegen 8 m messenden Höhenunterschied zwischen dem Wirtschaftshof und dem Herrenhaus überwindet.

Der Badetrakt wurde 15 m abseits der südlichen Schmalseite des Herrenhauses gebaut und mittels einer Säulenhalle mit diesem verbunden. Er enthielt in der üblichen Abfolge den Auskleideraum, das kalte, laue und heiße Bad, welches von einem großdimensionierten Praefurnium beheizt werden konnte. An der Nordwestecke wurde später ein massiver mit Stützpfeilern versehener Annexbau errichtet, der als Kaltwasser-«Schwimmbassin» interpretiert wird. Ein schmaler Gang führte zu den westlich davon liegenden Latrinen.

Aufgrund der Funde (Abb. 70) kann man davon ausgehen, daß die erste Bautätigkeit im Oberfeld in die Mitte des 1. Jahrhunderts fällt. Der eigentliche Ausbau des Hauptgebäudes erfolgte zu Beginn des 2. Jahrhunderts, während die Erweiterung des Bades wohl erst in der 2. Hälfte des 2. Jahrhunderts durchgeführt wurde. Mehrere Münzen des 4. Jahrhunderts sowie das im Nordrisalit des Hauptgebäudes eingebaute recht einfache Bad deuten daraufhin, daß Teile der Anlage auch nach den Alemannenstürmen der 2. Hälfte des 3. Jahrhunderts im folgenden 4. Jahrhundert bewohnt waren. – *Argovia 48, 1937, 139 ff; 49, 1938, 263 ff; 50, 1939, 153 ff; US 16, 1952, 9 ff; 22, 1958, 33 ff*

Im *Fuchsrain*, etwa 800 m von der Villa im Oberfeld entfernt, legte man 1911 und 1919 einen Keller mit Holzverschalung und Steintreppe frei, der ein reiches Material an Keramik des 2. und frühen 3. Jahrhunderts enthielt. Es ist nicht anzunehmen, daß ein direk-

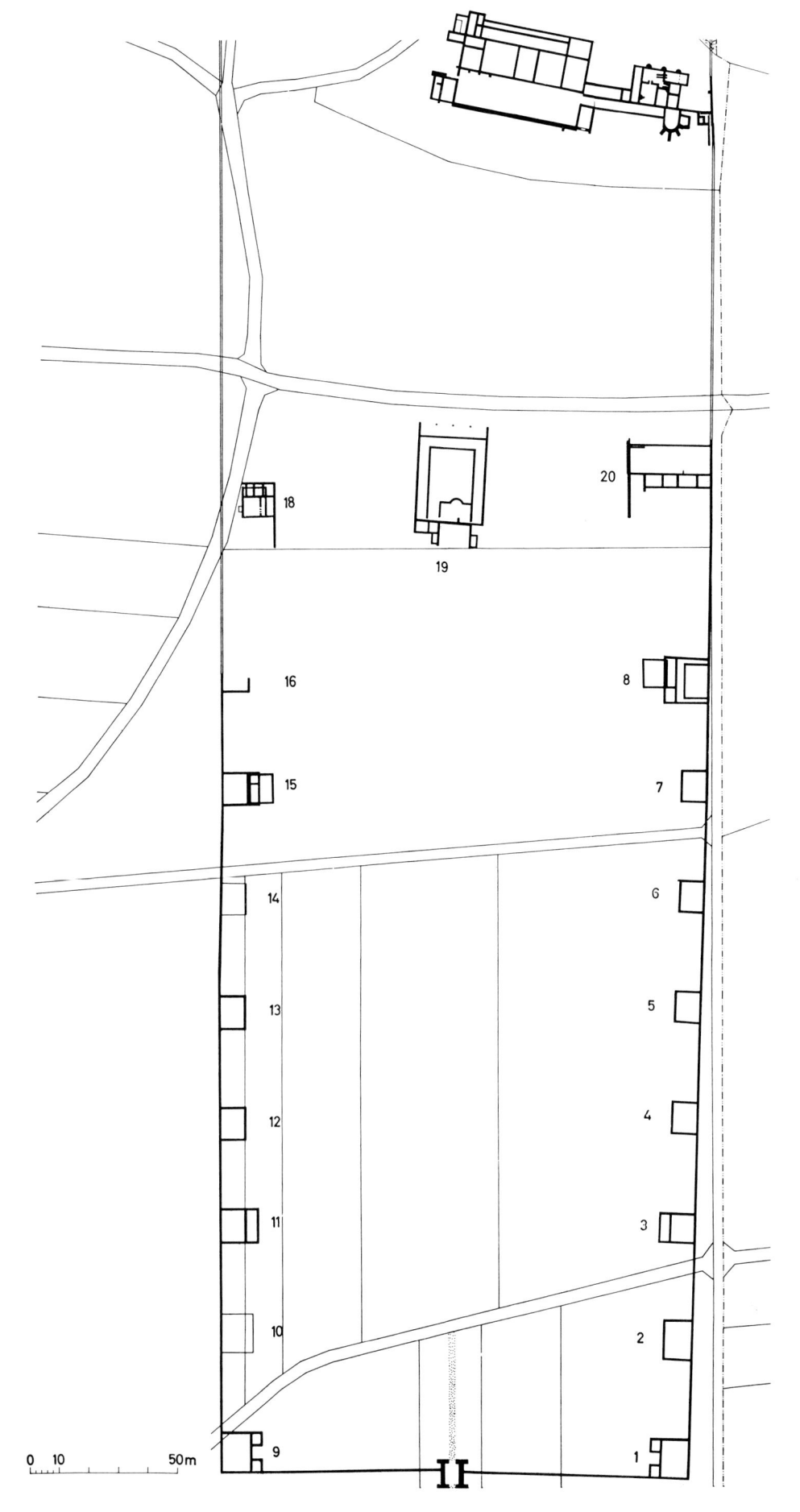

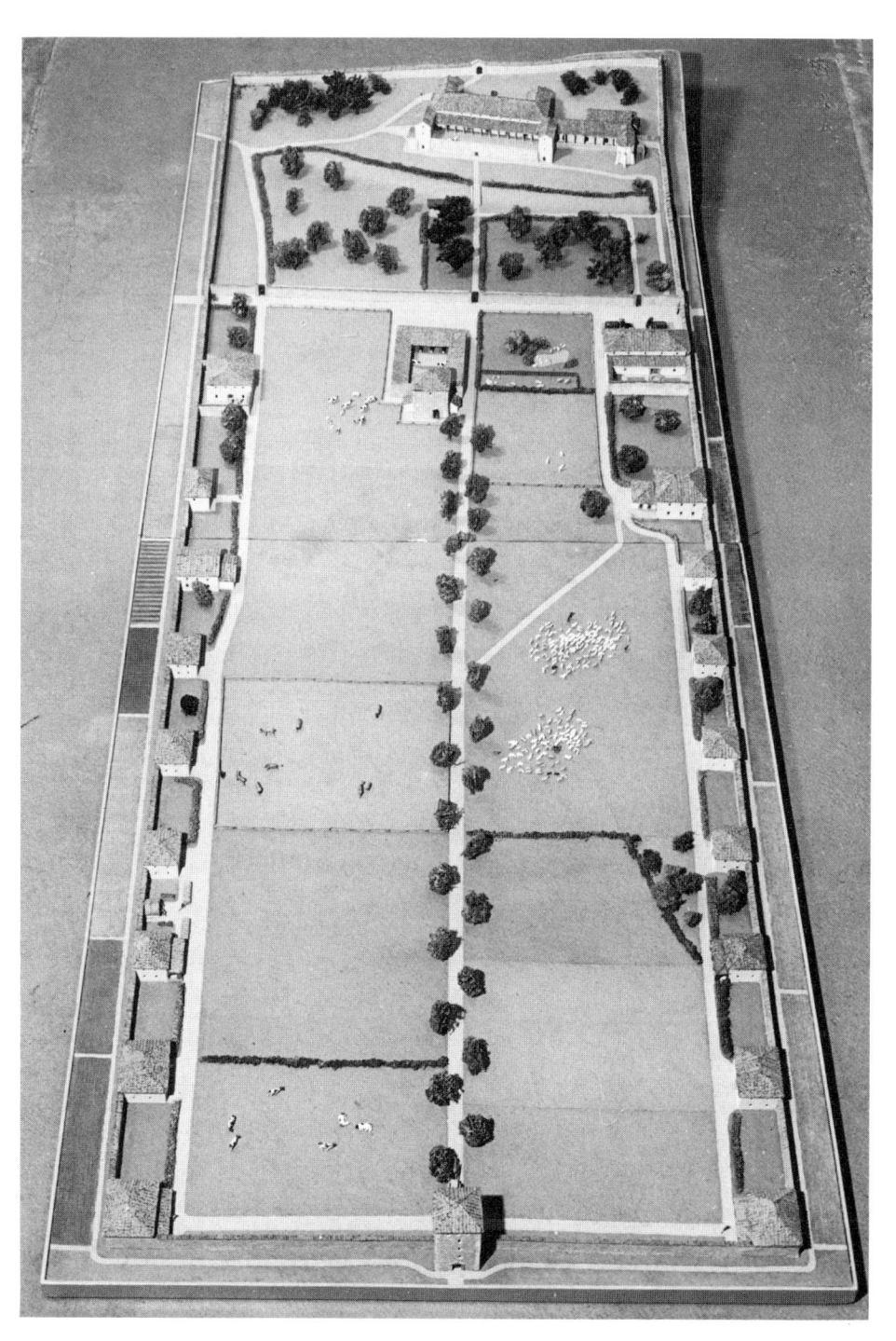

Oberentfelden, Modell des Gutshofes

ter Zusammenhang zum großen Gutshof besteht. Vielmehr dürfte sich hier ein zweiter Gutshof am Rande der fruchtbaren Suhrenebene befunden haben. – *Jb SGUF 1919/20, 112*

Oberkulm (Bezirk Kulm)

Am *Murhübel,* einem Hügel östlich des Dorfes, entdeckte der Grundeigentümer im Jahre 1756 Reste eines Gutshofes, der in der Folge auf Veranlassung der Berner Regierung unter der Leitung des Herrn de Schmidt freigelegt wurde. Eine ausführliche Beschreibung der Anlage mit Plänen und Zeichnungen liegen in der Stadtbibliothek Bern.

Es handelt sich um eine Portikusvilla mit Eckrisaliten und einem angebauten Bad im Ostflügel. Die einzelnen Räume waren bei der Ausgrabung noch in sehr gutem Zustand. Die Mauern waren noch in einer Höhe von 1 bis 1,8 m erhalten. Im Zentrum des Mitteltraktes befand sich ein langgestreckter Raum mit einem apsisähnlichen Abschluß gegen Süden. Rechts und links davon reihte sich eine größere Zahl von unterschiedlich großen Wohnräumen. Der Westflügel enthielt beheizbare Räume.

Von den damals gehobenen Funden ist leider der größte Teil verschwunden. Marmorplattenfragmente und mehrfarbige Wandmalereireste zeugen vom Reichtum der Ausstattung. Auch die detaillierte Beschreibung von de Schmidt deutet darauf hin, daß verschiedene Räume ausgemalt und mit Fresken verziert waren. Die noch vorhandenen und zuweisbaren Münzen gehören dem späten 1. bis mittleren 3. Jahrhundert an. Die Erbauung darf ins spätere 1. Jahrhundert gelegt werden. Eine umfassende Erneuerung und reichere Ausstattung erfuhr der Bau wohl in der 2. Hälfte des 2. Jahrhunderts n. Chr. Einzig die vier im Berner Historischen Museum aufbewahrten Zwiebelknopffibeln verdeutlichen, daß auch dieser Gutshof im 4. Jahrhundert noch bewohnt war. – *MAGZ 15, 1864, 128f; Gonzenbach 1961, 160ff*

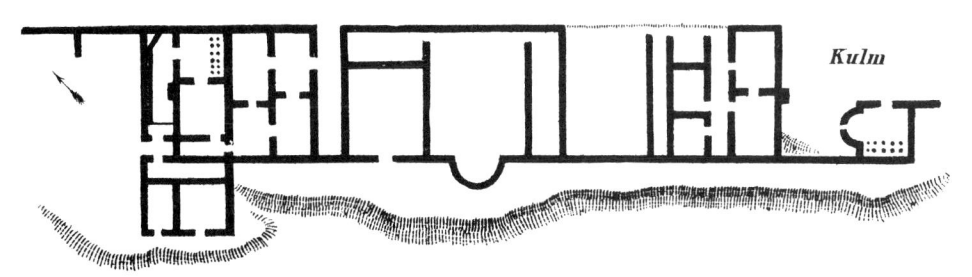

Oberkulm, Plan des Gutshofes

Oberlunkhofen (Bezirk Bremgarten)

Hoch über dem Dorf liegt mitten im Wald der *Schalchmatthau*, wo die beiden Lehrer S. Meier und B. Küng 1897 und 1898 den Grundriß eines nach Süden mit Blick ins Reußtal orientierten Gutshofes freilegten. Der 39 m lange Hauptbau gliedert sich in einem Mitteltrakt mit sieben unterschiedlich großen Zimmern, einer vorgelagerten 4 m tiefen Säulenhalle und einem diesen Gebäudeteil nach Norden abschließenden Gang. Flankiert wird dieser Mittelteil von zwei risalitähnlich vorspringenden Seitenflügeln, von denen der östliche eine einfache Badeanlage mit teilweise beheizbaren Räumen enthielt (Abb. 49), während im westlichen Flügel lediglich ein Raum mit einer Hypokaustheizung ausgerüstet war. Die beiden vorspringenden Eckrisaliten waren in ihren Ecken mit runden Strebepfeilern verstärkt, so daß wir uns eine zwar bescheidenere, aber von der architektonischen Gestaltung ähnliche Fassadengliederung wie beim Gutshof von Oberentfelden vorstellen können.

Südwestlich des Haupthauses wurden die Fundamente eines einräumigen 13,2 × 10,1 m messenden Nebengebäudes entdeckt, das wohl als Scheune bezeichnet werden darf.

Die heute nur noch spärlich vorhandenen Funde deuten auf eine Besiedlung ab Mitte des 1. bis ins frühere 3. Jahrhundert. Genau-

Oberlunkhofen, Aquarell der Grabung von 1897

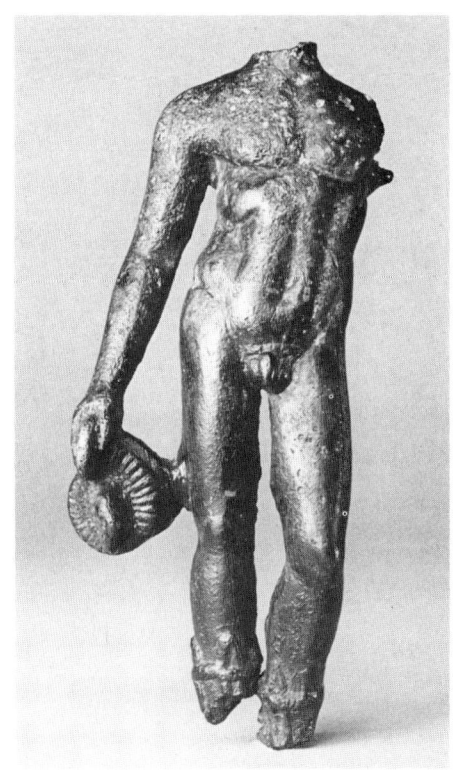

Oberlunkhofen, Bronzetorso eines Jünglings

191

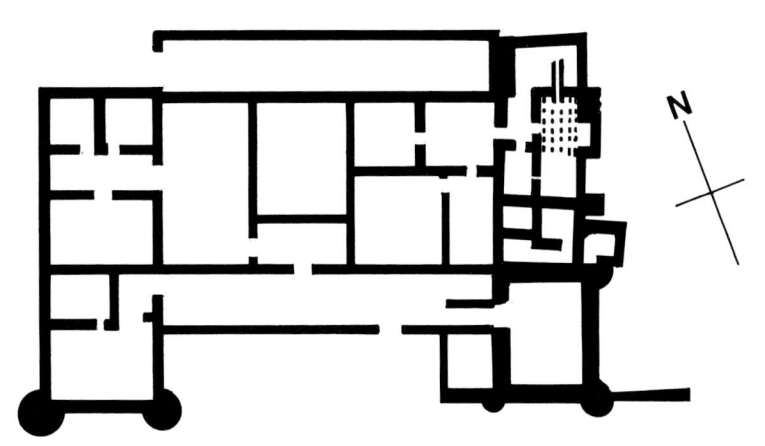

Oberlunkhofen, Plan (M. 1:500)

ere Datierungsangaben lassen sich aufgrund des Fundbestandes nicht machen.

Schließlich sei noch darauf hingewiesen, daß während der Ausgrabung eine Anzahl Skelettgräber mit Beigaben des 7. Jahrhunderts entdeckt wurden; ein Bestattungsbrauch der Alemannen, der auch schon andernorts beobachtet werden konnte.

Der östliche Seitenflügel wurde 1975 bis 1980 wieder freigelegt und konserviert. – ASA 1900, 246 ff

Obermumpf (Bezirk Rheinfelden)

Bei Grabungen außerhalb der *Kirche* von Obermumpf stieß man auf die Fundamente eines Gebäudes, das einen Teil eines Gutshofes darstellt. Interessanterweise konnte festgestellt werden, daß der erste, wohl karolingische Kirchenbau größtenteils auf den Mauern dieses römischen Gebäudes aufgebaut war (vgl. Mandach oder Veltheim). – vJzS 31, 1956, 49 ff

Obersiggenthal (Bezirk Baden)

Im Dorfteil *Kirchdorf* standen in einem Abstand von ca. 110 m zwei rechteckige Ökonomiegebäude. Das östliche mit einer Grundfläche von 13,7 × 23 m war durch eine Trennmauer in einen Haupt- und einen

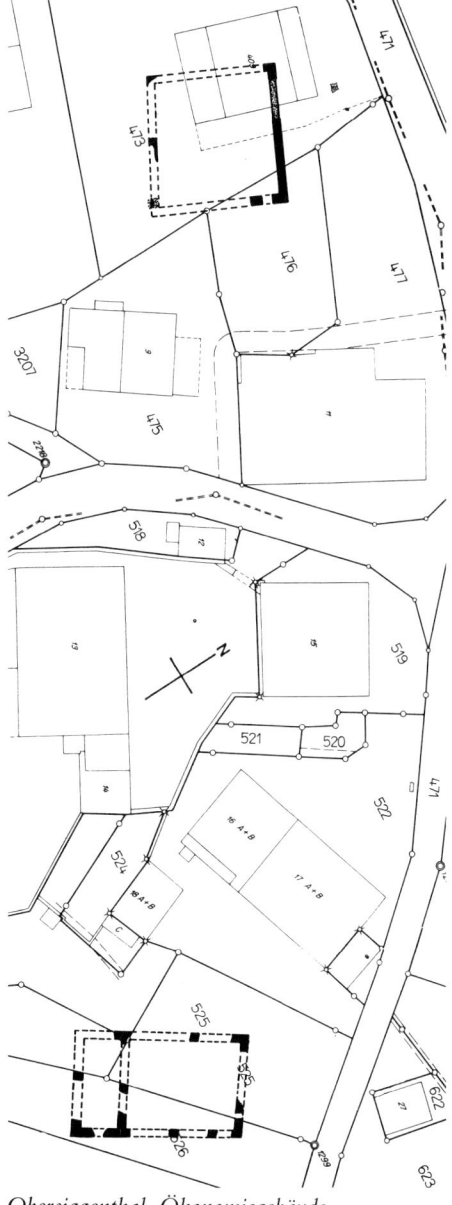

Obermumpf, Kirche und römische Mauern (M. 1:500)

Obersiggenthal, Ökonomiegebäude, Plan (M. 1:1000)

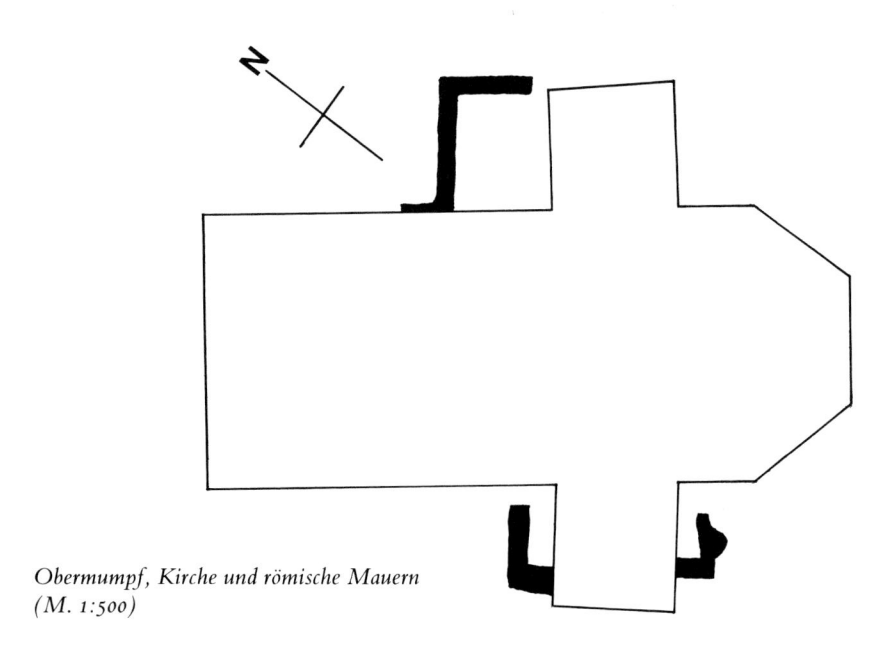

Nebenraum gegliedert. Das zweite hatte eine Grundfläche von 17,5 × 18,5 m und zeigte keine Innengliederung. Die Funde aus beiden Gebäuden zeigen, daß diese ab der 2. Hälfte des 1. Jahrhunderts bis ins frühe 3. Jahrhundert benutzt wurden. Der Standort des zugehörigen Gutshofhauptgebäudes ist bis heute nicht bekannt, dürfte aber im Bereich der Kirche liegen. – *Argovia 56, 1944, 217ff*

Oftringen (Bezirk Zofingen)

Beim Ausbau einer Kiesgrube in der *Kreuzstraße* konnten verschiedentlich Fundamentreste eines Gebäudes aufgezeichnet werden. Die äußerst spärlichen Funde (1 Terra Sigillata-Fragment mit dem Stempel des Töpfers Verecundus sowie ein weiteres reliefverziertes Stück aus Ostgallien) geben lediglich den Hinweis, daß das Gebäude im 2. Jahrhundert benutzt wurde. – *Jb SGUF 12, 1919/20, 112*

Olsberg (Bezirk Rheinfelden)

In den *Klosterrütenen* wurden bei Sondierungen Reste eines Gebäudes freigelegt. Neben einzelnen Mauern stieß man auch auf Reste von Mörtelböden und konnte eine Herdstelle freilegen. Verschiedene Keramikstücke zeigen, daß das Gebäude im mittleren 1. Jahrhundert errichtet und sicher bis in die 2. Hälfte des 3. Jahrhunderts (Münze des Kaisers Tetricus) bewohnt war. Hervorstechendstes Stück ist die Griffleiste eines silberüberzogenen Bronzetabletts. – *Bisher unpubliziert*

Olsberg, Grifflappen einer Bronzeplatte

Othmarsingen (Bezirk Lenzburg)

In der *Waldrüti* wurde eine Abfallgrube freigelegt, die mit Holzkohle, Ziegelresten, Nägel und einer Silbermünze des Kaisers Gallienus (259 n. Chr.) gefüllt war. Die Zugehörigkeit zu einem Gebäude ist nicht erwiesen. – *Jb SGUF 50, 1963, 84*

Reinach (Bezirk Kulm)

In der *Chilenbreiti*, an der Straße nach Beinwil, entdeckte J. Schmidlin im Jahre 1900 die Überreste eines Gebäudes. Das 10 × 13 m große Haus war von Süden her durch einen 3 m breiten Eingang zugänglich. Im Norden konnten auf beiden Seiten ganz schmale Annexe, deren Bedeutung unklar sind, festgestellt werden. Leistenziegelfragmente, einige Terra Sigillata-Bruchstücke der 2. Hälfte des 2. Jahrhunderts sowie ein Eisenschlüssel waren die einzigen Funde.

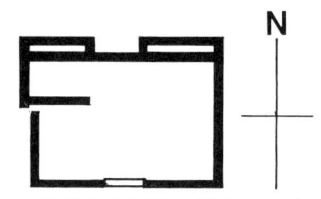

Reinach, Chilebreiti, Plan (M. 1:500)

Im Oktober 1950 wurde in der Nähe ein Teil eines Straßenbettes freigelegt, in welchem neben Ziegelresten zwei Münzen des 2. Jahrhunderts (Hadrian und Faustina) gefunden wurden. – *Jb SGUF 1930, 84; Jb Hist Ver Wynental 1951, 8f*

Rekingen (Bezirk Zurzach)

Im *Ruchbuck* konnten Teile eines Gutshofes erforscht werden. Bekannt sind heute ein 12,5 × 20 m großer Wohnteil mit einem leicht vertieften Kellerraum sowie ein sich gegen den Hang erstreckender Hofteil. Der Mittelteil des Gebäudes dürfte sich gegen Osten erstrecken. Im Westen stand ein isoliert gebautes Badegebäude, von dem bis heute zwei beheizbare Räume bekannt sind.

Das aus Terra Sigillata-Gefäßen, einfachen Kochtöpfen, Ziegelstempeln der 21. und der 11. Legion sowie einigen Münzen bestehende Fundgut zeigt, daß der Gutshof sicher ab ca. 50 n. Chr. bis in die 70er Jahre des 3. Jahrhunderts besiedelt war. Als besonderes und für unsere Gegenden nicht alltägliches Fundstück sei ein 63 cm hoher Tischfuß aus feinem Kalkstein erwähnt, der auf seiner Vorderseite eine plastisch modellierte Löwenpranke zeigt. – *Jb SGUF 46, 1957, 132ff; US 20, 1956, 42ff*

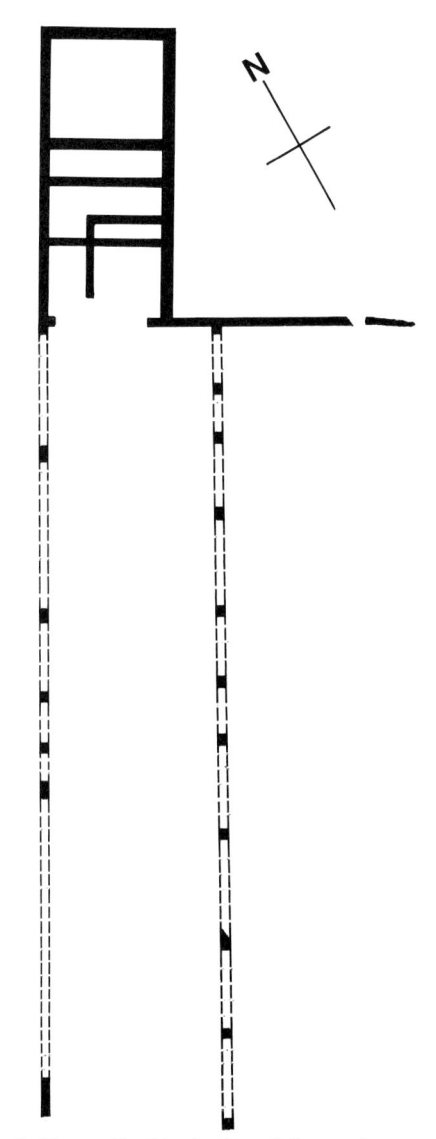

Rekingen, Ruchbuck, Plan (M. 1:500)

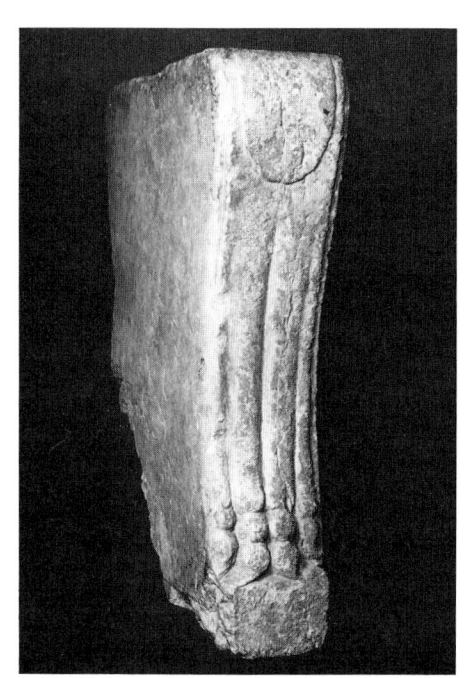

Rekingen, Ruchbuck, Tischbein aus Marmor

Im *Schlößliacker* stand ein Wachtturm, von dem bei der Untersuchung im Jahre 1922 nur noch letzte Fundamentreste erkannt werden konnten. – *Drack 1980, Nr. 20*

Remetschwil Bezirk Baden)

Im *Hintermur*, südöstlich von Bußlingen, fand man Keramik- und Ziegelfragmente, wovon eines mit dem Stempel der 21. Legion. Es muß an dieser Stelle also mit einem Gebäude gerechnet werden. – *Jb SGUF 1956, 60*

Remetschwil, Grosshau, Grabbeigaben eines Helvetiergrabes

Im *Großhau* entdeckte A. Conrad im Jahre 1948 ein sehr interessantes Brandgrab. Die beigegebene Keramik (Amphore, Krug und Teller) ist römisch und datiert aus tiberischer Zeit. Bei den Eisenobjekten handelt es sich um die Bruchstücke eines Schildbuckels, eines zusammengefalteten Schwertes und einer Lanzenspitze. Diese Waffenteile sind spätkeltischer Art. Sie dürften der Besitz eines einheimischen Helvetiers gewesen sein, der aber in der Mitte des 1. Jahrh. n. Chr. nach römischem Brauch kremiert wurde. – *Jb SGUF 1948, 72*

Remigen (Bezirk Brugg)

Im Dorf fand man eine Goldmünze (Aureus) des Kaisers Nero. – *Kraay, 117*

Remigen, Goldmünze des Nero

Rheinfelden (Bezirk Rheinfelden)

Von verschiedenen Stellen des Gemeindegebietes sind uns Einzelfunde bekannt. So stammt aus der mittelalterlichen Stadtmauer ein Ziegelfragment mit dem Privatstempel des Amasonius. Auf dem Gebiet der Bezirksschule fand man vereinzelt Terra Sigillata-Bruchstücke, während aus der Kiesgrube Zahner Gräber gemeldet wurden, die als Beigaben Sigillata-Gefäße der Typen Drag. 27 und 35, rätische Becher und Glasschalen enthielten. – *Jb SGUF 20, 1928, 84*

Die bedeutendste Anlage ist aber sicherlich der Gutshof beim *Görbelhof*. Das Gehöft besteht aus zwei Häusern. Beim einen läuft auf drei Seiten ein Peristyl von $1,7 \times 2,3$ m Breite um einen zentralen Raum von $13,5 \times 11$ m. Im Innenraum ist ein kleiner Keller eingetieft. Im Westen waren zwei kleinere Räume angebaut. Das zweite Gebäude ($12 \times 14,5$ m) hatte keine Innenunterteilung, enthielt aber von der Einrichtung

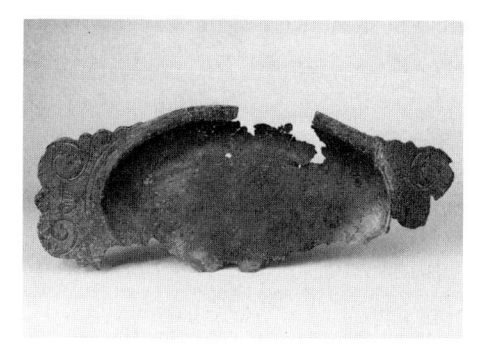

Rheinfelden, Görbelhof, Bronzetablett

noch eine gemauerte Nische, ein Steinplattenfundament und eine Herdstelle. Während Haus 1 als Wohnhaus zu bezeichnen ist, darf Haus 2 als Werkstatt eingestuft werden.

Nach Ausweis der Keramik und der Münzen ist das Gehöft kurz nach der Mitte des 3. Jahrhunderts erbaut worden, d. h. es entstand nach den Alemanneneinfällen von 259 n. Chr. Wohl genossen die Bewohner den Schutz des Ende des 3. Jahrhunderts erbauten Castrum Rauracense, das nur 5 km entfernt war. Das plötzliche Abbrechen der Münzreihe nach 350 zeigt aber, daß der Gutshof in den Wirren der folgenden Zeit aufgegeben wurde. – *Argovia 75, 1963, 6ff*

Im *Pferrichgraben* stehen die konservierten Fundamentreste eines Wachtturmes, dessen

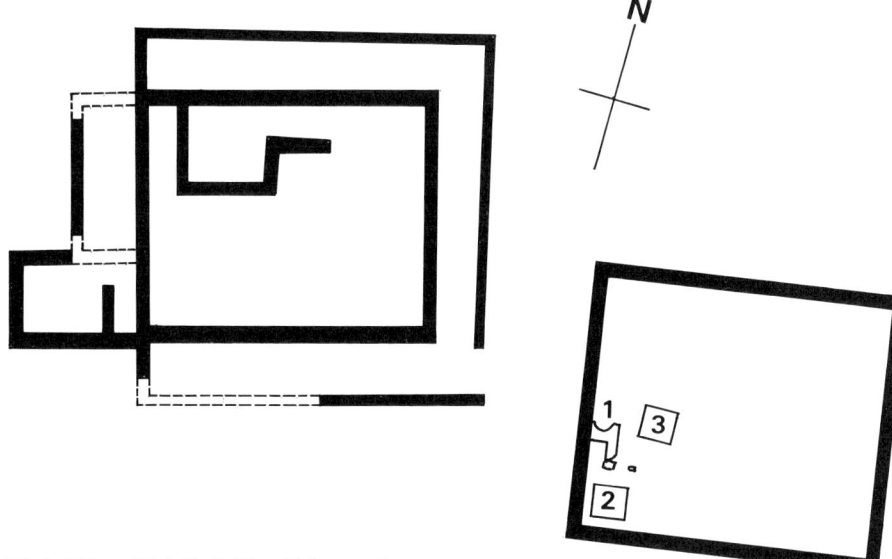

Rheinfelden, Görbelhof, Plan (M. 1:500)

Grundriß 11 × 12 m mißt. Die Mauerstärke beträgt 2,1 m. Er ist im Abstand von ca. 10 m von einem Verteidigungsgraben umgeben. Eine Münze des Constans sowie mehrere Randfragmente von Mayener Kochtöpfen bilden das ganze Fundmaterial. – *Drack 1980, Nr. 4*

Ein weiterer Wachtturm stand im *Heimenholz*. Er ist offenbar seit der Entdeckung 1911 in den Rhein gestürzt. Maßangaben liegen keine vor. – *Drack 1980, Nr. 5*

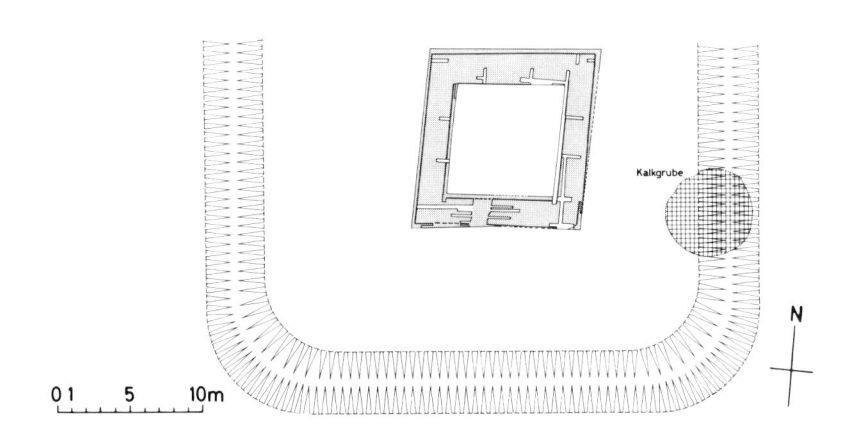

Rheinfelden, Pferrichgraben, Wachtturm

Riniken (Bezirk Brugg)

Auf dem *Iberg* im Bereich der mittelalterlichen Burganlage fand man als Streufunde einen Ziegelstempel der 21. Legion sowie ein Sigillatafragment des frühen 2. Jahrhunderts. Auch hier besteht, wie auf der Habsburg, die Möglichkeit, daß auf diesem exponierten Sporn ein Wachtturm stand. – *Jb SGUF 1974/75, 190*

Rohr (Bezirk Aarau)

Im *Suhrhard* ist über einer längeren Strecke das erhöhte Trassee der römischen «Aaretalstraße» zu sehen. Das Straßenbett wurde mehrere Male erneuert. Die älteste Straße war 7 m breit, während der letzte Zustand (ca. zehn Erneuerungen) nur noch eine Breite von 4 m zeigt. – *US 1940, 42 ff*

Rohr, Profil der Heeresstraße

Rüfenach (Bezirk Brugg)

Im *Dorfzentrum*, westlich der Hauptstraße, sind seit 1914 Reste eines Gutshofes bekannt, von dem nur ein kleiner Teil ausgegraben worden ist. Es handelt sich bei dem freigelegten Teil offensichtlich um den Badetrakt des Gutshofes, war doch ein Teil der sechs bekannt gewordenen Räume mit Hypokaustanlagen ausgerüstet.

Die Funde sind eher spärlich: wenig Keramik des späten 1. und des 2. Jahrhunderts sowie einige Stempel der 21. und der 11. Legion. Münzen fehlen. Einen interessanten Hinweis geben uns allerdings dreizehn Mün-

Rüfenach, Ausgrabung 1914

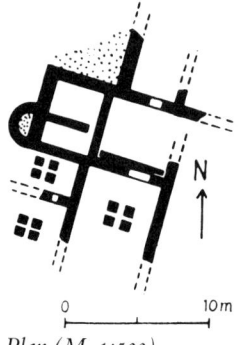

Im *Sandgraben* stehen noch heute die Fundamentmauern eines weiteren Wachtturmes, dessen Grundrißmaße 7,75 × 7,9 m betragen. Neben verbrannten Lehmverputzstücken fand sich ein Randfragment eines Mayener Kochtopfes. – *Drack 1980, Nr. 33*

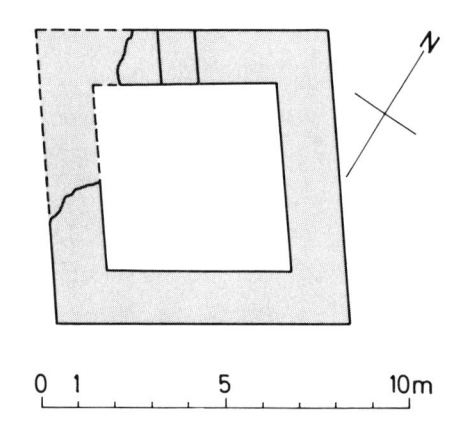

Rümikon, Sandgraben, Wachtturm

Rüfenach, Plan (M. 1:500)

zen, die 1851 in Rüfenach gefunden und der Antiquarischen Gesellschaft Zürich verkauft wurden. Die Münzreihe umfaßt Prägungen von Caracalla (215) bis Constantinus II (336). Nachdem der damalige Verkäufer, Lehrer F. Stäbli, auch andere Fundstücke aus Rüfenach (Legionsstempel, Marmorplättchen etc.) vorgewiesen hat, zeigen uns die Münzen, daß dieser Gutshof offensichtlich kontinuierlich bis ins mittlere 4. Jahrhundert besiedelt war. – *ASA 1915, 274ff*

Rümikon (Bezirk Zurzach)

Am *Tägerbach* stand ein Wachtturm, dessen Außenmaße 9 × 9 m und dessen Mauerdicke 1,5 m betrugen. Funde liegen keine vor. – *Drack 1980, Nr. 31*

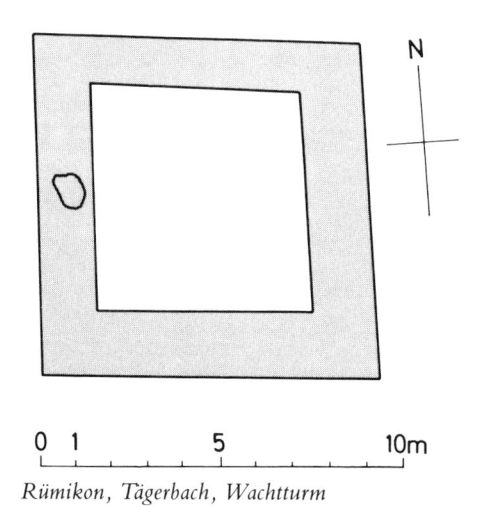

Rümikon, Tägerbach, Wachtturm

Rupperswil (Bezirk Lenzburg)

Einen noch teilweise erhaltenen Brennofen (Fläche 6 × 6 m) mit zwei Brennkammern legte O. Schultheß 1911 in den *Zozeläckern* frei. Trotz der zwei im Ofen einge-

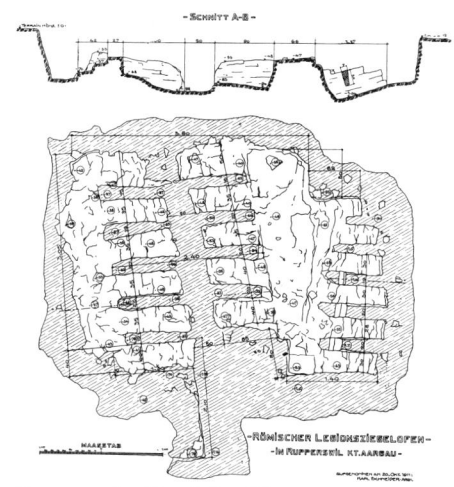

Rupperswil, Ziegelofen, Plan

mauerten Ziegelfragmente der 21. Legion ist eine eindeutige Datierung schwer vorzunehmen. Gefäßfragmente sowie schmale Ziegel des früheren 2. Jahrhunderts im umgebenden Schutt könnten eine Zuweisung zu den Privatbetrieben nahelegen.

In jedem Fall zeigen uns die bisherigen Funde aus Hunzenschwil und Rupperswil, daß hier auf einer Fläche von ca. 300 × 350 m in industrieller Form keramisches Baumaterial produziert wurde. – *Hkd Seetal 1927, 65 ff; Jb GPV 1965, 37 ff*

Safenwil (Bezirk Zofingen)

Bei einer Sondierung im *Hubelacher* (unterhalb der Kirche) wurde mittels weniger Schnitte der hypokaustierte Raum eines Gutshofes freigelegt. Als einziger datierender Fund kam eine unter Kaiser Claudius geprägte Münze des Agrippa zum Vorschein. – *Jb SGUF 1972/73, 332 f*

Sarmenstorf (Bezirk Bremgarten)

Im *Murimooshau* wurde unter der Leitung von G. Bersu im Jahre 1927 das 56 m lange Hauptgebäude eines großen Gutshofes ausgegraben. Der Mitteltrakt enthielt sechs Zimmer, die von zwei kurzen Gängen erschlossen wurden. Der Westfassade entlang zog sich eine 3,7 m breite Säulenhalle (Portikus). Flankiert wurde dieser Teil auf beiden Seiten von je einem vorspringenden Seitenflügel (Eckrisalit). Der Nordrisalit war ein turmartiges Gebäude mit einem kellerähnlichen Raum in Erdgeschoßhöhe. Im südlichen Flügel befand sich die Badeanlage mit einem beheizten Wohnraum, einem großen Heizraum (Praefurnium) sowie mit Ankleideraum, Kaltwasserbad, lauem Bad und hei-

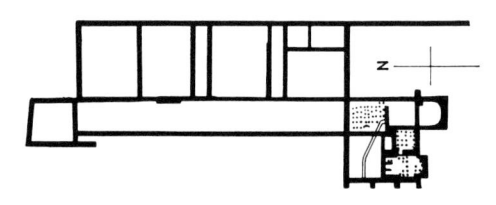

Sarmenstorf, Murimooshau, Plan (M. 1:1000)

Sarmenstorf, Murimooshau, Badeanlage

ßem Bad. Dieser Teil des Gebäudes konnte im Anschluß an die Untersuchung konserviert und unter einen Schutzbau gestellt werden. In der Umgebung des Hauptgebäudes wurden immer wieder Mauern von verschiedenen Nebengebäuden festgestellt. Da das Hauptgebäude in den Jahren vor der Ausgrabung durch Steinraub stark in Mitleidenschaft gezogen worden war, ist auch der Fundbestand sehr bescheiden. Es liegen Ziegelstempel der 21. und der 11. Legion vor, sowie bemalter Wandputz, Marmorstücke und wenig Keramik, die ins spätere 1. und ins 2. Jahrhundert zu datieren ist. Eine einzige Münze stammt aus der Regierungszeit des Kaisers Claudius. So ist es nicht möglich, über den Endpunkt der Besiedlung etwas auszusagen. – *Hkd. Seetal 32, 1958, 3 ff*

Schafisheim (Bezirk Lenzburg)

Im Gebiet *auf den Muren/Buchwald* wurden 1944 kleinere Gebäude, die zu einer Gutshofanlage gehörten, untersucht. Freigelegt wurden drei einfache rechteckige Baugrundrisse unterschiedlicher Größe (Bau I: 6,6 × 8,1 m; Bau II: 6,85 × 8,3 m; Bau III: 5,25 × 5,1 m). Der vierte Bau war größer (19 × 10 m) und durch zwei Innenwände in drei Räume unterteilt. In Bau II und III war der Boden mit einem Mörtelguß ausgestrichen. Außer Ziegelfragmenten gab es keine

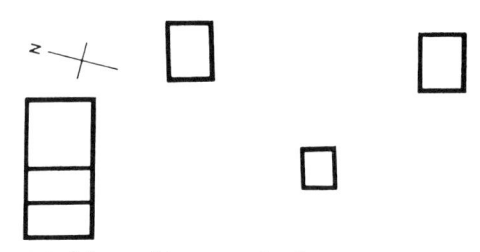

Schafisheim, Ökonomiegebäude, Plan (M. 1:1000)

Fundstücke. Die Deutung der Bauten als Ökonomiegebäude dürfte richtig sein. Ganz in der Nähe kam ein Stück eines Straßenbettes zum Vorschein, bei welchem auch Keramik des 2. Jahrhunderts n. Chr. gefunden wurde. – *US 8, 1944, 34 ff*

Schafisheim, Reliefsigillata

Schinznach-Dorf (Bezirk Brugg)

Im *Oberdorf* wurden zu mehreren Malen Teile eines Gutshofes angeschnitten. Die bisherigen Befunde ergeben noch kein klares Bild über die Art der Bebauung. Ziegelfragmente, Münzen des späten 1. Jahrhunderts sowie Keramikfragmente des späten 2. Jahrhunderts sind die bis heute bekannten Funde. Von einem 1953 angeschnittenen Hypokaustraum existieren heute nur noch Fotografien. – *JB SGUF 1954/55, 118; 1968/69, 145*

Schinznach-Dorf, Oberdorf, Hypokaust

Schinznach-Dorf, Chrummenland, Krug aus Skelettgrab

Die Reste eines weiteren Gebäudes konnten im *Winkel* (heute *Römerhof*) lokalisiert werden. Leider sind als Funde nur Ziegelfragmente überliefert. – *Bisher unpubliziert*
Bei Kanalisationsarbeiten im *Chrummenland* kam 1966 ein Skelettgrab zutage, das als Beigaben einen beigen Doppelhenkelkrug und einen Gefäßdeckel enthielt und aus dem späteren 2. Jahrhundert stammt. Der hier Bestattete dürfte ein Bewohner einer der oben beschriebenen Gutsbetriebe gewesen sein. – *Bisher unpubliziert*

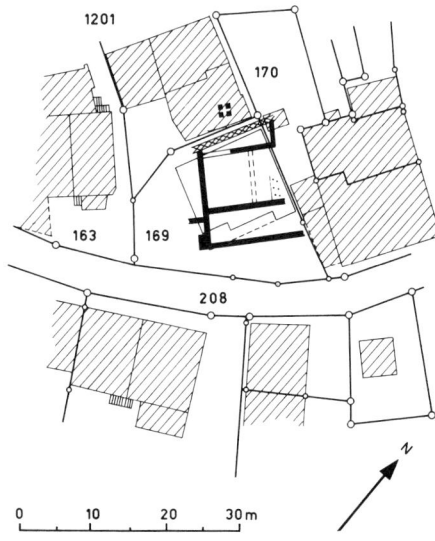

Schupfart (Bezirk Rheinfelden)

Auf dem *Betberg*, der Wasserscheide zwischen Schupfart und Wegenstetten, stand ein einfacher Gutshof, der mehrere deutlich nachweisbare Bauperioden aufweist. Der erste Bauzustand zeigt einen rechteckigen Bau mit vorgesetzter Portikus gegen Südosten und einer kleinteiligen Innengliederung. In der späteren Periode wurde das Gebäude im Grundriß beinahe verdoppelt. Der Rechteckbau zeigt im Nordosten mehrere kleine Räume, während die ganze westliche Hälfte als Innenhof interpretiert wird.

Gegen Süden wird das Gebäude wiederum von einer Säulenhalle (Portikus) abgeschlossen, an welche im Osten noch ein geschlossener Raum angefügt wurde. Das reichhaltige

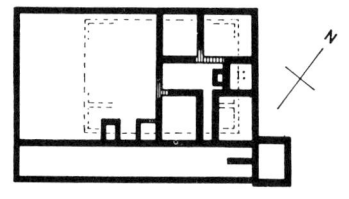

Schupfart, Betberg, Plan (M. 1:1000)

Fundmaterial (Keramik, Münzen, Geräte und Fibeln) weist auf eine Erbauung um 100 n. Chr. hin. Das Gehöft dürfte bis zu Beginn des 3. Jahrhunderts besiedelt gewesen sein. – *vJzS 7, 1932, 42 ff*

Schinznach-Dorf, Oberdorf, Plan (M. 1:1000)

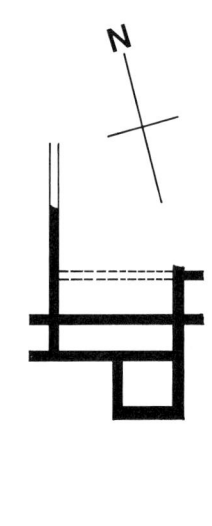

Schinznach-Dorf, Winkel, Plan (M. 1:500)

Schupfart, Betberg, Reliefsigillata

Schwaderloch (Bezirk Laufenburg)

Auf dem Hügelsporn des *Unteren Bürgli* steht, teilweise noch erhalten, ein Wachtturm von beträchtlicher Größe (17,6 × 17,9 m). Er wird im Innern durch eine schmale West-Ostmauer in zwei Räume aufgeteilt. Der Eingang liegt in der Mitte der Nordmauer und ist 1,8 m breit.

Das Fundmaterial besteht aus späten Reibschalenfragmenten, fünf Münzen des Valentinian I und des Gratian sowie aus zwei Zwiebelknopffibeln.

Eine außerordentlich große Zahl von Keramik des 2. Jahrhunderts (vor allem der Formen Drag. 27 und 36) zeigt, daß an dieser Stelle ein früherer Bau gestanden hat. Ob es sich dabei um eine militärische oder eine zivile Anlage gehandelt hat, läßt sich heute nicht entscheiden. – *Drack 1980, Nr. 20*

In Sichtverbindung (1,1 km) mit dem Unteren Bürgli steht in nordöstlicher Richtung an einem alten Rheinarm der nächste Wachtturm, das *Obere Bürgli*. Sein Grundriß ist wesentlich kleiner und mißt 7,5 × 7,5 m. Die Schwelle zum Eingang an der Nordseite ist noch erhalten. Die Ausgrabungen von 1977 haben gezeigt, daß der durch Münzen und Keramik datierte Steinbau einen Vorgänger aus Holz hatte, der in constantinischer Zeit errichtet wurde (in der unteren Schicht 24 Münzen aus der Zeit zwischen 324 und 346 n. Chr.).

Das Steinfundament wurde 1978 konserviert (Abb. 152). – *vJzS 1978, 1 ff*

Seengen (Bezirk Lenzburg)

Die klimatisch und landschaftlich bevorzugte Lage am Hallwilersee hat offensichtlich schon die Römer dazu bewogen, hier zu siedeln. Allein auf dem Gemeindegebiet kennen wir die Reste von drei Gutshöfen. Der eine befand sich in der Gegend der heutigen *Kirche* und des *Pfarrhauses*. Zu verschiedenen Malen wurden bei Kanalisations- und sonstigen Aushubarbeiten Mauerzüge und Mörtelböden freigelegt. Terra Sigillata-Gefäße des 1. und 2. Jahrhunderts, Ziegelstempel der 21. und der 11. Legion und ein Mosaikfragment aus dem Beginn des 2. Jahrhunderts waren die Ausbeute.

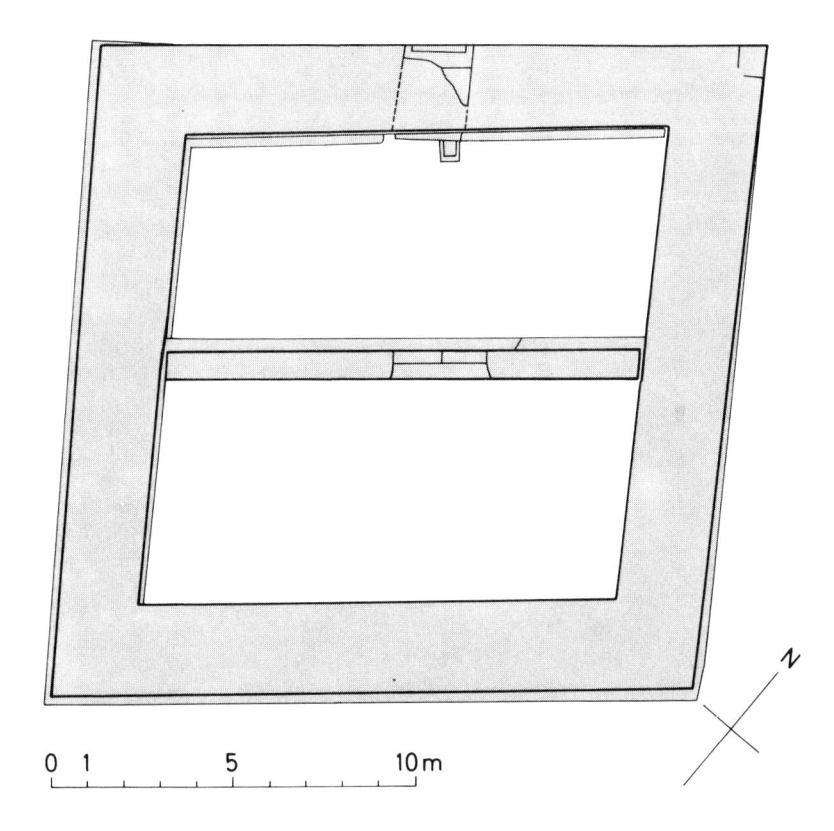

Schwaderloch, Unteres Bürgli, Wachtturm

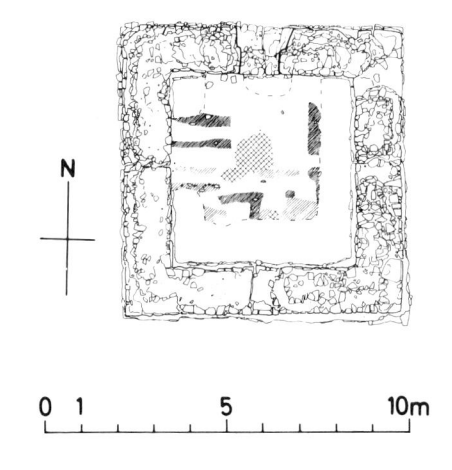

Schwaderloch, Oberes Bürgli, Wachtturm

Schwaderloch, Oberes Bürgli, spätrömischer Kochtopf

Seengen, Doppelvilla beim Markstein (M. 1:500)

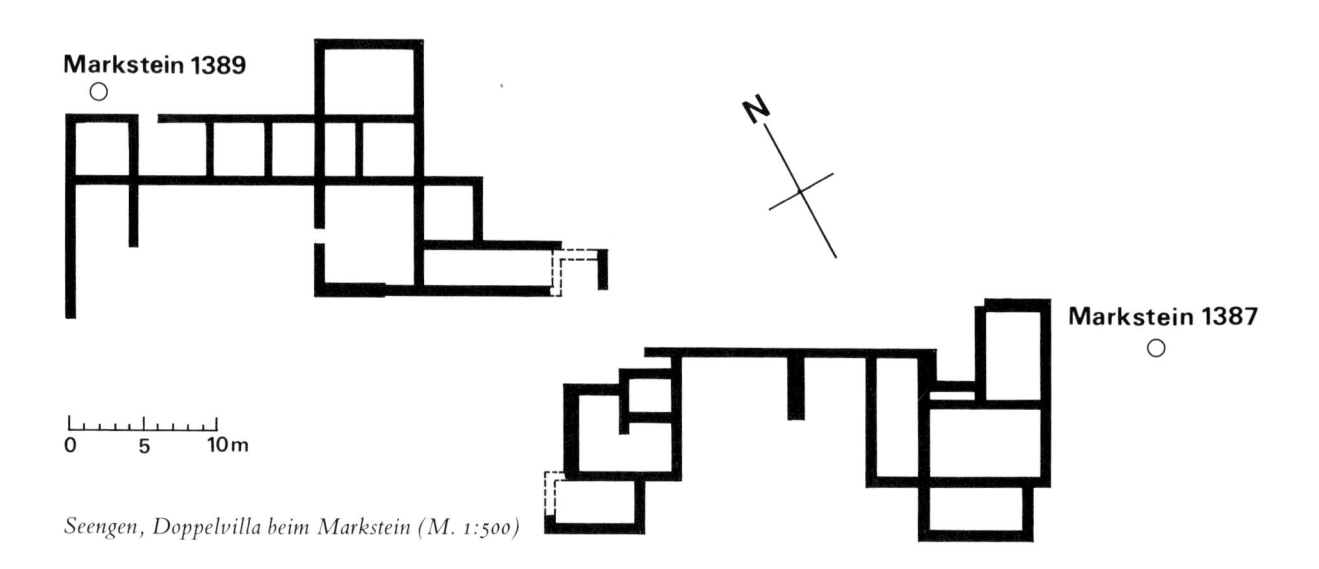

Eine Besonderheit stellen die beiden Gutshöfe auf der Höhe von *Markstein* dar. Sie liegen unmittelbar nebeneinander und sind durch einen 7,5 m breiten und ca. 35 m langen Pflästerboden miteinander verbunden. Bei den 1922 durchgeführten Grabungen wurden leider zum größten Teil nur die Mauern freigelegt. Das bedeutet, daß über die Zweckbestimmung der einzelnen Räume wenig ausgesagt werden kann und daß auch nicht mit Bestimmtheit feststeht, ob die Grundrisse vollständig erschlossen sind.

Vom südlichen Gebäudekomplex (35 × 13 m) sind in zwei Flügeln vier, resp. drei Räume bekannt. Dazwischen lag wohl eine Halle. Der nur ca. 6 m nördlich davon errichtete zweite Bau (37 × 17 m) zeigt in seinem Ostflügel sechs Räume, von denen einer mit einer Hypokaustheizung ausgestattet war. Nach Westen schlossen vier weitere Räume an.

Leider wurde das Fundmaterial nicht nach Gebäuden getrennt, so daß es nicht möglich ist, zeitliche Unterschiede in der Besiedlung festzustellen. Die Funde sind gesamthaft ins 2. und frühere 3. Jahrhundert zu datieren.

Für die Erklärung dieser außergewöhnlichen Baukonstellation könnte folgender Hinweis der Ausgräber dienen: Die Terrainneigung des nördlichen Baus beträgt 9%, während beim südlichen 13% gemessen wurden. Dieser Unterschied beruht aber nicht auf der natürlichen Gestaltung des Abhanges, sondern ist durch eine Senkung oder Rutschung des Terrains des südlichen Baus entstanden. Somit besteht die Möglichkeit, daß die beiden Gebäudekomplexe gar nicht gleichzeitig bewohnt waren, sondern daß der nördliche Bau erst erbaut wurde, als der erste durch die Terrainsenkung unbewohnbar geworden war. – *Jb SGUF 1922, 80ff*

Seon (Bezirk Lenzburg)

Im *Biswind*, nahe der Gemeindegrenze zu Schafisheim, untersuchte W. Drack im Sommer 1945 den Grundriß eines einfachen dreiteiligen Gebäudes (25,9 × 13,8 m). Der durch eine Holzwand zweigeteilte Mittelraum diente zusammen mit dem westlichen Vorraum teilweise als Wohnung, während die ostwärts liegenden Partien als Scheune

Seon, Biswind, Ökonomiegebäude (M. 1:1000)

und Stall benutzt wurden. Wir haben also ein einfaches römisches Bauernhaus vor uns, das nach Beurteilung der keramischen Funde zu Beginn des 2. Jahrhunderts erbaut und bis in die Mitte des 3. Jahrhunderts bewohnt war. – *Hkd. Seetal 1946, 86ff*

Im *Mädisbrunnen* wurden 1960 die untersten Fundamentlagen eines Gebäudes freigelegt. Die spärlich gefundene Keramik weist auf die erste Hälfte des 3. Jahrhunderts hin. – *Hkd. Seetal 1960/62, 11f*

Sisseln (Bezirk Laufenburg)

Östlich vom Dorf stand ein befestigter Magazinbau, ähnlich demjenigen von Mumpf. Auch er bestand aus einem 18 × 26,8 m großen, hallenartigen Hauptteil, der an den Schmalseiten von je einem halbrunden Turm von 12 m Radius flankiert war. Auf verschiedenen Höhen im Mauerwerk konnten Spuren eines Balkenrostes aus Längs- und Querbalken festgestellt werden. Die keramischen Funde (Reibschalen und Mayener Kochtöpfe) datieren auch diesen Bau in die zweite Hälfte des 4. Jahrhunderts. – *Drack 1980, Nr. 14*

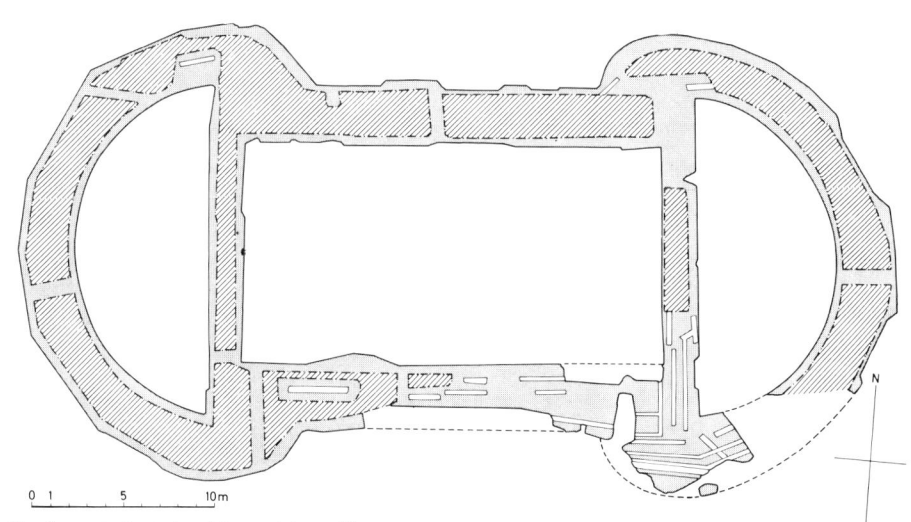

Sisseln, spätrömischer Magazinbau, Plan

«Dem Kaiser Nerva Traianus,
Sohn des vergöttlichten Nerva,
Germanensieger, Oberpriester,
Inhaber der tribunicischen Gewalt,
Consul zum zweitenmal,
Vater des Vaterlandes,
für das drittemal (zum Consul) ernannt.
85 Meilen»

Die 85 römischen Meilen (124,6 km) sind von Aventicum aus gezählt. – *Walser, Itinera Romana I, 90, Nr. 4*

Suhr (Bezirk Aarau)

Am *Totenweg* fand man eine Goldmünze (Aureus) des Kaisers Nero. – *Argovia 7, 1871, 105, Nr. 3*

Tegerfelden (Bezirk Zurzach)

In den *Reckholder Reben* entdeckte Förster Hauenstein 1931 die Reste eines Gebäudes mit einem gegossenen Mörtelboden. Ziegel und Eisennägel waren die einzigen Funde, doch sind offensichtlich schon im 19. Jahrhundert römische Objekte gefunden worden. – *Jb SGUF 1942, 94*

Turgi (Bezirk Baden)

Im *Unterwil*, an der Heeresstraße von Windisch nach Baden, fand man 1534 einen Meilenstein, der aufgrund der erhaltenen Inschrift in der Zeit des Kaisers Trajan (98 n. Chr.) aufgestellt wurde. Der Text der Inschrift lautet:

Imp(eratori) Caesari |
divi Nervae f(ilio) |
Nervae Traia |
no Aug(usto) Germ(anico) |
pont(ifici) max(imo) trib(unicia) |
pot(estate) co(n)s(uli) I [I] p(atri) p(patriae)
des(ignato) III
m(ilia) p(assum)
LXXXV

Suhr, Goldmünze des Nero

Turgi, Meilenstein des Trajan

Umiken, Goldmünze des Tiberius

Unterkulm, Münzschatz

Umiken (Bezirk Brugg)

Am 3. September 1796 fand man in Umiken (der genaue Fundort ist unbekannt) eine Goldmünze des Kaisers Tiberius, die zu Ehren des verstorbenen Augustus geprägt wurde. – *Jb BHM 4, 1924, 70*

Unterkulm (Bezirk Kulm)

Im *Friedhof* der reformierten Pfarrkirche legte man zu verschiedenen Malen römisches Mauerwerk und Ziegelfragmente frei. – *Jb SGUF 50, 1963, 85*

Westlich der Kirche, beim *Sonnenhof*, fanden 1971 Schüler bei Kanalisationsarbeiten 564 spätrömische Münzen eines Münzschatzes. Die Münzreihe reicht von Constantinus I (323) bis zu seinem Sohn Constantius II (350).

Der Schatz war in den Wirren der Usurpation des Magnentius kurz nach 350 n. Chr. im Boden verborgen worden. Es besteht durchaus die Möglichkeit, daß die Gebäude bei der Kirche noch im 4. Jahrhundert bewohnt waren. – *Jb GPV 1971, 59ff*

Unterlunkhofen (Bezirk Bremgarten)

Im *Morgenzelg* entdeckte 1890 ein Bauer bei der Suche nach verwendbaren Steinen zwei hervorragend erhaltene Mosaikböden. Diese Entdeckung führte zu einer Intervention von J. Hunziker, der dank einer bezirksgerichtlichen Verfügung und mit finanzieller Hilfe des Regierungsrates eine Untersuchung des Gebäudes durchführen und anschließend die beiden gefährdeten Mosaikböden heben konnte.

Der freigelegte Gebäudeteil enthält zwei Bauperioden. An das ursprüngliche dreiräumige Kleinbad, in dessen Räume A und C die oben erwähnten Mosaiken verlegt waren (3. Viertel des 2. Jahrhunderts n. Chr.), wurde gegen Ende des 2. Jahrhunderts im Osten ein dreiteiliges caldarium (Räume E, F und K) angebaut. Dabei wurde das bisherige caldarium (D) zusammen mit C zu einem zweiteiligen tepidarium (Lauwarmbad) umfunktioniert. Außerdem wurde im Westen ein Aufenthaltsraum (H) mit Apsidenabschluß angefügt. Weitere Gebäudeteile des Gutshofes wurden damals nicht freigelegt.

Sondierungen, die 1980 und 1982 bei Neubauten ca. 80 m nördlich dieser Badeanlage durchgeführt wurden, haben gezeigt, daß sich der Gutshof in diese Richtung erstreckt. Offen bleibt heute, ob die Badeanlage als Südflügel des nach Westen ausgerichteten Hofes angesehen werden muß oder

Unterlunkhofen, Bronzebasis mit Hahn und Opfernden

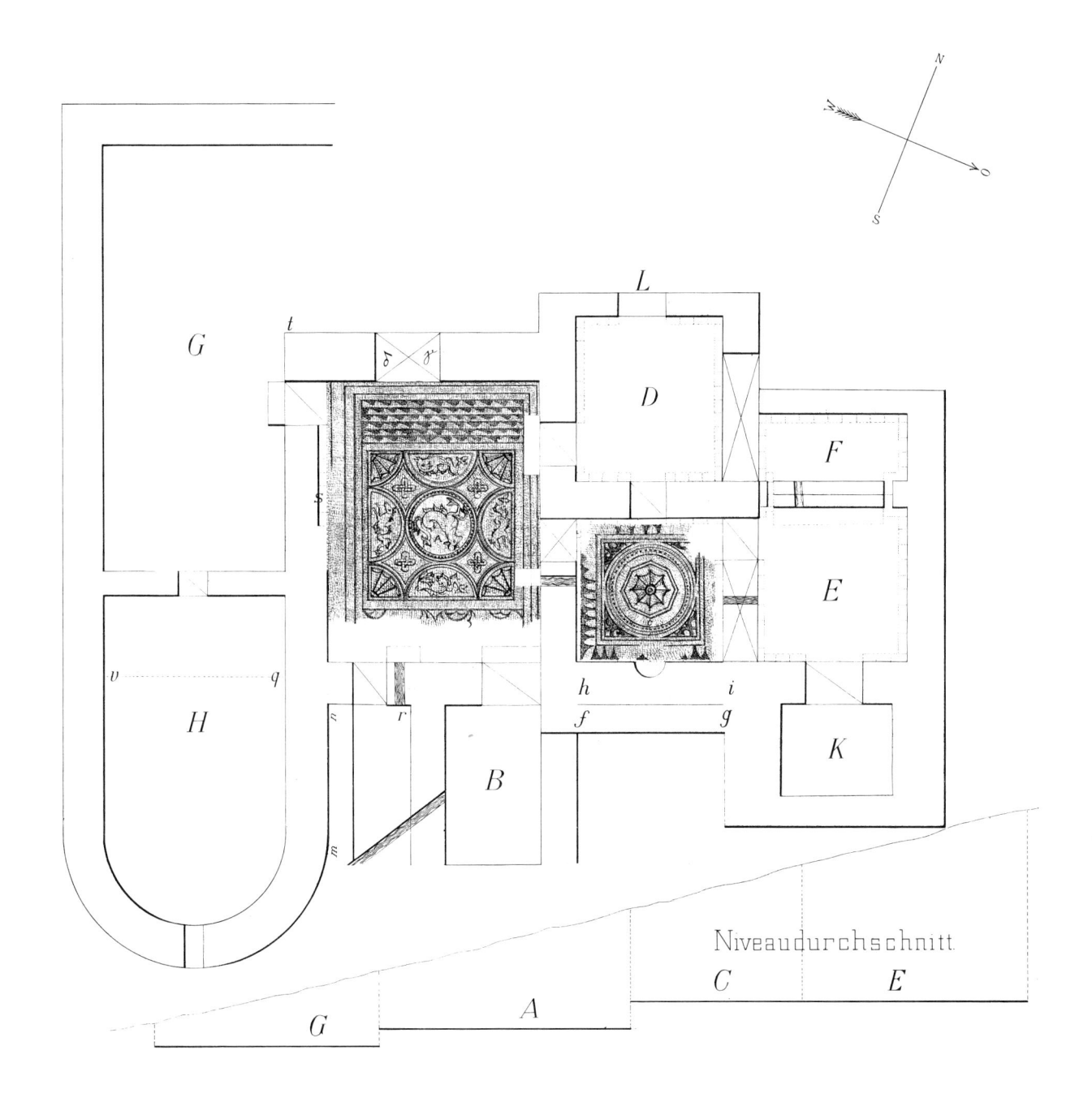

Unterlunkhofen, Badeanlage des Gutshofes mit figürlichen Mosaiken, Plan (M. 1:100)

203

ob es sich um ein freistehendes Badegebäude gehandelt hat.

Die beiden 1890 gehobenen Mosaikböden (Abb. 42–45) sind heute im Historischen Museum Baden ausgestellt. Das größere (3,5 × 2,9 m) stammt aus dem frigidarium (A) und zeigt im Mittelkreis einen Seestier, in den seitlichen Halbkreisen je einen Hippokamp (Seepferd), im oberen und unteren Halbkreis je einen Delphin. Die Ecksegmente zeigen Viertelmuscheln. Oben und unten wird das Bildfeld von verschiedenen Ornamentsstreifen abgeschlossen. Das quadratische (2,4 × 2,4 m) Mosaik aus dem tepidarium (C) stellt geometrische Muster, Kreise, Rankenmuster und eine Zeltdachrosette in der Mitte dar. – *Argovia 24, 1893, 1ff; Gonzenbach 1961, 218 ff*

Veltheim (Bezirk Brugg)

Beim Abbruch des alten und Bau des neuen *Pfarrhauses* sowie bei Grabungen außerhalb des *Kirchenchores* kamen verschiedene Mauern, Mörtelböden und Funde, u.a. Ziegelstempel der 21. und der 11. Legion zum Vorschein, die auf einen Gutshof an dieser Stelle schließen lassen. – *Jb SGUF 42, 1952, 93*

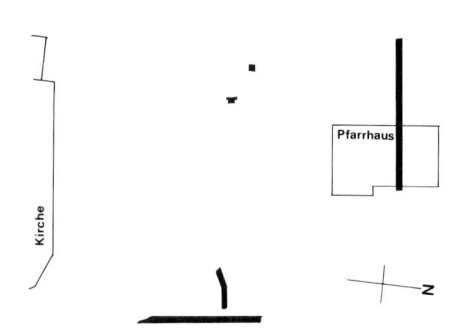

Veltheim, Mauerreste (M. 1:1000)

Villigen (Bezirk Brugg)

Beim Aushub für eine Wasserleitung in der *Schürmatt* stieß man 1958 auf die Räume einer Badeanlage. Es handelt sich dabei um den östlichen Flügel eines nach Süden orientierten Gutshofes. Die freigelegten Räume

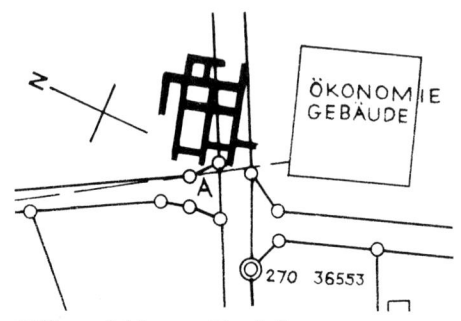

Villigen, Schürmatt, Gutshof, Plan (M. 1:1000)

waren teilweise beheizt und stellen die typische Abfolge solcher Bauten dar, nämlich beheizter Ankleideraum, laues Bad, heißes Bad und Kaltwasserbad mit Wanne.

Die weiteren Gebäudeteile dürften sich nach Westen erstreckt haben. Die Funde entsprechen in ihrer zeitlichen Einordnung dem bekannten Bild. Ein erster Bau ist in der 2. Hälfte des 1. Jahrhunderts n. Chr. errichtet

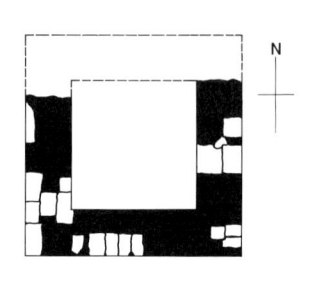

Villigen, Mandacheregg, Wachtturm (M. 1:100)

worden (Stempel der 21. Legion, südgallische Terra Sigillata), und bewohnt war dieser Gutshof bis in den Beginn des 3. Jahrhunderts. – *Jb SGUF 47, 1958/59, 197f*

Auf der *Mandacheregg* entdeckte Lehrer P. Geißmann die Reste eines Wachtturmes, der in der Folge 1930 freigelegt wurde. Der quadratische Turm hatte Außenmaße von

Villigen, Mandacheregg, Blick vom Wachtturm ins Aaretal

3 × 3 m, die Mauerstärke betrug 0,6 m. Es handelt sich hier um einen Wachtposten, der den Juraübergang von Etzgen über den Rotberg nach Villigen zu überwachen hatte. Die 30 gefundenen Münzen zeigen, daß ein Bau des Turmes in constantinischer Zeit angenommen werden muß und daß er bis ans Ende des 4. Jahrhunderts in Funktion blieb (3 Stück des 2. Jahrhunderts, 2 Gallienus, Rest 4. Jahrhundert bis Valentinianus I). – *Jb SGUF 22, 1930, 91*

Villmergen (Bezirk Bremgarten)

In der *Schleife* fand man eine Goldmünze (Aureus) des Kaisers Vespasianus. – *Jb SGUF 34, 1943, 72*

Villmergen, Goldmünze des Vespasian

Eine Untersuchung im Jahre 1945 an der Offiziersgasse ergab eine aus schwach konischen Tonröhren konstruierte Wasserleitung. Leider ist das Gebäude, welches von dieser Leitung mit Frischwasser versorgt wurde, bis heute nicht bekannt geworden. – *Bisher unpubliziert*

Villnachern (Bezirk Brugg)

Im *Muracher* kamen verschiedentlich Schuttschichten aus Ziegeln und Steinen zutage (u. a. ein Stempel der 21. Legion), die Hinweise auf einen Gutshof geben. – *Jb SGUF 1909, 95*

Wallbach (Bezirk Rheinfelden)

In den *Bünten* wurde 1911 unter der Leitung von K. Stehlin ein Teil eines nach Westen orientierten Gutshofes untersucht. Aufgrund des uns vorliegenden, sehr summarisch aufgenommenen und ohne Detailbeschreibung versehenen Planes darf angenommen werden, daß es sich bei dem freigelegten Gebäudeteil um den Nordflügel (40 × 23 m) eines größeren Gutshofes handelt. Eine Interpretation der einzelnen Räume kann nicht vorgenommen werden, doch sprechen ältere Dorfbewohner von Heizungsanlagen, Bad und Mosaikböden. Leider konnten diese Angaben nicht überprüft werden. Die Funde, die z. T. bei Sondierungen 1979 und 1981 zum Vorschein kamen, lassen auf das späte 1. und das 2. Jahrhundert schließen.

In der *Stelli* sind die Überreste eines Wachtturmes noch heute erhalten. Der Grundriß beträgt 17,5 × 17,5 m, die Mauerdicke mißt 2,3 m. Im Innern stehen vier im

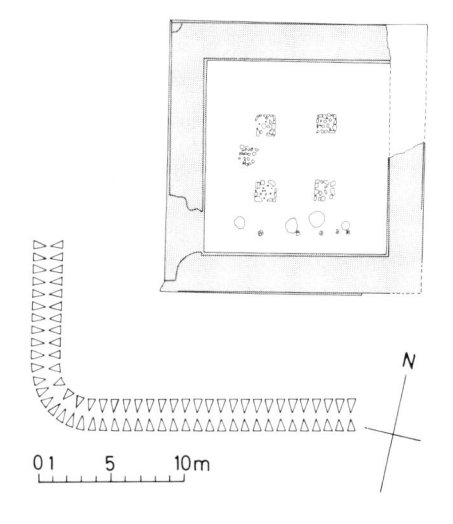

Wallbach, Stelli, Wachtturm, Plan und Ansicht

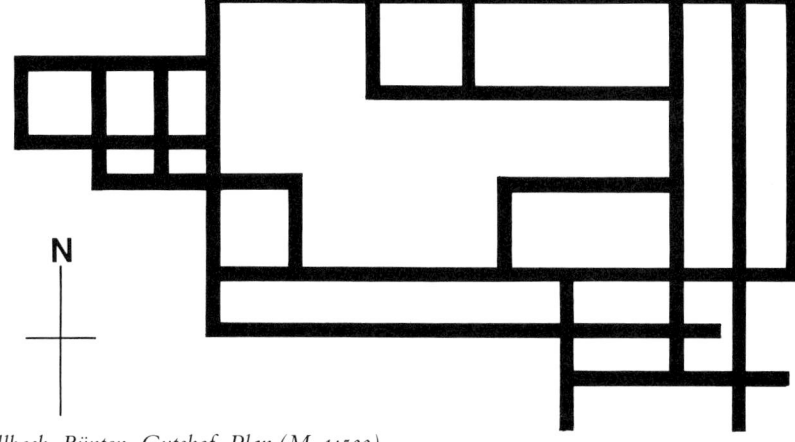

Wallbach, Bünten, Gutshof, Plan (M. 1:500)

Quadrat angeordnete Pfeilerfundamente von 1 m Seitenlänge. Entlang der Innenseite der Nord- und der Südwand fand man je drei Herdstellen. Im Abstand von 6 bis 7 m war außerhalb des Turmes noch im Westen und Süden ein 1 m tiefer und 2,5 m breiter Graben festzustellen. Neben einigen Stücken von Mayener Kochtöpfen fand sich auch das Randstück eines Lavezgefäßes. – *Drack 1980, Nr. 9*

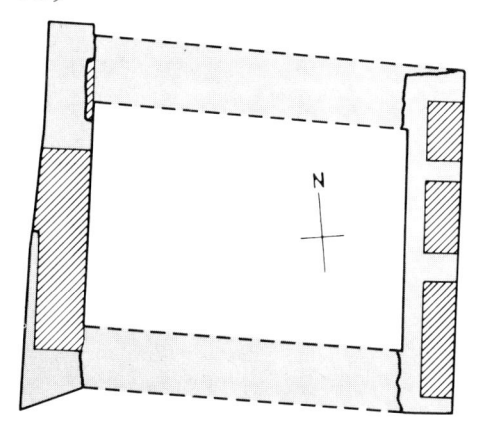

Wallbach, Unter der Halde, Wachtturm

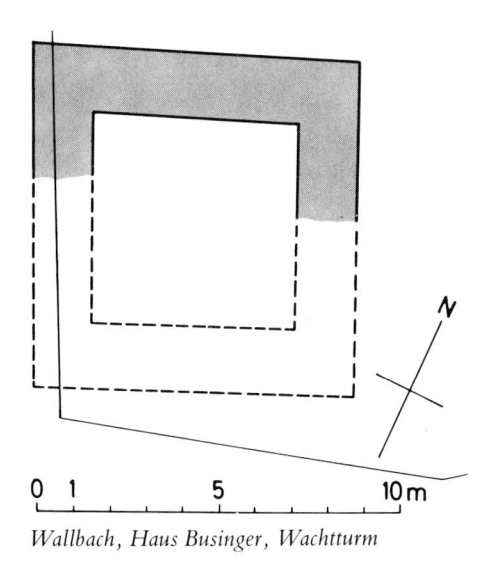

Wallbach, Haus Businger, Wachtturm

Ein weiterer Wachtturm stand *Unter der Halde*. Allerdings sind nur noch Teile der West- und der rheinseitigen Ostmauer erhalten. Der errechnete Grundriß dürfte 8,6 × 11,3 m betragen haben. – *Drack 1980, Nr. 10*

Unter dem *Haus Businger* (Vers. Nr. 22) sind noch Reste eines weiteren Wachtturmes erkennbar, der eine Grundfläche von 8,95 × 8,95 m einnahm. Das Bodenstück eines Mayener Kochtopfes bildet hier das einzige Fundstück. – *Drack 1980, Nr. 11*

Waltenschwil (Bezirk Muri)

Im Jahre 1862 wurde der Badetrakt einer langrechteckigen Portikusvilla nördlich von *Büelisacker* entdeckt und ausgegraben. Von den neun freigelegten Räumen waren deren vier mit einer Hypokaustheizung ausgerüstet. Es handelt sich hier um die Reste eines Reihenbades mit Kalt-, Lau- und Heißwasserraum, wobei letzterem in Nischen noch zwei Wannen angebaut wurden. Besonders der mit 3 bezeichnete Raum war mit einem Boden- und einem Wandsockelmosaik von 30 cm Höhe ausgestattet. Das Wandmosaik zeigte ein Rankenmotiv mit farbigen Knospen und Blüten.

Von den Funden ist der größte Teil verschollen. Ziegelstempel der 21. und der 11. Legion deuten auf eine Erbauung im späteren 1. Jahrhundert hin, während zwei Münzen (Victorinus und Claudius II Gothicus) das Enddatum kurz nach der Mitte des 3. Jahrhunderts wahrscheinlich machen. – *MAGZ 15, 1864, 122ff; Gonzenbach 1961, 225f*

Wegenstetten (Bezirk Rheinfelden)

In der Umgebung der Kirche wurden immer wieder Ziegel, eiserne Schlüssel und Münzen gefunden, ohne daß man genauere Hinweise auf zugehörige Gebäulichkeiten hatte. – *Jb SGUF 1948, 73*

Wettingen (Bezirk Baden)

Im Jahre 1633 wurde in der Nähe des Klosters ein Silberschatz gefunden, der aus acht Silbergefäßen und einer größeren Anzahl von Silbermünzen des 3. Jahrhunderts bestand und zwischen 250 und 260 n. Chr. bei den Alemanneneinfällen im Boden verborgen wurde. Drei der Teller tragen Inschriften mit den Namen Mercurius Matutinus und Mars Militaris; eine Platte zeigt einen umlaufenden Figurenfries mit magischen Motiven und Symbolen. Das schönste Stück ist ein Schöpfgefäß mit einem Fries, auf dem die sieben Planetengötter Saturn, Venus, Jupiter, Merkur, Mars, Luna und Sol dargestellt sind. Auf dem Griff erkennt man Victoria und Merkur. Der Schatz kam nach seiner Auffindung vor die Badener Tagsatzung, wo er nach Gewicht unter die Standesherren verteilt wurde. Glücklicherweise ließ der Zürcher Standesherr H. H. Witz sämtliche Stücke vor ihrem Einschmelzen zeichnen, so daß uns heute wenigstens dieses Dokument noch erhalten geblieben ist. – *ZAK 1946, 1ff*

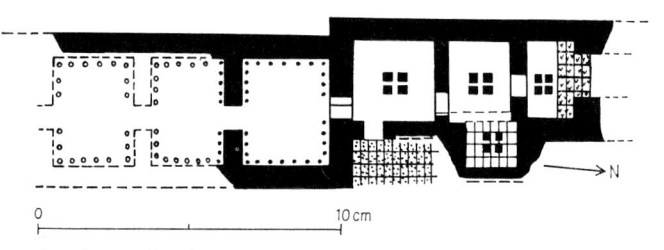

Waltenschwil, Büelisacher, Badeanlage

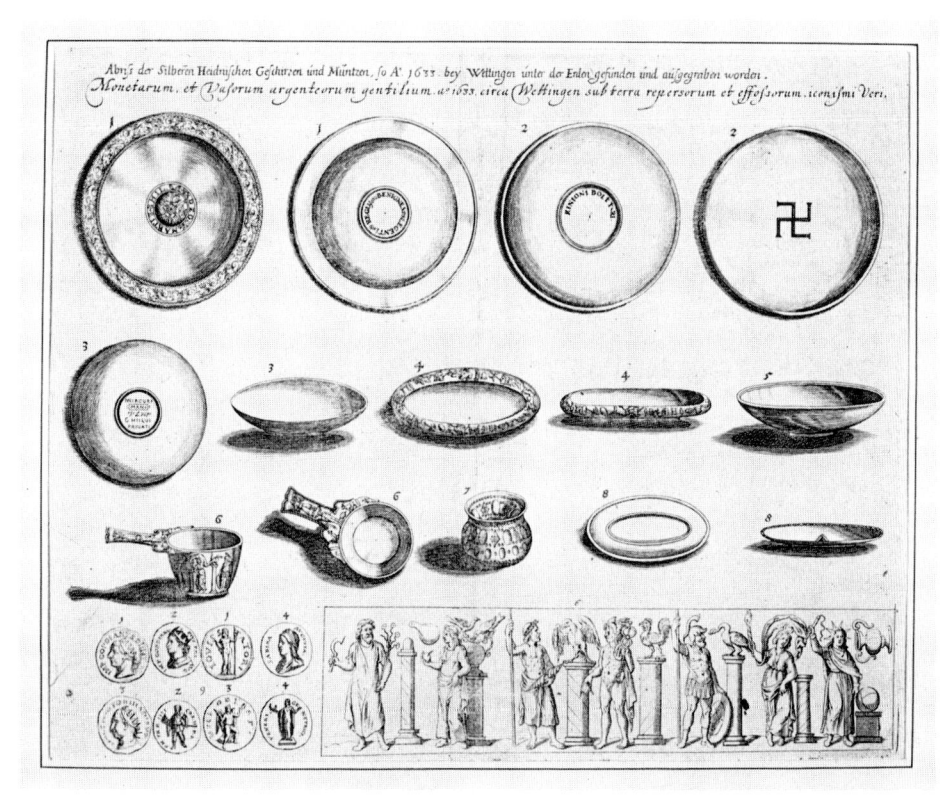

Wettingen, Silberschatz, Zeichnung von Math. Merian

Widen (Bezirk Bremgarten)

In der Lenisweid kamen in einer Schwemmschicht, die im Zusammenhang mit schwer deutbaren drainageartigen Holz- und Steinstrukturen stand, vier Bronzeobjekte zum Vorschein, die zu einem evtl. nur teilweise erhaltenen Bronzeversteckfund gehören. Es handelt sich um eine Bronzeplatte (Ø 28,8 cm) mit horizontal abstehendem Rand, deren Innenfläche und Randoberseite ursprünglich verzinnt waren, sowie um drei massive Bronzeringe mit Abschlußplatte und eisernem Stift. Es sind Zügelringe von Pferdegeschirr.

Diese wegen ihres Materialwertes verborgenen Bronzeobjekte, sind wohl in der Zeit zwischen 230 und 280 in den Boden gelangt.
– *AS 3, 1980–1, 17ff*

Widen, Bronzedepotfund

Windisch (Bezirk Brugg)

Das römische Legionslager von Vindonissa lag in unmittelbarer Nähe des Zusammenflusses von Aare und Reuß, mit Steilhängen gegen die beiden Flüsse, auf einer Schotterterrasse, die sich gegen die Reußmündung hin zu einem Sporn verengt. Von hier konnte der Aaredurchbruch durch den Tafeljura Richtung Hochrhein und Schwarzwald überwacht werden; hier kreuzten sich die wichtigen Verkehrswege von Augusta Raurica nach den Bündner Pässen und aus dem Mittelland Richtung oberes Donautal.

Die früheste schriftliche Nachricht von römischen Funden aus dem Gebiet von Königsfelden ist dem Chronicon Königsfeldense aus den Jahren um 1440 zu entnehmen.

Die ersten umfassenden Berichte über Vindonissa erhalten wir von Franz Ludwig Haller von Königsfelden. In seiner «Topographie von Helvetien» (1817) schilderte er alles, was er über Vindonissa kannte, wozu er dank eifriger Sammeltätigkeit, aber auch aufgrund verschiedener Ausgrabungen gekommen war.

Einen nächsten Überblick über die Geschichte Vindonissas verschafft uns der Begründer der Schweizerischen Urgeschichte, Ferdinand Keller, im Jahre 1864. Der Kenntnisstand hatte sich zwar seit der letzten Hallerschen Notiz stark erweitert, wie wir verschiedenen Protokollen und Berichten der Antiquarischen Gesellschaft Zürich entnehmen können, aber über den Umfang und Zeitablauf des Lagers wußte man noch immer wenig. 1897 wurde in Brugg die Antiquarische Gesellschaft, die spätere Gesellschaft Pro Vindonissa, gegründet, deren erklärtes Ziel es war, «Topographie und Kulturverhältnisse der Römerstadt Vindonissa» zu erforschen. Seit diesem Datum wurden alljährlich umfangreiche Untersuchungen im ganzen Lagergebiet durchgeführt. Eine enorme Menge von Funden kam bei diesen systematischen Ausgrabungen zutage, so daß zu ihrer Ausstellung 1912 in Brugg das Vindonissa-Museum gebaut und eröffnet wurde. Über die Ausgrabungstätigkeit wurde regelmäßig vor allem im «Anzeiger für Schweizerische Altertumskunde» Bericht erstattet.

Ein großer, in die Details gehender Forschungsbericht über Bedeutung und Aussehen des Lagers lieferte uns 1935 R. Laur-Belart in seiner Monographie «Vindonissa, Lager und Vicus».

Weitere wichtige Etappen in der Erforschung bildeten die großflächigen Untersuchungen des freiwilligen Arbeitsdienstes unter der Leitung von Chr. Simonett, die erstmals Erkenntnisse über die frühen Holzbauten der 13. Legion brachten, sowie die Grabungen im Bereich der Hauptgebäude (Principia), die R. Fellmann in den fünfziger Jahren durchführen konnte.

In den letzten fünfundzwanzig Jahren standen dann eigentliche Rettungsgrabungen im Vordergrund, die unter der Leitung von H. R. Wiedemer und M. Hartmann standen. Ihre Resultate waren stark vom Zufall des Grabungsplatzes abhängig.

Die äußerste Spitze der Windischer Terrasse war schon in vorrömischer Zeit durch einen 400 m langen, 20 m breiten und 6 m tiefen Halsgraben gesichert. Untersuchungen an verschiedenen Stellen des Sporns haben in den letzten Jahren (1977 bis 1981) den Nachweis einer spätkeltischen Besiedlung gebracht. In der zweiten Hälfte des 1. Jahrhunderts v. Chr., d. h. nach der Rückkehr der Helvetier von der gegen Cäsar verlorenen Schlacht bei Bibracte (58 v. Chr.), wurde hier eine befestigte Siedlung errichtet.

Der Alpenfeldzug im Jahre 15 v. Chr. führte zur Besetzung des schweizerischen Mittellandes. Einer der Stützpunkte war der Sporn von Windisch. Römisches Militär übernahm diese topographisch wichtige Position. Die gehobenen Funde zeigen, daß man den Militärposten in die keltische Befestigung hineinsetzte und wohl deren Schutzumwallung übernahm. Genauere Aufschlüsse über die Art der Innenbebauung werden erst großflächige Untersuchungen in diesem Gebiet bringen. Doch wissen wir, daß sich außerhalb der Befestigung freie Handwerksplätze befanden. Wie lange der Posten besetzt blieb, ist noch nicht ganz klar; es darf aber damit gerechnet werden, daß bis zur Gründung des Legionslagers römische Soldaten anwesend waren.

Als Ersatz für ein Lager in Augsburg-Oberhausen entstand am Ende des 2. Jahrzehnts n. Chr. auf dem Plateau von Windisch das südlichste Legionslager der Rheingrenze. In einer ersten Phase errichtete die 13. Legion (Gemina) ein Lager aus Holzbauten, dessen Umfang noch nicht gänzlich bekannt ist. Fest steht, daß das Lager im Norden durch einen Spitzgraben gesichert war und im Süden mindestens 30 m über die spätere Front hinausreichte. Bei den bis heute bekannten Innenbauten handelt es sich ausschließlich um Reste von Mannschaftsbaracken. Wenige Jahre später erfolgte eine Vergrößerung des Lagers, die mit einer vollständigen Neuplanung einherging. Die Nordfront wurde bis zur Hangkante verschoben und die Südfront dafür etwas zurückgenommen. Damit erhielt der Grundriß des Lagers die Form, die auch für die späteren Bauperioden weitgehend Gültigkeit behielt. Die bis heute bekannte Innenbebauung entspricht, mit Ausnahme der veränderten Richtung, derjenigen der ersten Bauphase; vorwiegend Kasernen, aber auch Reste der Lagerthermen, der Hauptgebäude und Werkstätten sind bisher ausgegraben worden.

Tiefgreifende Veränderungen erlebten die Bauten erst nach Abzug der 13. Legion. Die 21. Legion (Rapax) begann systematisch, die großen Gebäude (Thermen, Spital, Hauptgebäude usw.) vollständig in Stein neu zu errichten, ein Unternehmen, das sich über Jahre erstreckte.

Über diese grundlegenden Um- und Neubauten sind wir heute recht gut orientiert, so daß wir hier über den Aufbau des Lagers Bescheid wissen.

Das Lager des mittleren 1. Jahrhunderts bildete in seinen Umrissen ein unregelmäßiges Siebeneck mit einer Fläche von 21 ha. Es war umgeben von einem Holzerdwall mit doppeltem Spitzgrabensystem. Die innere Aufteilung ergab sich aus den beiden Hauptstraßen – die via principalis vom West- zum noch unbekannten Osttor und die via decumana vom Nord- zum Südtor. An ihrem Kreuzungspunkt erhoben sich die Gebäude des Hauptquartiers (principia) mit Basilica und Verwaltungsgebäuden und südlich da-

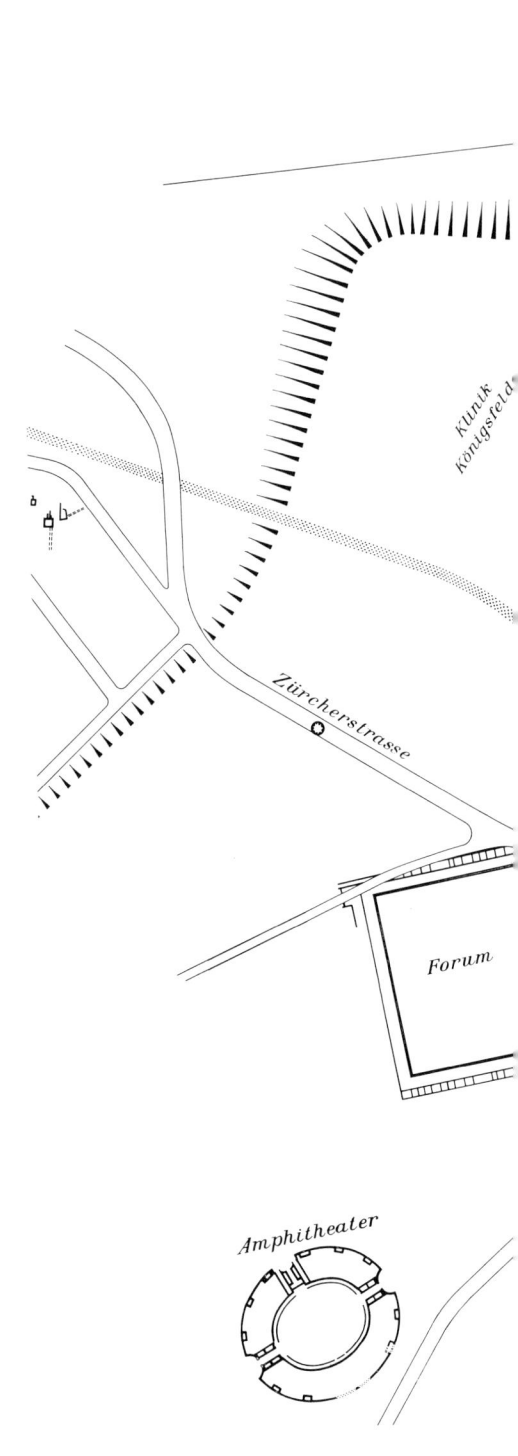

*Windisch, Legionslager,
Gesamtplan (M. 1:5000)*

von der Legatenpalast (prätorium) als Sitz des Kommandanten. In der Mitte, an der Nord-Süd-Straße, stand die monumentale Badeanlage (Thermen), dieser schräg gegenüber das Militärspital. Südlich des Bades schloß sich ein heiliger Bezirk mit kleinen Tempeln an. Nördlich und westlich von Spital und Thermen standen die langgestreckten Kasernenbauten. Sie gliederten sich in Mannschafts- und Unteroffizierstrakt und boten bei einer Länge von ca. 90 m einem Manipel (2 Centurien), d. h. 200 Soldaten, Unterkunft. Neben den Legionskasernen standen auch solche für die Reiterei mit Stallungen zur Verfügung. In villenähnlichen Gebäuden südlich der via principalis wohnten die Offiziere. Eine ganze Anzahl von Magazinen (horrea) und Werkstattbauten (fabricae) runden das Bild eines für eine längere Besatzung errichteten Standlagers ab.

Außerhalb der Lagermauern befanden sich im Süden und Osten die Häuser des zivilen Dorfes (vicus) sowie im Südwesten ein großer Marktplatz und das Amphitheater. Entlang der Ausfallstraßen lagen mehrere Friedhöfe. Zwei gallorömische Vierecktempel vor der Südfront und in Unterwindisch, deuten auf die religiösen Bedürfnisse der hier stationierten Soldaten hin. Mit mindestens zwei großen Wasserleitungen, von denen eine noch heute Wasser aus dem Birrfeld nach Königsfelden führt, wurde der Bedarf an Frischwasser gedeckt.

Der aus den Thronwirren der Jahre 68/69 hervorgegangene Kaiser Vespasian beließ die 21. Legion nicht in Vindonissa, sondern ersetzte sie durch die 11. Legion (Claudia Pia Fidelis). Auch diese Einheit hinterließ in Vindonissa ihre Spuren in Form von Um- und Neubauten im Lager. Die Befestigungen wurden erneuert und mit einer von Türmen bewehrten Mauer versehen. Im Südteil des Lagers wurde ein großes Magazingebäude mit Innenhof errichtet. Das Lager beherbergte jetzt weniger Soldaten, und man konnte sich vermehrt Großbauten für allgemeine Zwecke leisten. Besonders auffällig ist ein monumentaler Apsidenbau südlich der Basilica.

Das von der Legion im Jahre 101 n. Chr. verlassene Lagerareal stand mindestens bis in die Mitte des 2. Jahrhunderts unter der Verwaltung von Angehörigen der in Straßburg stationierten 8. Legion (Augusta), die hier einen Bewachungsposten unterhielt. Da-

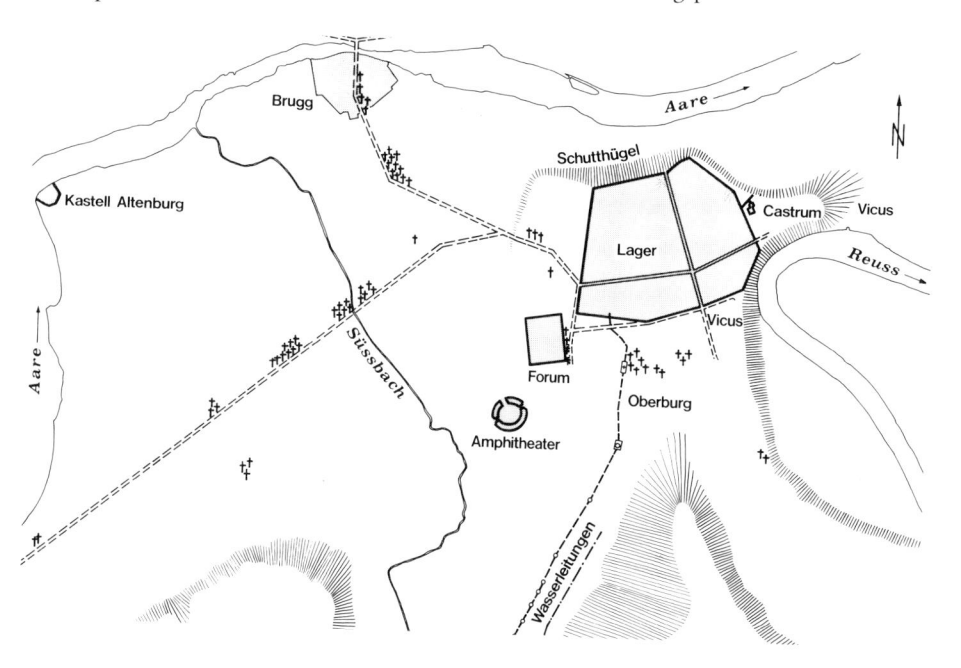

Windisch, spätrömische Terra Sigillata-Gefäße

neben scheint die Zivilbevölkerung langsam besonders vom südlichen Lagergebiet Besitz ergriffen zu haben. Der östlich der Lagerbefestigung am Ende des 1. Jahrhunderts errichtete Gebäudekomplex mit einer großzügigen Badeanlage dürfte auch in der folgenden Zeit als Rasthaus (mansio) vorüberziehenden Reisenden Unterkunft geboten haben.

Eine in Altenburg gefundene Inschrift berichtet von der Wiederherstellung der Mauern von Vindonissa im Jahre 260 n. Chr., in der Folge des endgültigen Falls des obergermanischen Limes in den Jahren 259/260 n. Chr. und der darauf nötigen Neubefestigung der Rheingrenze.

Die Besiedlung des Windischer Plateaus in der 2. Hälfte des 3. Jahrhunderts bleibt jedoch vorläufig weitgehend unklar, denn es fehlen Gebäudespuren.

Die Münzfunde zeigen, daß zur Zeit des Kaisers Gallienus (259–268 n. Chr.) offensichtlich römisches Militär in Vindonissa stationiert war. Desgleichen vermitteln uns die Münzen den Eindruck, daß Vindonissa in nachgallienischer und dioceltianischer Zeit nur unbedeutend besiedelt war.

Erst unter Constantin dem Großen wurde zu Beginn des 4. Jahrhunderts der Geländesporn im Osten mit zwei oder drei Gräben und einer Mauer neu befestigt. Eine große Zahl von Funden (Keramik, Münzen etc.), die über das ganze ehemalige Lagergelände verstreut immer wieder zutage treten, belegen eine stärkere Besiedlung in der 1. Hälfte des 4. Jahrhunderts auch außerhalb der Castrummauern. Die Beigaben aus dem Gräberfeld von Oberburg zeigen im weiteren, daß Vindonissa im 4. Jahrhundert ständig bewohnt und daß militärische Einheiten bis kurz nach 400 n. Chr. auf dem Platz anwesend waren.

Nach der endgültigen Auflösung der militärischen Grenzorganisation nach 406 blieb das Castrum Vindonissense Siedlungsort der ansässigen Romanen.

Folgende antike Bauwerke sind heute noch sichtbar:

Das Westtor. Westlich des alten Spitals von Königsfelden ist das Westtor der Lagerbefestigung zu sehen. Es bestand aus einem Mittelteil mit drei Durchgängen, von denen der breite Mitteleingang dem Wagenverkehr diente. An der einen Torecke steht noch ein Prellstein. Die beiden schmäleren Seiteneingänge waren für die Fußgänger bestimmt. Die ganze Mittelpartie ist leicht einwärts gebogen und steht nicht senkrecht auf die Verbindungslinie zwischen den Zentren der Tortürme. Diese polygonalen Türme standen auf runden Fundamenten. Es kann angenommen werden, daß dieses repräsentative Tor gegen Ende des 1. Jahrhunderts von der 11. Legion errichtet und damit ein einfacherer Bau ersetzt wurde.

Windisch, vergoldete Zwiebelknopffibel mit Portraitmedaillons (4. Jh. n. Chr.)

Das Nordtor. Das Nordtor gehört mit seinen hakenförmig einspringenden Türmen zu den charakteristischen Typen bei Legionslagern des mittleren 1. Jahrhunderts n. Chr. Es liegt an der Nordböschung direkt über dem Steilabfall des Plateaus und besitzt nur einen Durchgang. Beide Türme haben auf der Lagerseite je eine Türe, die ins Turminnere und von da auf die Wehrmauer führten. An den Seiten des Tores setzen zwei parallel laufende Mauern an, deren Zwischenraum mit Bauschutt und Erde ausgefüllt war. An der Ostseite sind noch die gegen das Tor nischenförmig einspringenden Pfahlreihen des früheren Holz-Erde-Walls sichtbar.

Der Bühlturm. An der Stelle, wo die Lagerbefestigung von der Aareböschung nach Süden abschwenkt, ist die Doppelmauer des Walles durch ein Mauerrechteck von 6 × 10 m unterbrochen. Dieses Mauerrechteck stellt das Kellergeschoß eines Turmes dar. Aus dem Keller führt eine kanalartige Schlupfpforte, die unterirdisch bis an die Böschung reicht. Da kein Zusammenhang mit der Befestigung des Castrum Vindonissense des 4. Jahrhunderts besteht, muß eine Datierung dieses Turmes in die Zeit der gallienischen Wiederbefestigung um 260 n. Chr. in Betracht gezogen werden.

Die Mansio. Unmittelbar östlich des Lagers, direkt neben der Lagerbefestigung, stand ein zweiteiliger Gebäudekomplex. Der heute zugeschüttete südliche Teil umfaßte eine größere Anzahl Räume, die sich um einen länglichen Binnenhof mit Laubengang gruppieren. Im Norden, getrennt durch einen gekiesten Weg, schließt eine Badeanlage an, deren größerer Teil unter einem Schutzbau konserviert werden konnte. Zu sehen sind noch das apodyterium (1), ein mit Ziegelplatten ausgelegter Umkleideraum, dessen Wände mit Palmettenmotiven (7) ausgemalt waren; östlich davon das frigidarium (Kaltraum) (2) mit anschließender piscina (Kaltwasserwanne) (3). Den Nordabschluß des sichtbaren Teiles bilden das durch eine praktische Bodenheizung erwärmbare caldarium (Schwitzraum) (4) und das tepidarium (lauwarmer Raum) (5).

Der ganze Gebäudekomplex wurde am Ende des 1. Jahrhunderts n. Chr. errichtet und erlebte in der 1. Hälfte des 2. Jahrhunderts mehrere Umbauten. Das Gebäude diente während und nach der Lagerzeit als Rasthaus (mansio) an der wichtigen Durchgangsstraße Richtung Raetien.

Das Amphitheater. Südwestlich des Legionslagers steht das bekannteste Bauwerk von Vindonissa. Es bildet ein Volloval, dessen Hauptachsen 98 und 112 m messen. Im Innern liegt die Arena. Sie ist eingefaßt von einem ehemals gedeckten Gang für die Bedienungsmannschaft. Dahinter steigt ringsum die Böschung an, die auf Holztribünen die Sitzstufen für die Zuschauer trug. Die ehemalige Höhe der Umfassungsmauer betrug 13,5 m. Auf der Längsachse führen zwei Rampen vom Ost- und vom Westtor zu Öffnungen in der Arenamauer, welche die Zugänge für die Gladiatoren, Tiere und das Personal bildeten. Ein großes fünffach gegliedertes Tor auf der Nordseite war für den Eintritt der Zuschauer bestimmt und ent-

Windisch, Wasserleitung

211

hielt Treppenhäuser zu den oberen Sitzplätzen. Zwölf kleinere Treppenhäuser lagen in regelmäßigen Abständen an der Umfassungsmauer. Sie sehen wie Kammern aus.

Ursprünglich bestand das Amphitheater ganz aus Holz und wurde in dieser Ausführung von der XIII. Legion in der 1. Hälfte des 1. Jahrhunderts gebaut.

Um 50 n. Chr. brannte es nieder und wurde darauf von der XXI. Legion mit Umfassungsmauern aus Stein neu errichtet. Nach dem Abzug des Militärs um 101 n. Chr. verlor es an Bedeutung. Zahlreiche Münzen aus dem Ende des 3. und 4. Jahrhunderts deuten darauf hin, daß es in spätrömischer Zeit wieder gebraucht wurde.

Die Wasserleitung. Im Keller der Alterssiedlung an der Lindhofstraße ist ein kurzes Stück der ins Lagerinnere führenden Frischwasserleitung sichtbar. Da auf der Schotterstraße zwischen Aare und Reuß keine Quellen vorhanden sind, mußte das Trinkwasser aus größerer Entfernung herbeigeführt werden. Die Fassungen wurden am Nordrand des Birrfeldes zwischen dem Eitenberg und dem Tannhübel bei Hausen angelegt, wo ein reicher Grundwasserstrom zur Verfügung stand. Im einzelnen sind wir allerdings über den Anfang dieser Leitung nur ungenügend informiert. Im ersten Teilabschnitt scheint der unterirdische Kanal aus Trockenmauern zu bestehen, damit das Grundwasser seitlich einsickern konnte. Die Fortsetzung ist gemauert und das Innere mit einem wasserdichten Verputz aus Ziegelmörtel verkleidet. Zur Abdeckung dienten Muschelsandsteinplatten. Einstiegschächte ermöglichen Kontrolle und Reinigung der unterirdischen Leitung. Bis nach Windisch-Oberburg, wo eine große Brunnenstube als Ausgleichsbecken angelegt war, beträgt ihre Länge 2,2 km bei einem Gefälle von 6‰. – *J. Heierli, Vindonissa, Quellen und Literatur, Argovia 31, 1905; R. Laur-Belart, Vindonissa, Lager und vicus, 1935; Ch. Unz, Vindonissa-Bibliographie, Jb GPV 1975, 25 ff; M. Hartmann, Das römische Legionslager von Vindonissa, AFS 18, 1983*

Wittnau (Bezirk Laufenburg)

Im Bereich der *Kirche* wurden die Reste eines Gutshofes festgestellt. Die bisherigen Untersuchungen ergaben aber kein klares Bild der Bebauung und ihrer Datierung. – *Jb SGUF 1929, 102 f*

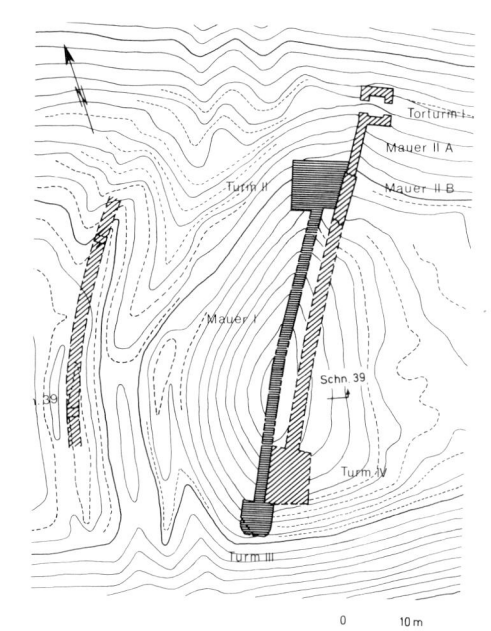

Wittnauer Horn, spätrömische Befestigungsanlage

Nach den schweren Alemanneneinfällen der Jahre 259/260 wurde auf dem Hauptwall der urgeschichtlichen Befestigungsanlage auf dem *Wittnauer Horn* eine Sperrmauer mit Mauer I und den flankierenden Türmen II und III errichtet. Zusammen mit der kurz darauf als Verstärkung gedachten Mauer II A und dem Torturm I brannte die Anlage in den 70er Jahren des 3. Jahrhunderts. Kurz darauf muß die verbrannte Mauer II A durch die Mauer II B ersetzt und mittels Turm IV im Süden verstärkt worden sein.

Die ganze Anlage dürfte bis ins Jahr 350 von der umliegend wohnenden Bevölkerung teils sporadisch, teils ständig als Fluchtburg verwendet worden sein.

Während in den prähistorischen Epochen nur die Ränder des Bergsporns als Siedlungsraum gedient haben, wurde jetzt auch der Innenraum genutzt, was man aufgrund der gefundenen Herdstellen erkennen konnte. Diese Innenbauten dürften zum größten Teil aus Holz bestanden haben. Das umfangreiche Fundmaterial zeigt, daß man sich vorwiegend mit einheimischen Gebrauchsgütern (Kochtöpfe, Reibschalen, Faltenbecher etc.) versah, während sich die importierten Terra Sigillata-Gefäße auf wenige Stücke beschränkten.

Vereinzelte Objekte, die im 2. Jahrhundert produziert wurden, können als wertvolles Fluchtgut charakterisiert werden. – *Berger/Brogli, AFS 12, 1980, 23 f*

Wittnauer Horn, Statuette der Psyche

Wohlen (Bezirk Bremgarten)

Im *Oberdorf* stieß man immer wieder auf römische Funde, die auf die Existenz eines Gutshofes hinweisen. Die angegrabenen Räume besaßen einen Lehmestrich und waren aufgefüllt mit Bruchsteinen, Ziegeln, Kohle und Asche. Als einziges datierendes Fundstück ist uns eine Münze der Faustina bekannt. – *Unsere Heimat 1934, 12f*

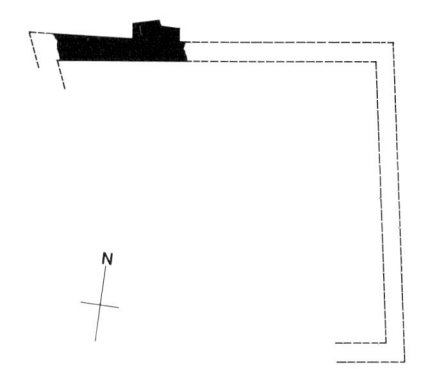

Wohlen, Häslerhau, Grundriß (M. 1:1000)

Die im *Häslerhau* freigelegten Fundamente, von denen allerdings nur die untersten Steinlagen erhalten sind, könnten zu einem einfachen Gehöft oder Ökonomiegebäude gehören. – *Unsere Heimat 1929, 15*

Würenlos (Bezirk Baden)

Im Steinbruch am Südhang des *Gmeumeriwald* konnte während einer Erweiterung dreißig Meter über der Talsohle eine 16 m lange und 6 m breite römische Abbaustelle entdeckt werden.

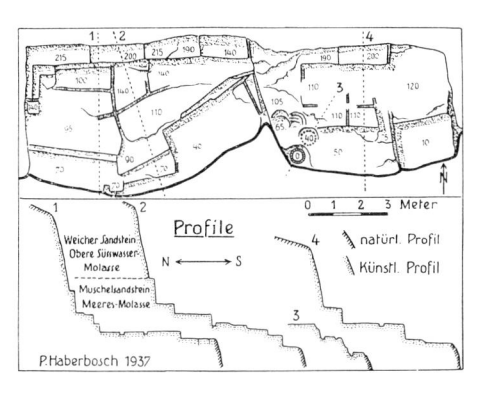

Würenlos, Steinbruch mit Negativ eines Mühlesteines

Neben Rillenresten zur Isolierung der zu brechenden Bausteine finden sich kreisförmige Vertiefungen, die zur Gewinnung von Mühlesteinen dienten. An einer Stelle ist die so vorbereitete ca. 40 cm im Durchmesser große runde Platte noch mit der Gesteinsunterlage fest verbunden. – *Badener Neujahrsblätter 1938, 57 ff*

Zofingen (Bezirk Zofingen)

Im Jahre 1826 stieß der Amtsschreiber Sutermeister im *Oberen Bleichegut* auf römisches Mauerwerk. Auf Veranlassung des Gemeinderates wurden Ausgrabungen durchgeführt, die zur Freilegung des größten bis heute im Aargau bekannt gewordenen Hauptgebäudes eines Gutshofes führten. Dieses stand auf einer schmalen Terrasse am Südwestabhang des Heiteren-Hügels. Im südlichen Flügel befand sich ein beheizbarer Raum, an den eine umfangreiche Badeanlage mit Schwitzräumen, Kalt- und Warmwasserbad angebaut war. Der Mitteltrakt beherbergte eine ganze Anzahl von Wohngemächern, von denen einige mit Mosaikböden ausgelegt waren (s. u.). Der Nordflügel war wohl für die Wirtschaftsräume gedacht. Weitere Gebäude im Nordwesten des Hauptgebäudes dienten dem Gutsbetrieb.

Von der gesamten Anlage sind heute noch die mit Mosaiken versehenen Räume im Mittelbau sichtbar (Abb. 46–48). Dank weitsichtigem Beschluß des Stadtrates wurden diese nämlich 1831 durch zwei tempelartige Gebäude geschützt.

Im Schutzhaus I befindet sich ein Raum von 6,6 × 9,9 m Ausmaß. Der Boden ist mit einem Mosaik ausgekleidet. Das Muster des mehrfarbigen Mosaiks (schwarz, rot und gelb auf weiß) beruht auf einem Rautenrapport, der aus regelmäßigen Reihen Spitz-an-Spitz stehenden und rechtwinklig dazu liegenden Rauten gebildet ist. Zwischen den Rauten liegen Kreise, in denen verschiedene Muster eingeschrieben sind. In der äußersten Kreisreihe sind es Kreuzblüten und Rhomben mit eingezogenen Seiten, während bei den inneren Kreisen und Rauten folgende Muster abwechseln: Salomonsknoten, Herzblüten, Glockenblüten und dreierlei Rosetten.

Das südliche Schutzhaus II überdeckt drei Räume, von denen einer ursprünglich einen Boden aus aufrecht gestellten Tonplättchen im Ährenverband besaß, die anderen zwei mit Mosaiken versehen sind. Das kleinere der Mosaiken (3,0 × 3,9 m) kann als orthogonaler Schachbrett-Teppich (schwarz-weiß) bezeichnet werden, der von zwei breiten schwarzen Rahmenstreifen umfaßt wird.

Zofingen, Mosaiken im Schutzbau II

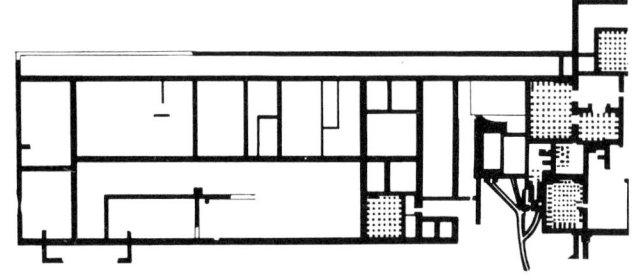

Zofingen, Gutshof, Plan (M. 1:1000)

Zofingen, Schutzbauten aus dem Jahre 1831

Zurzach (Bezirk Zurzach)

Die vom Mittelland über Vindonissa nach Norden in den süddeutschen Raum führende Heeresstraße überquerte bei Zurzach den Rhein. Aus dem Blickwinkel dieser geographischen Lage muß die römische Besiedlung dieser Gegend betrachtet werden. Das auf der rechten Rheinseite bekanntgewordene Legionslager von Dangstetten, dessen Belegungszeit zwischen 14 und 9 v. Chr. angenommen wird, zeigt, daß schon in augusteischer Zeit mit einem militärischen Wachtposten in Zurzach gerechnet werden muß, der sich möglicherweise unter den spätantiken Fundschichten des Kastells auf dem Kirchlibuck verbirgt.

Verschiedene Hinweise zeigen uns, daß während des ganzen 1. Jahrhunderts n. Chr. mit einer kleineren oder größeren Präsenz militärischer Einheiten gerechnet werden muß. So sind uns Fragmente mehrerer Soldatengrabsteine bekannt, auf welchen Angehörige der 13., 21. und 11. Legion genannt werden. Eine größere Zahl von militärischen

Zurzach, Befestigungsgräben des Kohortenkastells (Mitte des 1. Jahrh. n. Chr.)

Im größeren Raum (7,3 × 5,5 m) liegt wiederum ein mehrfarbiges Mosaik (schwarz, rot und gelb auf weiß). Zwei Motivgruppen bilden die Zeichnung dieses Bodens: Ein Rhombensternrapport umschließt regelmäßige Sechseckfelder. Den Rhomben sind kleinere Rhomben eingeschrieben, während in den Sechseckmedaillons verschiedene Herzblüten, Rosetten und Glockenblüten vorkommen.

Der Gutshof wurde aufgrund der Funde in der Mitte des 1. Jahrhunderts errichtet. Offensichtlich erfuhr er mehrere Umbauten, wie die im mittleren 2. Jahrhundert verlegten Mosaikböden zeigen. Der größte Teil der Münzen stammt aus dem 3. Jahrhundert, zwischen 217 und 282 n. Chr. Vollständig aufgegeben wurde er aber auch nach den Alemanneneinfällen nicht, liegen doch in sehr spärlichem Fundmaterial noch zwei Münzen des Constantinus I (bis 337) vor. – *Hartmann, AFS 6, 1975*

Ausrüstungsgegenständen aus dem Siedlungsgebiet westlich der *Barzstraße* sowie Verteidigungsgräben und Spuren von Holzbauten mit Funden aus der Zeit zwischen 30 und 70 n. Chr., die 1984–1985 östlich der Barzstraße entdeckt wurden und die zu einem Militärkastell gehören, stützen diese Überlegungen.

Die zivile Bebauung von Zurzach wird geprägt von zwei Straßenachsen. Die von Süden kommende Hauptstraße, an welcher

Zurzach, Gesamtplan der römischen Fundstellen

im Bereich des Verenamünsters ein ausgedehntes Gräberfeld mit Bestattungen des späteren 1. bis mittleren 4. Jahrhunderts n. Chr. entdeckt wurde (Abb. 134), mündet im Gebiet westlich des Bahnhofes in die von Westen nach Osten ziehende Rheintalstraße. In diesem Kreuzungsgebiet sind die Gebäude des vicus zu suchen. Reste von Holz- und Steinbauten, die recht gut erhaltenen Fundamente einer kleinen Badeanlage, die bei den neuesten Untersuchungen 1983 bis 1985 zutage kamen, geben einen Eindruck der Bebauungsart: ein Straßendorf (und Kastellvicus?), das vom zweiten Viertel des 1. Jahrhunderts n. Chr. an besiedelt war.

Neben dieser Siedlung, die uns erst in Ansätzen bekannt ist, stand in der westlich des Fleckens liegenden Flur *Entwiesen* ein

Gutshof. Der Westflügel barg die Wohnräume, wovon einer mit einer Heizung (Hypokaust) ausgerüstet war und daran angebaut eine einfache Badeanlage. Eine 4 m breite Säulenhalle stellt die Verbindung zum Osttrakt her, der offensichtlich gewerblicher Nutzung gedient hat. Eine hufeisenförmig angelegte Hofmauer (größte Tiefe 25 m) schließt das Areal nach Norden ab

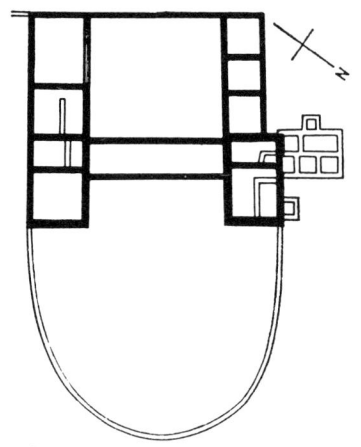

Zurzach, Entwiesen, Gutshofplan (M. 1:1000)

(Abb. 72 und 73). In einiger Entfernung zum Hauptgebäude wurden im Norden Reste zweier einfacher Gebäude freigelegt, die als Scheunen oder Gesindeunterkünfte gedient haben mögen.

Das Fundmaterial zeigt, daß der Hof in der zweiten Hälfte des 1. Jahrhunderts errichtet wurde (Terra Sigillata-Gefäße mit Töpferstempeln Masculus, Matugenus etc.). Rätische Reibschalen und die späteste hier gefundene Münze des Kaisers Maximinus Thrax (235–238 n. Chr.) weisen auf eine Besiedlung bis in die Mitte des 3. Jahrhunderts n. Chr.

Noch zu Beginn unseres Jahrhunderts konnte man bei niedrigem Wasserstand die Pfähle von zwei verschiedenen *Brücken* sehen, die vom Straßeneinschnitt zwischen den Kastellen auf die rechte Rheinseite nach Rheinheim führten. Die von Regierungsrat Schaufelbühl 1819 gemachten Beobachtungen wurden von Professor Hagnauer in seinen 1850 erstmals erstellten Gesamtplan übertragen. Danach bestand die erste Holzbrücke aus acht Jochen mit je fünf Pfosten,

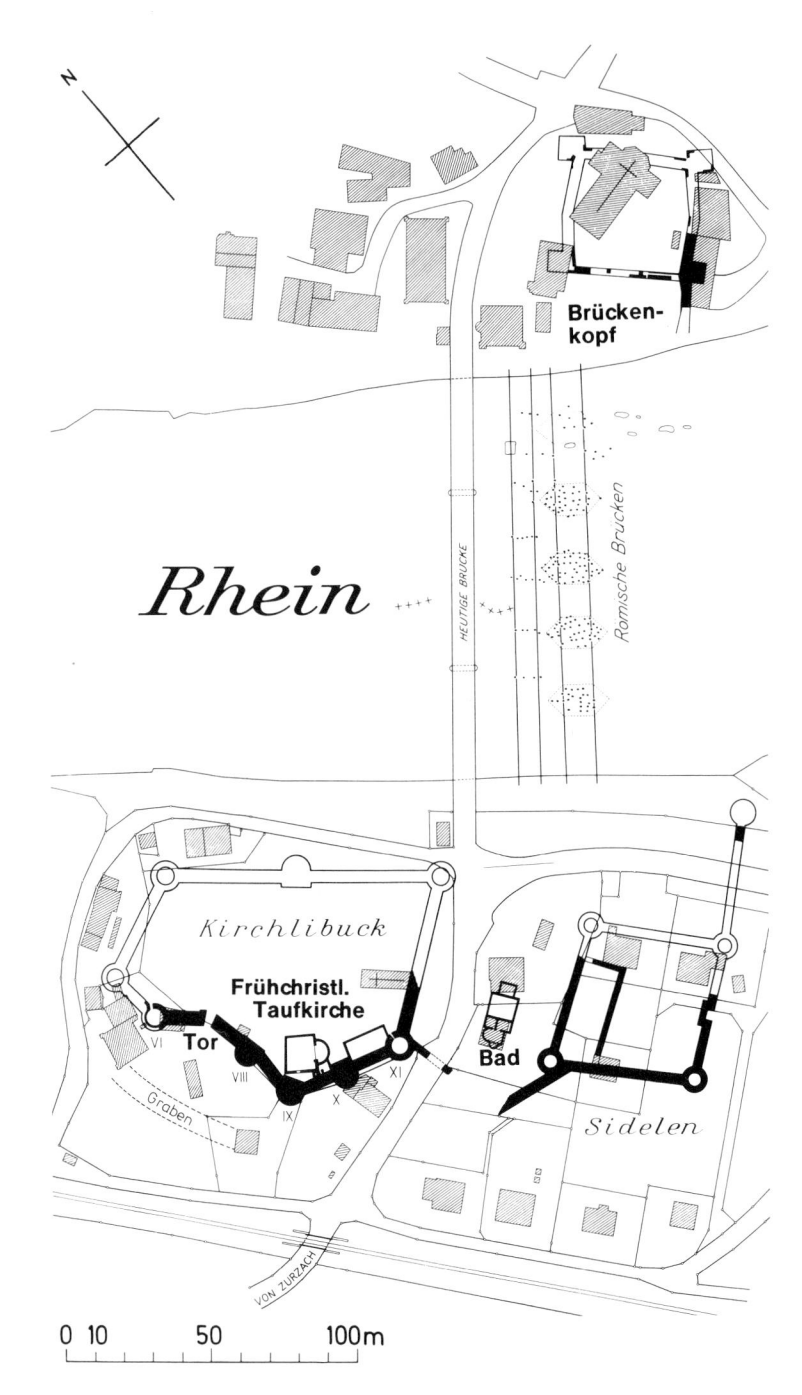

Zurzach, spätrömische Befestigungen

Zurzach, Südmauer des Kastells Kirchlibuck

über die eine flache Fahrbahn gebaut wurde. Diese Brücke gehört wahrscheinlich ins frühe 1. Jahrhundert n. Chr. Ersetzt wurde sie beim Ausbau der Heeresstraße nach Norden durch eine steinerne Konstruktion wenig flußaufwärts. Von dieser massiven Brücke, die sicher bis in spätrömische Zeit Bestand hatte, waren noch fünf rautenförmige Pfahlroste erhalten, über die sich die Brückenjoche spannten.

Nach dem Fall des Limes und der Neubefestigung der Rheingrenze wurde auf dem Kirchlibuck wohl unter Kaiser Diocletian das heute noch teilweise sichtbare Kastell errichtet. Sowohl Münzen als auch Keramik aus den freigelegten Schichten unter dem Boden der frühchristlichen Kirche lassen diesen Schluß zu. Die Hauptbesiedlungszeit der Festung läßt sich in die Zeit Constantins I und dessen Söhne, d. h. in die erste Hälfte des 4. Jahrhunderts festlegen. Auf die erneute Verstärkung in der Zeit Valentinians I nach 370 n. Chr. deuten nicht nur Umbauten am Kastell auf Kirchlibuck, sondern die wahrscheinlich damals erfolgte Errichtung des zweiten Befestigungswerkes auf Sidelen mit seinem rautenförmigen Grundriß hin. Genauere Anhaltspunkte zur Datierung des Kastells auf Sidelen lassen sich nicht erhältlich machen. Die wenigen Funde der Grabungen von J. Heierli schließen mindestens eine Entstehung im letzten Drittel des 4. Jahrhunderts nicht aus: Im gleichen Zeitabschnitt dürfte der Bau des auf dem nördlichen Rheinufer liegenden Brückenkopfes Rheinheim erfolgt sein. Für die Dauer der Besiedlung haben wir mindestens im Kastell Kirchlibuck Hinweise. Die unter dem Kirchenboden freigelegten spätrömischen Schichten enthielten Funde, die noch bis in die zweite Hälfte des 4. Jahrhunderts zu datieren sind. Dies wiederum bedeutet, daß die frühchristliche Kirche frühestens um 400 n. Chr. errichtet wurde. Das zugehörige Taufbecken sowie die Umbauten sind erst im 5. Jahrhundert hinzugekommen. Eine Münze Valentinian III (408 bis 455 n. Chr.) gibt uns dazu einen Hinweis.

Das heute vollständig verschwundene Kastell auf *Sidelen* hatte einen rautenförmigen Grundriß mit ca. 50 m Seitenlängen (Fläche 1480 m²). Die Ecken waren mit runden Türmen verstärkt, deren Durchmesser 8 m betrug. In der Mitte der südöstlichen Mauer befand sich eine 4,5 m breite Tornische. Die Südwestmauer zeigte ebenfalls einen Eingang, der auf der Innenseite der Mauer durch eine über 4 m breite Schwelle akzentuiert wurde. Vom Rundturm in der Westecke führte eine Sperrmauer zur Senke zwischen den beiden Kastellen, die damit die zur Brücke führende Straße abriegelte. Eine zweite Verbindungsmauer stellte im letzten Jahrhundert noch F. Keller fest, die vom Ostturm zum Rhein hinunter zog und damit die römische «Rheintalstraße» absperrte. Vom ganzen nordöstlichen Teil der Befestigung war zur Zeit Heierlis nichts mehr sichtbar, da dieser Bereich in die dort angelegte Kiesgrube abgestürzt war. Im Innern des Kastells entdeckte man in der Westecke die Grundmauern eines rechteckigen Gebäudes, das an die Kastellmauer anschloß und als Kaserne interpretiert werden darf.

Auf dem im Westen und Osten durch Gräben, im Norden durch den Rhein begrenzten Sporn des *Kirchlibucks* lag das größere der beiden Kastelle. Auf der Flußseite ist von der Befestigung nichts mehr erhalten. Dieser Teil dürfte im Verlauf der Jahrhunderte in den Rhein gestürzt sein. Im südlichen Teil der Südostseite hat sich noch ein Stück der Mauer erhalten, die zur Südecke des Kastells führt. Diese wird markiert durch einen hohlen Rundturm, den man vom Kastellinnern durch eine Türe betreten konnte. Die von hier dreieckförmig nach Westen und dann bei Turm IX nach Norden führende Kastellmauer ist stellenweise noch gegen 6 m hoch erhalten (Abb. 150). Sie wird an drei Stellen durch halbrunde, im unteren Teil bis auf eine Höhe von 3 m massive Türme verstärkt. Weiter nordwestlich sind noch die Reste der Toranlage erhalten, deren Gewände und Fundamente aus einer Vielzahl von sekundär verwendeten römischen Architekturstücken und Grabsteinfragmenten hergestellt waren. Die Nordwestecke des Kastells bildet wiederum ein hohler Rundturm. Von ganz besonderer Bedeutung sind die im Kastellinnern freigelegten Gebäude, die frühchristliche Kultbauten darstellen. Beim westlichen der beiden Bauten handelt es sich um einen etwa quadratischen Kirchenraum, der im Osten von einer leicht erhöhten halbkreisförmigen Apsis geschlossen wird. Zwischen Kirche und Kastellmauer lag in einem kleinen Raum in den Boden eingelassen ein Wasserbassin, das als Taufbecken diente. Östlich der Kirche schloß ein an die Kastellmauer angebautes rechteckiges Nebengebäude an.

Im Straßeneinschnitt zwischen Kirchlibuck und Sidelen lag ein *Badgebäude*, das ohne Zweifel als Kastellbad des späten 3. und des 4. Jahrhunderts angesprochen werden darf. Das längliche Gebäude hatte im Nordosten die unbeheizten Räume mit Kaltwasserwanne und Umkleideraum. Der daran anschließende südliche Gebäudeteil enthielt die beheizten Räume mit einem rechteckigen Schwitzraum und zwei Warmwasserwannen, die in halbrunden Nischen eingebaut waren und Teil des Caldariums (Warmbad) sind. Das in den Ausmaßen ca. 22,5 auf 10 m messende Gebäude war ein reiner Zweckbau. Seine Besonderheit liegt in der Tatsache, daß es sich außerhalb beider Kastelle befand. Während in den mittelkaiserzeitlichen Kastellen am Obergermanischen Limes die Kastellbäder häufig außerhalb der Befestigungen angelegt wurden, verlegte man in der Spätantike die Badeanlagen ins Kastellinnere. Im Falle von Zurzach dürften allerdings die Sperrmauern zwischen den Kastellen genügend Schutz geboten haben.

Vom Vorkastell unter dem Kirchenareal von *Rheinheim*, von dem Ende des 17. Jahrhunderts schon Acklin berichtet, konnten bei Sondierungen in den Jahren 1975 und 1979 Teile der Außenmauern und des südöstlichen Eckturmes freigelegt werden. Der Grundriß des Kastells dürfte rechteckig (ca. 40 × 35 m) und an allen vier Ecken durch Türme bewehrt gewesen sein. Zum Rhein hinunter führende Flankenmauern sicherten zusätzlich den Bereich der hier endenden Brücke. – *Jb GPV 1969/70, 11 ff; Jahresschrift Hist. Vereinigung Zurzach 12, 1974/75, 72 ff; Hartmann, AFS 14, 1980*

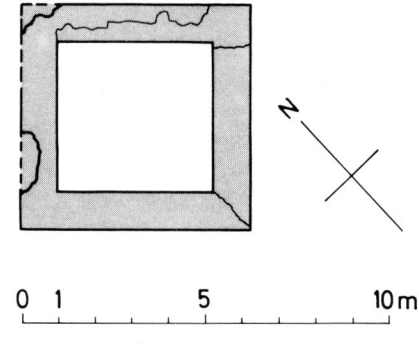

Zurzach, Oberfeld, Wachtturm

Im *Oberfeld* östlich des Doppelkastells wurden 1923 die Fundamente eines 7 × 7 m messenden Wachtturmes freigelegt. Wall und Graben sind noch unbekannt. – *Drack 1980, Nr. 28*

In den folgenden Museen sind römische Funde aus dem Aargau zu sehen:

Vindonissa Museum, Brugg
Römermuseum, Augst
Fricktalisches Heimatmuseum, Rheinfelden
Messemuseum, Zurzach
Historisches Museum im Landvogteischloß, Baden
Museum Burghalde, Lenzburg
Museum Schlößli, Aarau
Dorfmuseum, Gränichen
Schweizerisches Landesmuseum, Zürich
Historisches Museum, Basel
Bernisches Historisches Museum, Bern
Historisches Museum, Olten

Sichtbare römische Baudenkmäler

Baden	Apsis des Thermalbades
Brugg	Kastell Altenburg
Buchs	Gutshofreste Bühlrain
Effingen	Bözbergstraße
Kaiseraugst	Kastellmauer
	Thermenanlage
	Baptisterium
	Gebäude mit div. Gewerbe
	Ziegelbrennöfen der Legio I Martia
Koblenz	Wachtturm «Summa Rapida»
Lenzburg	Theater
Möhlin	Wachtturm Bürkli
	Wachtturm Fahrgraben
Oberlunkhofen	Gutshof Schalchmatthau
Rheinfelden	Wachtturm Pferrichgraben
Rohr	Straße
Rümikon	Wachtturm Sandgraben
Sarmenstorf	Gutshof Murimooshau
Schwaderloch	Wachtturm Oberes Bürgli
Wallbach	Wachtturm Stelli
Windisch	West- und Nordtor Amphitheater Badeanlage und Bühlturm Wasserleitung
Wittnau	Befestigung Wittnauer Horn
Würenlos	Steinbruch
Zofingen	Gutshof mit Mosaiken Oberes Bleichegut
Zurzach	Kastell Kirchlibuck

Literaturverzeichnis

Abkürzungen:
AFS	Archäologische Führer der Schweiz
AS	Archäologie der Schweiz
ASA	Anzeiger für Schweiz. Altertumskunde
Drack 1980	Die spätrömische Grenzwehr am Hochrhein, AFS 13, 1980
Hkd Seetal	Heimatkunde aus dem Seetal
JbBHM	Jahrbuch des Bernischen Historischen Museums
JbGPV	Jahresbericht der Gesellschaft Pro Vindonissa
JbSGUF	Jahrbuch der Schweiz. Gesellschaft für Ur- und Frühgeschichte
MAGZ	Mitteilungen der Antiquarischen Gesellschaft Zürich
US	Urschweiz
vJzS	Vom Jura zum Schwarzwald
ZAK	Zeitschrift für Schweiz. Archäologie und Kunstgeschichte

Allgemeines

B. Andreae, Römische Kunst, 1973
D. Baatz/F.-R. Herrmann, Die Römer in Hessen, 1982
D. van Berchem, Les routes et l'histoire, 1982
W. Drack, Die spätrömische Grenzwehr am Hochrhein, AFS 13, 1980
P. Ducrey, Geschichte der Schweiz – und der Schweizer, Bd. I, 1982, 54 ff.
R. Duncan-Jones, The Economy of the Roman Empire, 1974
Ph. Filtzinger/D. Planck/G. Kämmerer, Die Römer in Baden-Württemberg, 2. Aufl., 1976
R. Frei-Stolba, Die römische Schweiz, in: Aufstieg und Niedergang der römischen Welt, Bd. II, 5, 1, 1976, 288 ff.
Gallien in der Spätantike, Katalog Mainz, 1980
D. Hoffmann, Das spätrömische Bewegungsheer und die Notitia Dignitatum, 1969/70
M. Martin, in: Von der Spätantike zum frühen Mittelalter, Vorträge und Forschungen 25, 1979, 418 ff.
S. Martin-Kilcher/M. Zaugg, Fundort Schweiz, Die Römerzeit, 1983
E. Meyer, Römische Zeit, Handbuch der Schweizer Geschichte, Bd. 1, 1972
E. Meyer, Die Schweiz im Altertum, 2. erw. Auflage, 1984
F. Stähelin, Die Schweiz zur Römerzeit, 1948[3]
Ur- und Frühgeschichtliche Archäologie der Schweiz, Bd. 5, die römische Epoche, 1975
C. M. Wells, The German Policy of Augustus, 1972

Sachgebiete

H. A. Cahn u. a., Der spätrömische Silberschatz von Kaiseraugst, 1984
W. Drack, Die helvetische Terra-Sigillata-Imitation des 1. Jahrh. n. Chr., 1945
W. Drack, Die römische Wandmalerei der Schweiz, 1950
E. Ettlinger und Chr. Simonett, Römische Keramik aus dem Schutthügel von Vindonissa, 1952
E. Ettlinger und R. Steiger, Formen und Farben römischer Keramik, 1971
E. Ettlinger, Die römischen Fibeln in der Schweiz, 1973
V. von Gonzenbach, Die römischen Mosaiken der Schweiz, 1961
V. von Gonzenbach, Die Verbreitung der gestempelten Ziegel der im 1. Jahrhundert n. Chr. in Vindonissa liegenden römischen Truppen, Bonner Jahrbuch 163, 1963, 76 ff.
W. Heinz, Römische Thermen, Badewesen und Badeluxus, 1983
A. Hönle/A. Henze, Römische Amphitheater und Stadien, 1981
Kleine Schriften zur Kenntnis der römischen Besetzungsgeschichte Südwestdeutschlands, Aalen 1965 ff. (bisher 31 Nummern bis 1983)

H. O. Lamprecht, Opus Caementitium, Bautechnik der Römer, 1984
A. Leibundgut, Die römischen Lampen in der Schweiz, 1977
M. Martin, Römermuseum und Römerhaus Augst, 1981
A. G. McKay, Römische Häuser, Villen und Paläste, 1980
H. von Petrikovits, Die Innenbauten römischer Legionslager während der
  Prinzipatszeit, 1975
M. R. Robinson, The Armour of Imperial Rome, 1975
C. H. V. Sutherland, Münzen der Römer, 1974
G. Walser, Itinera Romana I, Die römischen Straßen in der Schweiz I, Die Meilensteine, 1967
G. Walser, Die römischen Inschriften der Schweiz, 3 Bände, 1979/80

Kanton Aargau
L. Berger/W. Brogli, Wittnauer Horn und Umgebung, AFS 12, 1980
H. Bögli/E. Ettlinger, Eine gallo-römische Villa-rustica bei Rheinfelden,
  Argovia 75, 1963, 5 ff.
H. Doppler, Der römische Vicus von Baden – Aquae Helveticae, AFS 8, 1976
W. Drack, Die römische villa rustica in Bellikon – Aargau, ZAK 5, 1943, 86 ff.
E. Gersbach, Die Badeanlage des römischen Gutshofes von Oberentfelden im Aargau,
  US 22, 1958, 33 ff.
M. Hartmann, Der römische Gutshof von Zofingen, AFS 7, 1975
M. Hartmann, Das spätrömische Kastell von Zurzach – Tenedo, AFS 14, 1980
M. Hartmann, Der römische Vicus von Lenzburg, AFS 15, 1980
M. Hartmann, Das römische Legionslager von Vindonissa, AFS 18, 1983
J. Heierli, Die archäologische Karte des Kantons Aargau, Argovia 27, 1898
F. Keller, Die römischen Ansiedlungen in der Ostschweiz, MAGZ 15, 1864, 41 ff.
R. Laur-Belart, Die römische Zeit, Aargauische Heimatgeschichte, Bd. 2, 1930
R. Laur-Belart, Vindonissa, Lager und Vicus, 1935
R. Laur-Belart, Der römische Gutshof von Oberentfelden im Aargau, US 16, 1952, 9 ff.
M. Martin, Das spätrömische-frühmittelalterliche Gräberfeld von Kaiseraugst, Bd. B, 1976
Schmidt de Rossan, Recueil d'Antiquités d'Avenches et de Culm, 1760
Chr. Simonett, Der römische Silberschatz aus Wettingen, ZAK 8, 1946, 1 ff.

Index

Kursive Zahlen verweisen auf die Abbildungen im Bildteil

Personenregister

Acutus 169
Aëtius 22
Agrippa, M. 10, 168, 197
Alemannen 17, 18, 19, 20, 21, 22, 162, 173, 174, 180, 194, 212
Alarich 22
Alpinia Alpinula 32
Allobroger 10
Amasonius 38, 194
Ammianus Marcellinus 169
Annusius Magianus, L. 32
Antoninus Pius, Kaiser 165, 169, 185
Ariovist 10
Arminius 12
Arverner 10
Augustus, Kaiser 10, 11, 12, 13, 30, 41, 169, 172, 202
Aurelianus, Kaiser 165, 185

Bagauden 19, 161
Basler, Werner 8
Bataver 14
Berger, Ludwig 8
Bersu, Gerhard 197
Bosch, Reinhold 8, 9, 164, 169
Brack, Hans 184
Burgunder 18, 22
Burkart, H. R. 8

Caecina Alienus, A. 14, 161
Caracalla, Kaiser 17, 40, 196
Carinus, Kaiser 161
Cerialis, Q. Petilius 16
Chatten 16
Cibisus 185
Civilis, C. Julius 14
Claudius, Kaiser 13, 30, 169, 197
Claudius II Gothicus, Kaiser 165, 178, 206
Conrad, Albert 194
Constans, Kaiser 20
Constantinus I, der Grosse, Kaiser 19, 20, 44, 172, 182, 202, 210, 214, 217
Constantius Chlorus, Kaiser 19, 179
Constantius II, Kaiser 20, 21, 172, 174, 177, 187, 188, 196, 202
Cornelius Clemens, Cn. Pinarius 16
Cossus, Claudius 14

Diokletian, Kaiser 18, 19, 20, 40, 41, 168, 217
Divico 10
Domitianus, Kaiser 16
Drack, Walter 8, 164, 200
Drusus 12, 13

Ettlinger, Elisabeth 8
Eusstata 44

Faustina 166, 169, 184, 193, 213
Felix, Sextilius 16
Fellmann, Rudolf 8, 208
Flavius Probus 168, 177
Franken 18, 20, 21
Fry, Sigmund 7

Galba, Serv. Sulpicius, Kaiser 13, 14
Gallienus, Kaiser 18, 165, 188, 193, 205, 210
Geissmann, P. 204
Gemellianus 38, 162
Germanen 10, 11, 12, 13, 17, 18, 22
Germanicus 13
Gessner, August 178
Gonzenbach, Victorine von 8
Gordianus III, Kaiser 170
Goten 18, 22
Gratianus, Kaiser 22, 168, 177, 182, 185, 199

Haberbosch, Paul 8
Hadrian, Kaiser 167, 168, 193
Häduer 10
Hagnauer 216
Haller, F. 178
Haller von Königsfelden, Franz Ludwig 7, 161, 165, 207
Hauenstein 201
Heierli, Jakob 8, 217
Helvetier 10, 14, 16, 194, 208
Hemerli, Felix 7
Hilius 178
Honorius, Kaiser 22
Hubacher, Ernst 172
Hünerwadel, Friedrich 7
Hunziker, Jakob 8, 202
Hygin 24

Ingenuus 18

Julia Mamaea 179
Julian, Kaiser 21, 174
Julius Caesar, C. 10, 30, 42, 208

Kimbern 10
Keller, Ferdinand 8, 182, 207, 217
Koprio, E. 178
Küng, Bruno 8, 191

Latobriger 10
Laur-Belart, Rudolf 5, 9, 165, 208
Lingonen 14, 182

Magius Maccaus, M. 170
Magnentius, Kaiser 20, 22, 172, 202
Magnus Maximus, Kaiser 185
Marbod 12
Marcus Aurelius, Kaiser 17, 165, 181
Marius, C. 10
Markomannen 17
Martin, Max 182

Masculus 216
Matter, Albert 8
Matugenus 216
Maxentius, Kaiser 44
Maximian, Kaiser 19, 185
Maximinus Thrax, Kaiser 17, 171, 216
Meier, Samuel 8, 191
Merian, Matthäus 7
Meyer, H. 172
Mittler, Otto 8
Moosbrugger, Rudolf 8

Nero, Kaiser 13, 194, 201
Nerva, Kaiser 166, 167
Nervinius Saturninus, M. 43

Odoaker 22
Orgetorix 10
Otacilius Pollinus, Q. 40
Otho, M. Salvius, Kaiser 13, 14

Perser 21
Pertinax 161
Peutinger 40
Philippus Arabs, Kaiser 179, 185
Polybios 24
Posthumus, Kaiser 18, 170
Probus, Kaiser 18, 165, 172

Raeter 10, 11, 12, 14
Rauriker 10
Reginus 37, 162, 165
Restio 42
Romanen 22
Romulus Augustus 22
Rothpletz, Ferdinand 8, 171

Salasser 11
Sassaniden 17
Saturninus, L. Antonius 16
Schaufelbühl Udelrich J. 7, 177, 216
Schmid, Johann Jakob 8
Schmidt, Seigneur de 7, 190
Schulthess, Otto 196
Scribonius Libens, L. 169
Sentius, C. 170
Sentius Saturninus, C. 12
Septimius Severus, Kaiser 161, 168
Severus 169
Severus Alexander, Kaiser 17, 169, 170
Silius Nerva, P. 12
Simonett, Christoph 8, 208
Stäbli, Ferdinand 196
Stehlin, Karl 167, 185, 205
Stilicho 22
Stumpf, Johannes 7
Sugambrer 11
Suter, Emil 8
Sutermeister, Samuel R. 7, 213

Tacitus, Historiker 14, 162, 167
Tacitus, Kaiser 162, 32

Tetricus 161, 193
Teutonen 10
Theodosius I, Kaiser 22, 44
Tiberius, Kaiser 12, 13, 165, 202
Tiguriner 10
Trajan, Kaiser 169, 200
Trebonianus Gallus, Kaiser 161
Treverer 14
Tschudi, Aegidius 7
Tulinger 10

Valens, Kaiser 168, 177, 182
Valens Fabius 14
Valentinianus I, Kaiser 21, 22, 168, 174, 177, 182, 199, 205, 217
Valentinianus III, Kaiser 217
Valerianus, Kaiser 18
Vandalen 18
Varus, P. Quinctilius 12
Vegnatius 7
Vercingetorix 10
Verecundus 193
Vespasianus, T. Flavius, Kaiser 14, 16, 30, 166, 172, 205, 210
Victorinus, Kaiser 206
Villiger, Josef 167
Villo 37
Vindeliker 12
Vindex, C. Julius 13
Vischer, Werner 7
Vitellius, Aulus, Kaiser 13, 14
Volusianus, Kaiser 164

Wiedemer, Hans Rudolf 8, 208
Witz, Hans Heinrich 206

221

Sachregister

Aedil 30
Alpenvölker 10, 12
Augusti 19
Aureus 167, 172, 194, 201, 202, 205

Badeanlage 8, 35, 161, 164, 165, 177, 178, 186, 188, 190, 191, 193, 195, 197, 202, 204 ff., 210, 211, 213, 215, 218, *40, 49*
  apodyterium 35, 211
  Bleiröhren 36
  caldarium 35, 174, 186, 202, 211
  frigidarium 35, 174, 186, 211
  Mosaik 7, 8, 35, 161, 164, 178, 202, 205, 206, 213, *42–48*
  praefurnium 35, 173, 197
  tepidarium 35, 186, 202, 211
  Tonröhren 36
Balkenrost 176, 184, 200
Befestigung, spätrömische 8, 22
Bestattung
  Brandbestattung 46, 181, 194
  Familiengrab 45
  Friedhof 45, 166, 174, 181, 210, 214
  Grabbeigabe 46, 211, *119, 120, 125–129, 131–134*
  Grabstein 44, 166, 170, 214, 218, *19, 184*
  Körperbestattung 46, 168, 181, 186, 198
  Sarg 46
  Totenbett 46, 166, *121–124*
  Totenfeier 45
  Urne 46
Bewaffnung 24
  Helm 24, *2, 3*
  Kurzschwert 24, 180, 194, *4–6*
  Panzer 24, 180
  Schild 24, 194, *18*
  Wurfspeer 24
Bleiwanne 184
Bogenschützen 24
Bronzebeschläge 38, *7*
Bronzedepot 18, 173, 207, *64*
Bronzeschmied 38, 162
Brückenkopf 22, 174, 217
Brückenposten 17, 29, 216
Brunnenstube 212
Bürgerkrieg 10
Bürgerrecht 23

Caesari 19
Christentum 22, 44, 46
  Anker 44, *184*
  Baptisterium 45, 174, 217, *154*
  Bischof 45, 174
  Christogramm 44
  Kirche 44, 174, 217

Chronicon Königsfeldense 7, 207
Civitas 14, 30
Colonia 10, 16, 30
Comitatenses 20

Dekumatland 18, 22
Delphin 204
Dörranlage 174
duoviri 30

Eckrisalit 34, 164, 165, 178, 183, 189 ff., 197
Edelmetall 39
Eisen 38, *110*
  Barren 38
  Schlacken 38
  Verhüttung 39

Feldzeichen 24
Feldzug 10, 16
Flugaufnahmen 167, 180, 183
Foederaten 22
Foedus 10
Forum 29, 30, 173

Gerber 26, 34, 39
Gemeindevorsteher (curatores) 30
Glas 39, *85–90*
Gräber 46, 162, 168, 181, 186, 194, 198
Grenze 17
  Obergermanischer Limes 16, 17, 18, 210, 218
  Rätischer Limes 17, 18
  Rheingrenze 19, 168
Gürtelbeschläg 163, 186, 198
Gußformen 38
Gutshof (villa rustica) 5, 7, 8, 13, 17, 18, 20, 29, 30, 34, 45, 164 ff., 169, 171, 177, 178, 182 ff., 187 ff., 192 ff., 197 ff., 204 ff., 212, 213, 215

Hafen 30, 173
Handel 39, 40
Händler 26, 41, 43
Heeresorganisation
  ala 23
  centurie 23
  cohors equitata 23
  Hilfstruppen (auxilia) 13, 14, 16, 17, 23, 24
  Infanterie 23
  Kavallerie 23
  Kohorten 23, 26
  3. spanische 24
  6. rätische 24
  7. rätische 24
  26. freiwillige römische Bürger 24
  Legionen 10, 12, 13, 14, 16, 23, 24, 39
  1. Legion 16

1. Legion Martia 20, 169, 174, 176
7. Legion 16
8. Legion 16, 17, 210
8. gratianische Legion 168
11. Legion 16, 29, 162, 170, 210, 211, 214
13. Legion 13, 208, 212, 214
14. Legion 16
17. Legion 12
18. Legion 12
19. Legion 12
21. Legion 13, 14, 16, 24, 29, 162, 208, 210, 212, 214
22. Legion 17, 42
Manipel 210
turma 24
Vexillation 16
Heeresreform 20
Heilquellen 7, 32, 161
Hypokaust 36, 167, 170, 183, 191, 195, 197, 200, 206, 216

Inschrift 7, 16, 17, 29, 42, 45, 168, 177, 182, 206, 210, *19–22, 38, 39*

Kanalheizung 183
Kastell 5, 7, 12, 13, 14, 16 ff., 22, 26, 166, 170, 173, 174, 182, 217, *150, 151, 153*
Kastellvicus 32
Keramik 161, *56–60*
  Amphoren 40, 161, 167, 178, 181, 194, 61–63
  Argonnen-Sigillata 179, 185, 187
  Badener Sigillata 162, 167, 188
  Baukeramik 172, 197
  Mayener Keramik 185, 195, 196, 200, 206
  Terra Sigillata 37, 161, 164, 165, 167, 168, 169, 171, 177, 178, 182, 187, 193, 194, 199, 210, 212, 216, *52–55*
Krämer 26

Landwirtschaftliche Produkte (Fleisch, Früchte, Getreide, Honig, Käse, Olivenöl, Wein) 39 f.
Latrinen 36, 189
Lavez 206
Leder 39, *28–30*
Legionslager 5, 12, 13, 16, 17, 24, 38, 161, 166, 172, 207 ff., 214
  Amphitheater 29, 30, 210, 211, *36*
  basilica 24, 208
  canabae legionis 26
  Contubernien 26
  fabrica 17, 26, 210
  Fahnenheiligtum 24
  intervallum 24
  Kasernen 26, 208, 217
  Lazarett 26, 210
  Magazinbauten 17, 26, 174, 185, 200, 210

praetorium 24, 210
principia 24, 208
via praetoria 24
via principalis 24, 26, 174, 208
via sagularis 24
Wall 24, 208, 211
Spitzgraben 24, 26, 185, 208
Legionsterritorium 29
Legionsziegelei 29, 176
limitanei 20, 22

Mansio 29, 30, 40, 186, 210, 211, *40*
Militärische Grade
  Beneficiarier 17, 29, 42
  centurio 23, 26
  legatus 16
  Legionär 14
  magister militum 20, 23
  praefectus 23, 24, 26
  tribunus 23, 26
  Veteranen 34
Miliz 14
Münzreform 19
Münzschatz 17, 20, 161, 165, 170, 172, 189, 202

Orchestra 180
Ostreich 18, 20

Pässe 12
Pferdegeschirr 164, 207
porticus 26, 34, 162, 165, 173, 174, 178, 179, 190, 197, 198, 216
Prätorianergarde 14
Preisedikt 19
Provinz 10, 16, 17, 20, 22
Provinzstatthalter 10, 12, 30

Räucherofen 173
Refugium 18, 212
Religion 42, 46
  Altar 42, *22*
  Götter: Apollo 42, 184; Epona 42; Genius 42, 43; Isis 32, 43, 162, *39;* Juno 42, *135;* Jupiter 42, 206, *35;* Kybele 43; Lar 43, *142;* Luna 206; Manen 43, Mars Caturix 42; Mars Militaris 206; Matronen 43; Mercur 42, 206, *34, 136;* Mercurius Matutinus 42, 206; Minerva 42, *1;* Mithras 43; Neptun 42; Nymphen 42; Sabazius 43; Saturn 206; Sol 206; Sucellus 42; Venus 181, 206; Victoria 42, 206, *144*
  Kaiserkult 42
  lararium 42, 44
  Tempel 29, 30, 32, 42, 43, 162, 181, 216
  Votiv 43, *20*
Rheinarmee 13, 16, 17
Riegeltechnik 35

Schmelzofen 38
Schmied 26, 34
Seestier 204, *44*
Senat 13
Silberschatz 7, 18, 20, 174, 206, *158–183*
Sklaven 34, 43
Sodbrunnen 36, 173
Soldatenkaiser 17
Steinbruch 38, 182, 213
Straßen 10, 13, 16, 18, 24, 29, 32, 34, 39, 167, 170, 193, 195, 201, 214
    Itinerarium Antonini 40
    Karrengeleise 168, *31*
    Leuggen 40
    Meilenstein 7, 16, 40, 162, 185, 201, *32*
    Tabula Peutingeriana 40
    Transport 40
    Zoll 41
Straßenposten 13, 17, 29, 30, 180

Theater 30, 32, 179, 180, *37*
Therme 7, 30, 174, 208, *155*
Tischfuß 193
Töpfer 26, 34, 37
Töpferei 37, 162, 163
Tracht 46
tubuli 36

Usurpation 18

vicani
    vindonissenses 29, *38*
    aquenses 32, *39*
vicus 7, 17, 26, 29, 30, 32, 161, 172, 179, 210, 215

Wachtturm 5, 22, 168, 169, 170, 172, 176, 177, 179, 182, 184, 194 ff., 199, 204 ff., 218, *152*
Währungssystem 41
Wasserleitung 7, 36, 172, 186, 205, 210, 212
Westreich 19, 20, 22
Wirt 26
Wirtschaftshof 34, 188

Ziegelei 29, 38, 176, 178, 196, *156, 157*
Ziegelstempel 38
    11. Legion 165, 172, 176, 177, 178, 180, 187, 188, 193, 195, 197, 199, 204, 206, 214
    21. Legion 164, 165, 166, 167, 170, 172, 176, 177, 178, 180, 187, 188, 193, 194, 195, 197, 199, 204, 205, 206, 214
    7. rät. Koh. 177, 178
    26. Koh. 178, 214
Zwiebelknopffibel 44, 190, 199

Ortsregister

Aabach 179
Aalen 17
Aarau 8, 161
Aarburg 161
Aare 178, 207, 212
Afrika 39
Alesia 10
Altenburg 7, 22, 166, 210, *151*
Aosta (Augusta Praetoria) 11
Aostatal 11
Atlantik 39
Augsburg-Oberhausen 17, 208
Augst (Augusta Rauracorum) 5, 7, 8, 9, 10, 16, 18, 30, 38, 40, 43, 167, 173, 186, 207
Avenches (Aventicum) 10, 14, 16, 18, 30, 40, 166, 201

Baden (Aquae Helveticae) 5, 7, 8, 14, 17, 22, 32, 37, 38, 40, 41, 42, 43, 161 ff., 170, 201, 203, 206, *32, 35, 39, 58, 59, 67, 68, 85, 135–137, 139–141, 143, 148*
Basel 8, 10, 12, 22
Beinwil (Kulm) 164, 193
Beinwil (Muri) 164
Belgica 12, 14, 16
Bellikon 164
Bergdietikon 165
Bern 5, 190
Bibracte (Mt. Beuvray) 10, 208
Biberstein 165
Birmenstorf 20, 165
Birrfeld 172
Birrwil 165
Bodensee 12, 16, 18, 22, 32
Böhmen 12
Boswil 165
Bözberg 9, 166, 167, 170, 174, *31*
Bözen 35, 165
Bregenz (Brigantium) 22
Brennerpass 12
Brigetio 22
Britannien 17
Brugg 166, 207, *119, 121–124, 151*
Brünig 32
Buchs 166
Bünz 179
Bürensteig 182
Burgunder Pforte 13

Cannstatt 17
Carnutum 12
Cremona 14

Dangstetten 12, 43, 214
Dintikon 167
Donau 12, 14, 16, 17, 19, 22, 207
Döttingen 167
Dürrenäsch 167

Effingen 167
Egliswil 168
Elbe 12
Elsaß 20, 21
Engehalbinsel/Bern 10
Ergolz 30
Etzgen 22, 168, 182, 205
Euphrat 39

Fahrwangen 169
Faimingen 17
Fielenbach 30, 173
Fisibach 169
Freiamt 8
Frick 7, 169
Fricktal 8, 38
Full 170
Furttal 32

Gallien 10, 11, 12, 14, 18, 19, 21, 37, 42, 44, 174
Garonne 10
Gebenstorf 170
Genf 10, 22
Germanien 12
Germania Superior 16
Gipf-Oberfrick 170
Gontenschwil 171
Gotthard 16
Gränichen 8, 171
Grimsel 32
Gr. St. Bernhard 11, 14, 43
Gwert, Insel 16, 173

Habsburg 172, 195
Hallwilersee 199
Hauenstein 30
Hausen 172
Hendschiken 172
Herznach 39
Hirschthal 172
Holziken 172
Hüfingen 13
Hunzenschwil 29, 38, 167, 172, 179, 197

Iberg 195
Inntal 12
Italien 14, 16, 17, 22, 37, 39

Jensberg 10
Jller 18
Julier 12

Kaiseraugst (Castrum Rauracense) 5, 7, 8, 18, 20, 22, 26, 37, 38, 44, 45, 170, 173 ff., 182, *1, 3, 64, 87, 99, 130, 145, 149, 153–184*
Kaisten 38, 176
Kembs 13

Kinzigtal 16
Kirchleerau 177
Koblenz 22, 177
Kölliken 29, 38, 178
Köln 12, 21
Königsfelden 7, 8
Konstantinopel 20
Künten 178
Küttigen 178

Lahn 12
Laufenburg 179
Lech 13
Leibstadt 179
Lenzburg 5, 7, 29, 32, 37, 172, 179 ff., *37, 65, 66, 120, 125–129*
Leuggern 182
Limmat 32
Lyon 14

Magden 182
Mägenwil 38, 182
Mähren 12
Mailand 18
Main 10, 12, 16
Mainz 12, 16, 17, 19, 21
Mandach 182
Mandacher Egg 204
Martigny 30
Maxima Sequanorum 109
Mellikon 182
Mellingen 179
Mettau 182
Möhlin 35, 183 f.
Mönthal 184
Mühlau 184
Mumpf 40, 185, 200
Münchwilen 29, 40, 186
Muri 187

Narbonensis 10
Neckar 16, 18, 166
Neuenhof 20, 38, 187
Niederlenz 188
Niederrhein 11, 21
Niederwil 188
Nordsee 39
Noricum 16, 17
Nyon 10, 30

Oberentfelden 9, 20, 32, 35, 36, 189 f., *70*
Oberitalien 12, 14
Oberkulm 7, 20, 190
Oberlunkhofen 8, 35, 191, *49*
Obermumpf 192
Obersiggenthal 192
Oberwinterthur 12, 19, 32
Odenwald 16
Offenburg 16
Oftringen 193
Olsberg 193
Olten 22, 161

Othmarsingen 179, 193	Rottweil 16	Stein am Rhein 19	Wallis 19, 30
Orange (Arausio) 10	Rudolfstetten 165	Straßburg 16, 17, 21, 210	Waltenschwil 206
	Rüfenach 195	Suhr 201	Wegenstetten 198, 206
Pannonien 12, 17, 18	Rümikon 196	Suhrental 38	Weser 12
Pfalz 20, 21	Rupperswil 29, 37, 38, 172, 196		Wettingen 7, 18, 206
Pfyn (Ad Fines) 16		Tegerfelden 201	Widen 207, *64*
Provence 13	Safenwil 197	Teutoburger Wald 12	Windisch (Vindonissa) 5, 7–10, 12, 14, 16–19, 22, 24, 26, 29, 32, 37–43, 45, 161, 162, 166, 167, 170, 172, 179, 182, 186, 201, 207 ff., *2, 4–30, 33, 34, 36, 38, 40, 41, 50–57, 60–63, 74–84, 86, 88–97, 100–108, 110–118, 131–133, 138, 142, 144, 146, 147*
	Salzburg 13	Trier 16, 19, 20	
Raetien 16, 17, 18, 19	Sapaudia 22	Turgi 7, 40, 201	
Reinach 193	Sasbach 13	Tuttlingen 16	
Rekingen 193	Sarmenstorf 197		
Remetschwil 194	Schafisheim 197, 200	Umiken 202	
Remigen 182, 194	Schinznach-Dorf 197	Unterkulm 20, 202	
Reschenpass 12	Schupfart 198	Unterlunkhofen 8, 35, 202, *42–45*	
Reuß 170, 191, 207, 212	Schwaderloch 199, *152*		Wittnau 212
Rhein 5, 8, 10, 11, 12, 14, 16, 18, 19, 20, 22, 173, 199, 207, 214	Schwarzwald 10, 16, 207	Veltheim 204	Wittnauer Horn 18, 212, *109*
	Seeb 35	Vetera (Xanten) 12	Wohlen 213
Rheinfelden 5, 20, 38, 194	Seengen 199	Vichy 181	Würenlos 38, 213
Rheinheim 22, 216 f.	Seetal 8	Villigen 204 f.	Wyhlen 22
Rheinzabern 177	Seon 200	Villmergen 205	
Riegel 13	Septimer 12	Villnachern 205	Zofingen 7, 35, 213 f., *46–48*
Riniken 195	Sisseln 200		Zürich 5, 8, 12, 16, 22, 32, 167, 170, 196, 206, 207
Rohr 195	Solothurn 22, 42	Waldmössingen 16	
Rom 12, 14, 30, 42	Spanien 16	Walensee 12, 32	Zurzach (Tenedo) 5, 7, 8, 9, 14, 22, 26, 29, 32, 35, 38, 41, 44, 166, 167, 214 ff., *71–73, 98, 134, 150*
Rottenburg 22	Stein 185	Wallbach 205	

Standort der abgebildeten Gegenstände

Römermuseum Augst: S. 45; Abb. 1, 3, 64, 87, 99, 130, 145, 149, 158–184; S. 182 links.

Historisches Museum Baden: S. 37 unten, 39, 44; Abb. 32, 35, 39, 42–44, 58, 59, 67, 69, 85, 135–137, 139–141, 143, 148; S. 161, 194 unten links.

Historisches Museum Bern: S. 166 unten, 202 oben links.

Vindonissa Museum Brugg: S. 26, 27, 29, 37, oben, 38; Abb. 2, 4–15, 18–30, 33, 34, 38, 50–57, 60–63, 68, 70, 74–84, 86, 88–97, 100–108, 110–119, 121–124, 131–133, 138, 142, 144, 146, 147;
S. 168 unten, 169 oben, 170 oben, 171, 172 links, 173, 179, 182 rechts, 183, 184, 185, 187 rechts, 193, 194 Mitte, 198 Mitte, 201 links, 202 oben und unten recht, 205, 207, 210, 211.

Museum Burghalde Lenzburg: Abb. 65, 66, 120, 125–129; S. 168 Mitte, 197.

Heimatmuseum Rheinfelden: Abb. 109; S. 186, 198 unten, 199, 212.

Schweizerisches Landesmuseum Zürich: S. 42, 168 unten, 177, 187 links und Mitte, 188, 191, 201 rechts.

Messemuseum Zurzach: Abb. 71–73, 98, 134; S. 194 oben links

Abbildungsnachweis

Seite 6: Schmidt de Rossan, Recueil d'Antiquités trouvées à Avenches et à Culm, 1760, Pl. I – Seite 11: A. Furger, Die Helvetier, 1984, S. 180 – Seite 19: A. Kaufmann/A. R. Furger, Der Silberschatz von Kaiseraugst, Augster Museumsheft 7, 1984, Abb. 7 – Seite 23: nach M. R. Robinson, The armour of Imperial Rome, 1975 – Seite 25: nach Nissen, Bonner Jahrb. 111/112, 1904, 33 – Seite 26 und 34: Ph. Filtzinger/D. Planck/B. Cämmerer, Die Römer in Baden-Württemberg, 1976, Abb. 17 und 41 – Seite 31: Amt für Museen und Archäologie, Liestal – Seite 35: US 22, 1958, Abb. 41 – Seite 38: US 27, 1963, 2/3, Abb. 17.2 und 18.2 – Seite 41: AS 8, 1985, S. 11, Fig. 5 – Seite 43 oben: Augster Museumsheft 3, 1980, Abb. 5 – Seite 43 unten und Seite 173–175 Ausgrabungen Kaiseraugst (U. Müller/M. Schaub) – Seite 45 unten: UFAS V 1975, S. 145, Abb. 31 – Seite 168: AS 3, 1980, Beilage Archäologie im Grünen, Karte S. 3 und Abb. 4 – Seite 170 unten rechts: G. Walser, Römische Inschriften der Schweiz II, 1980, Nr. 160 – Seite 176 oben links: Arch. Führer durch Augst/Kaiseraugst 1, 1982, Abb. 6 – Seite 191 oben: MAGZ 15, 1864, Taf. XVI – Seite 191 unten links: Originalaquarell von 1898, Archiv SGUF Basel – Seite 195 rechts: Jb SGUF 1940/41, Taf. XVI – Seite 212 Mitte: AFS 12, 1980, Abb. 7 – Seite 215: UFAS VI 1979, S. 150, Abb. 2 – Alle übrigen Abbildungen und Pläne aus Text- und Katalogteil stammen aus den Archiven der Kantonsarchäologie und des Vindonissa-Museums sowie vom Fotografen H. Weber.

9783794125395.4